U0952552

银川海关年鉴

2023

《银川海关年鉴（2023）》编纂委员会　编

中国海关出版社有限公司

·北京·

图书在版编目（CIP）数据

银川海关年鉴 . 2023/《银川海关年鉴（2023）》编纂委员会编 . —北京：中国海关出版社有限公司，2024. 6

（中国海关史料丛书）

ISBN 978－7－5175－0811－3

Ⅰ. ①银…　Ⅱ. ①银…　Ⅲ. ①海关—银川—2023—年鉴　Ⅳ. ①F752. 55-54

中国国家版本馆 CIP 数据核字（2024）第 111472 号

银川海关年鉴（2023）

YINCHUAN HAIGUAN NIANJIAN（2023）

作　　者：《银川海关年鉴（2023）》编纂委员会

责任编辑：傅　晟

责任印制：孙　倩

出版发行：中国海关出版社有限公司

社　　址：北京市朝阳区东四环南路甲 1 号　　邮政编码：100023

编 辑 部：01065194242-7502（电话）

发 行 部：01065194221/4238/4246/5127（电话）

社办书店：01065195616（电话）

https：//weidian. com/？userid＝319526934（网址）

印　　刷：北京新华印刷有限公司　　经　　销：新华书店

开　　本：889mm×1194mm　1/16

印　　张：16. 25　　字　　数：352 千字

版　　次：2024 年 6 月第 1 版

印　　次：2024 年 6 月第 1 次印刷

书　　号：ISBN 978－7－5175－0811－3

地图审图号：GS 京（2022）1441 号

定　　价：150. 00 元

海关版图书，版权所有，侵权必究

海关版图书，印装错误可随时退换

《银川海关年鉴（2023）》编纂委员会

主 任 委 员 邹 峰

副主任委员 张大平 颜宏伟 祁云海 王远光 王 珀
纪学武 刘 江

编纂委员会委员 王春时 刘文革 赵立东 梁 瑞 王 静
陈 燕 郝俊虎 陈 炜 张 川 文 东
张佩香 姬 炯 马立峰 刘建宇 李 文
袁 志 闫周娃 田 野 马 昕 王彤宇
赵 甫 宋奎奇 李 萍 孙 伟 申俊杰

《银川海关年鉴（2023）》编辑部

总　　编　邹　峰

副 总 编　王　珀

执行主编　赵立东

执行副主编　张　帅

编辑部成员　李雯婷

编辑说明

一、《银川海关年鉴》是在海关总署领导下，由银川海关编纂出版的年度资料性文献，面向国内外公开发行，一年一卷。

二、《银川海关年鉴（2023）》以习近平新时代中国特色社会主义思想为指导，全面记述了2022年银川海关党的建设、队伍建设、业务建设等各方面情况，系统反映了该年度银川海关各项工作取得的成就，旨在为社会各界了解银川海关提供基本的信息资料。

三、《银川海关年鉴（2023）》设特载、专记、大事记、党的建设、业务建设、综合保障、隶属海关、直属事业单位、荣誉·名录9个类目。除个别地方外，全书总体结构基本按类目、分目、条目3个层级编排，各层级所用标题、字号均有所区别，卷首图（照）片设领导活动、业务活动、队伍面貌3个板块。

四、《银川海关年鉴（2023）》所用稿件由银川海关机关各部门、各隶属海关、各直属事业单位提供，专人负责编辑。

五、《银川海关年鉴（2023）》行文力求严谨、朴实、简洁、流畅，语言文字、标点符号、称谓、数字数据、时间表述、计量单位、图（照）、表等的使用均按国家相关规定、标准执行。

六、《银川海关年鉴（2023）》所使用的国民经济和社会发展相关数据以国家统计部门公布的数据为准，统计部门没有统计的，采用业务主管部门的统计数据。

七、《银川海关年鉴（2023）》资料收录时限为2022年1月1日至12月31日。

比例尺 1 ： 1 200 000

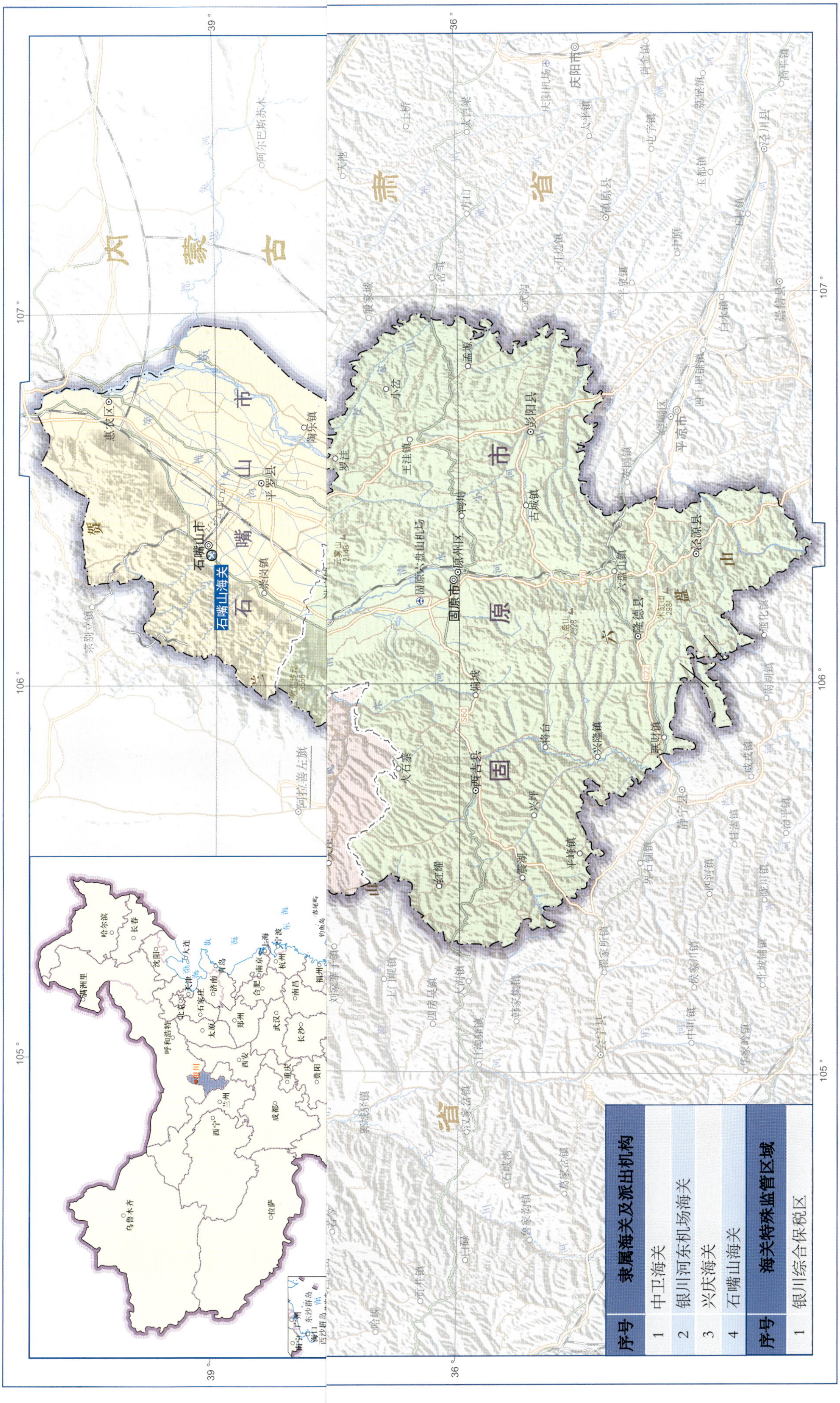

序号	隶属海关及派出机构
1	中卫海关
2	银川河东机场海关
3	兴庆海关
4	石嘴山海关

序号	海关特殊监管区域
1	银川综合保税区

海关专题图片

领导活动

^ 2022年12月9日，银川海关关长邹峰（前排左二）和银川市委常委、副市长王向豫（前排右二）调研银川市外贸发展情况（银川海关办公室　供图）

^ 2022 年 12 月 13 日，银川海关关长邹峰（右二）赴宁东能源化工基地开展调研 （银川海关办公室　供图）

^ 2022 年 3 月 16 日，银川海关关长刘世远（前排中）陪同宁夏回族自治区党委常委、银川市委书记张雨浦（前排左一）到银川综合保税区调研 （银川海关办公室　供图）

^ 2022 年 12 月 8 日，银川海关副关长张大平（前排中）调研银川综合保税区新增产业项目 （银川海关办公室 供图）

^ 2022 年 9 月 6 日，银川海关缉私局局长颜宏伟（右二）陪同国家林草局调研组参观银川海关缉私局指挥中心和电子取证室，对濒危动植物价值评估、检验鉴定、移交、保管处置等问题展开调研 （银川海关办公室 供图）

^ 2022 年 5 月 25 日，银川海关副关长祁云海（左一）带队赴外贸企业开展保稳提质专题调研（银川海关办公室　供图）

^ 2022 年 8 月 30 日，银川海关副关长杨海（中）带队开展助企纾困百日回访　（银川海关办公室　供图）

^ 2022 年 5 月 17—18 日，银川海关纪检组组长王远光（右二）赴石嘴山海关开展专题调研　（银川海关办公室　供图）

^ 2022 年 2 月 11 日，银川海关政治部主任王珀（左一）赴中宁县徐套乡原套村实地调研指导定点帮扶工作（银川海关办公室　供图）

业务活动

> 2022年3月23日，银川海关所属银川河东机场海关首次查验出口汽车（银川海关办公室　供图）

> 2022年5月25—27日，银川海关所属中卫海关同企业管理与稽查处对辖区4家进出口企业开展核查工作（银川海关办公室　供图）

^ 2022 年 7 月 15 日，由中粮米业（宁夏）有限公司生产加工的 334 箱金盈十二谷米伴侣经银川海关所属石嘴山海关检验监管后放行将到达香港，这是宁夏米伴侣首次输港　（银川海关办公室　供图）

^ 2022 年 7 月 21 日，由中国石化长城能源化工（宁夏）有限公司生产的 3 坦克罐、66 吨“乙酸乙烯酯”经过银川海关所属兴庆海关检验合格，顺利发车前往口岸，即将出口至泰国和越南，这是宁夏首次出口此类产品　（银川海关办公室　供图）

^ 2022年7月28日，银川海关所属兴庆海关完成宁夏首家出口西甜瓜果园与包装厂备案现场考核工作 （银川海关办公室 供图）

^ 2022年10月19日，宁夏润安微肥科技有限公司生产的1080吨“四水硝酸钙”经银川海关所属中卫海关检验合格后顺利发往墨西哥，该批货物货值近195万元，系宁夏首次出口该产品（银川海关办公室 供图）

队伍面貌

> 2022 年 9 月 9 日，银川海关关长刘世远主持召开统筹口岸疫情防控和促进外贸稳增长工作指挥部会议 （银川海关办公室　供图）

> 2022 年 7 月 5 日，银川海关召开关区年中工作会议，关长刘世远讲话，全面总结 2022 年上半年主要工作情况，分析工作面临的形势和存在的主要问题，安排布置下半年重点工作 （银川海关办公室供图）

> 2022 年 1 月 30 日，银川海关关长刘世远以普通党员身份参加办公室党支部 2021 年度组织生活会 （银川海关办公室供图）

目　录

第一篇　特　载

第二篇　专　记

第三篇　大事记

第四篇　党的建设

第五篇　业务建设

第六篇　综合保障

第七篇　隶属海关

第八篇　直属事业单位

第九篇　荣誉·名录

“中国海关史料丛书”编委会

第一篇

特载

2022 年银川海关概况

2022 年是党和国家历史上极为重要的一年。银川海关坚持以习近平新时代中国特色社会主义思想为指导，全面学习宣传贯彻党的二十大精神，按照“疫情要防住、经济要稳住、发展要安全”的要求，坚决贯彻落实海关总署党委工作部署，铸忠诚、担使命、守国门、促发展、齐奋斗，全力以赴履职尽责，各方面工作取得明显成效。

一、守初心、铸忠诚，深入学习宣传贯彻党的二十大精神

2022 年，银川海关通过深入学习宣传贯彻党的二十大精神，深刻领悟“两个确立”的决定性意义，坚决做到“两个维护”。研究制定 24 项具体举措，台账化管理、清单式推进，紧扣海关总署党委 12 个方面、38 个深入思考，开展重点课题研究和主题实践活动，制定 125 项落实措施，推动学习贯彻落地生根。坚持“三级”包抓机制，两级党委委员深入党建联系点和基层一线宣讲 29 次，开展先进典型、业务骨干宣讲交流，推动学习贯彻持续升温。各支部比学互学，干部职工热学热议，集中学习 129 次，交流研讨 83 次，联学联建 30 次，推动学习贯彻向基层延伸、向全员覆盖。开展专项监督，聚焦“三必谈、三突出、三提高”，强化督促指导，推动学习贯彻走深走实。

二、讲政治、见行动，坚定走好“两个维护”第一方阵

2022 年，银川海关严格落实“第一议题”制度，开展“大学习、大讨论、大宣传、大实践”，推动习近平总书记重要讲话和重要指示批示精神、党中央决策部署在关区落实落地。发挥党委理论学习中心组示范带动作用，举办 13 期集中学习。深入开展强化政治机关建设专项教育活动和“学查改”专项工作，细化 5 方面、21 项具体措施，建立加强党委对重要业务工作和重要改革事项政治把关等四项工作机制，全关 303 个岗位梳理 1026 项具体政治要求，排查问题风险 200 个，制定整改措施 340 项。加强党委班子建设，修订完善党委议事清单、“三重一大”决策制度实施办法，建立关党委周例会制度，制定党委班子年度重点工作事项清单，逐项推动落实。深化巡视整改落实，抓好共性问题整改，整改事项全部销号，整改成效巩固提升。落实意识形态工作责任制，铸牢中华民族共同体意识，深化精神文明创建，常态化开展“双报到、双报告”社区志

愿服务活动，2个集体获评“全国青年文明号”，1个单位获评宁夏回族自治区（以下简称“自治区”）“工人先锋号”。

三、防风险、守底线，科学统筹发展与安全

2022年，银川海关坚持底线思维，建立关区风险管理委员会，强化“一把手”安全生产第一责任人职责，完善安全监督员和“吹哨人”预警机制。制定防范化解“7+21”项重大、系统性风险任务分工和考核方案，建立跨部门联动、联合研判工作机制，开展重大风险隐患梳理评估和安全生产整改“回头看”，年内监督检查14次。从严从紧抓好内部疫情防控，优化口岸卫生检疫流程，完善与属地联防联控工作机制，做好口岸复航准备工作。深入推进“国门绿盾2022”专项行动，强化口岸病媒生物监测，采集动植物标本2300余个。开展跨境电商寄递“异宠”综合治理，抓实“口岸危险品综合治理”百日专项行动，首次查获伪瞒报锂电池组共798个。深化稽查改革，稽查查发率100%。暂缓关区涉嫌不实贸易10家企业的8.5亿元贸易统计，追回已退出口环节增值税2970万元，清理海关备案“僵尸企业”168家。开展“国门利剑2022”联合专项行动，严厉打击毒品、“洋垃圾”、象牙等濒危物种及其制品走私，侦办涉毒案件2起，查获疑似毒品5包、1140粒，各类新型精神类致幻药物10余种，查发涉濒危野生植物情事7起。

四、优服务、促发展，全力以赴促进外贸保稳提质

2022年，银川海关认真落实海关总署促进外贸保稳提质和助企纾困各项措施，研究出台15项具体举措，实施“关长直通服务制”“首问负责制”“问题清零制”，开展“助企纾困百日回访”活动，两级党委班子聚焦保畅稳链、减负增效开展调研，收集解决企业问题188个。2022年，宁夏外贸连续保持增长态势，进出口总值257.4亿元，同比增长23.7%，增速排名全国第6位。建立外贸形势月度分析例会制度，围绕跨境电商、特殊监管区域、对外开放平台成立专班，聚力破题，为自治区对外开放发展建言献策，意见建议被纳入2023年自治区政府工作报告，工作专报多次被自治区主席和相关领导同志批示肯定。积极参与黄河流域生态保护和高质量发展先行区建设，推进宁夏融入“一带一路”和西部陆海新通道建设。强化对银川综合保税区政策指导，助力保牌晋位，2022年，银川综合保税区进出口总值61.6亿元，同比增长37%。大力支持银川国际公铁物流港保税物流中心（B型）申建和产业项目引进，及时向海关总署协调反映自治区发展需求，争取政策倾斜。支持跨境电商全业态落地银川，建立银川综合保税区跨境电商综合监管中心，单日过货量最高可达1.4万件。叠加推进铁海联运“一单制”与“提前申报”模式，帮助企业每个集装箱节省综合成本近千元，运输时间减少近4天。主动服务宁夏扩大优势特色产品出口，先后助推西甜瓜、冷冻薯条、乙酸乙烯酯等多个产品实现首次出口。2022年，宁夏出口枸杞2.1亿元，出口量、货值均位居全国第一；出口蔬菜2亿元，同比增长43.8%。

五、抓党建、强作风，多措并举增强队伍凝聚力战斗力

2022年，银川海关加强对关区“一把手”

和领导班子监督，突出政治监督、贯通各类监督、强化派驻监督，健全隶属海关党委落实全面从严治党主体责任的检查考核制度。聚焦重大决策部署落实，全面做好配合2022年国家审计工作，统筹抓好署关两级6个督察项目。加强干部队伍建设，以海关总署绩效考核为指引，制订关区领导班子考核方案，完善职级晋升实施办法，统筹用好各年龄段干部，激发干事创业热情。优化队伍结构，研究制定年轻干部培养使用措施，建立双向跟班作业机制，着力培养高素质年轻干部队伍。制定防范化解腐败风险的具体举措，积极推进打私反腐“一案双查”，严肃查处各类违纪违法行为。坚持一体推进“三不腐”，高质量完成“海关重点项目和财物管理以权谋私”专项整治工作，做好问题整改、风险防控和建章立制“后半篇文章”。制定职能部门对基层单位反映请示问题推诿扯皮情况记录报告实施办法，推动职能部门担当作为、转变作风。深化“强基提质工程”，开展党建“书记项目”课题攻坚，推动解决基层党建工作难点问题，抓好基层党建“双提升”行动，1名党务干部获评全国海关“党务之星”。年内4个党支部被树立为全国海关党建示范（培育）品牌，机关党委被评定为自治区五星级机关党委，1个党支部获评自治区“五星级党支部”，2个党建示范典型被纳入区直机关党建工作示范名录。

六、办实事、聚合力，精准施策提升保障实效

2022年，银川海关持续推进关区制度建设。年内未发生行政复议、行政诉讼案件。圆满完成党的二十大期间和年内网络安全保障工作。关区1项科研项目获海关总署科技发展司批复立项，银川海关技术中心（以下简称“技术中心”）申报省部级项目2项，CNAS（中国合格评定国家认可委员会）认可检测项达4597项，覆盖98%以上的进出口检测业务。宁夏国际旅行卫生保健中心（银川海关口岸门诊部，以下简称“保健中心”）年内完成核酸采样检测30万人次，环境核酸采样检测23万点次。中国电子口岸数据中心银川分中心（以下简称“银川数据分中心”）年内完成各类系统终端升级运维1488次，保障各类视频会议1200余次。年内预算执行率100%。关心关爱防疫一线工作人员，研究解决基础设施、民生保障等干部群众急难愁盼问题，积极争取艰苦边远地区相关政策，努力为干部职工办实事、解难事、做好事。发挥群团组织作用，及时开展帮扶慰问和送温暖活动，用心用情做好工青妇和退休干部工作。强化工作督办，建立4项管理机制，4类督办台账。提高信息工作质量，年内海关总署采编量同比增长50%，关区政务信息被自治区领导批示肯定9次、通报表扬2次，1个集体、1名同志获评全区政务信息工作先进单位、先进个人。提升新闻宣传成效，在各类新闻媒体发表稿件265篇，同比增长65%，首次在《人民日报》头版刊发稿件。扎实做好政务公开工作，规范信息公开发布审查流程，12360海关热线答复准确率100%。强化应急值守，抓好保密管理，有序推进档案工作。

在 2022 年银川海关关区工作会议上的讲话

银川海关关长、党委书记　刘世远

（2022 年 1 月 27 日）

这次会议的主要任务是：以习近平新时代中国特色社会主义思想为指导，坚决贯彻党的十九大、十九届历次全会精神和中央经济工作会议精神，认真落实 2022 年全国海关工作会议、全面从严治党工作会议部署，总结 2021 年工作，分析形势、明确要求，安排 2022 年关区工作。

一、2021 年工作回顾

2021 年是党和国家历史上具有里程碑意义的一年。过去一年，我关坚持以习近平新时代中国特色社会主义思想为指导，在海关总署党委的坚强领导下，坚决贯彻习近平总书记重要指示批示精神，认真落实党中央重大决策部署，强化政治统领，发扬奋斗精神，按照“小关也要有大作为”的目标，以巡视整改为契机，扎实推进“五关”建设，讲政治见行动，抓落实见成效，在践行“两个维护”上取得了新提升，实现了“十四五”良好开局。

（一）牢固树立政治机关意识，践行“两个维护”更加坚决有力

落实习近平总书记重要指示批示坚定坚决。坚持“第一议题”制度，对习近平总书记重要讲话和重要指示批示精神，关党委第一时间学习、第一时间贯彻，全关上下积极响应、坚决照办。在打击象牙及其制品走私、以“三智”理念应对技术性贸易措施等方面取得了明显成效，得到了自治区多位领导的批示肯定和企业的赞誉。从政治层面强化业务工作，对关区业务领域的风险隐患进行梳理评估、全面检视。

党史学习教育扎实开展。全年两级党委理论学习中心组共开展学习研讨 49 次，举办专题班和读书班 45 次。总关党委委员调研指导党史学习教育 30 余次。组织庆祝建党 100 周年系列活动。扎实开展“我为群众办实事”实践活动，总关党委重点民生项目清单 15 个重点项目 50 条具体措施均已落实，解决了一批企业和基层最急最忧最盼的问题，1 个项目入选全国海关百佳项目。

巡视巡察上下联动贯通推进。根据海关总署党委巡视反馈意见，我关党委高度重视，坚持当下“改”与长远“立”相结合，举一反

三、标本兼治，针对4个方面24个主要问题制定了93项整改措施，制（修）订相关制度7项，完善相关工作机制20项，年内限时落实的整改措施均已全部整改销号。开展3轮专项实地检查，对8个党支部开展专项巡察，提前实现了关区政治巡察三年全覆盖。

党建引领作用有效发挥。着力加强班子自身建设，修订完善贯彻落实“三重一大”决策制度实施办法和党委议事清单。逐级签订意识形态责任书，坚决铸牢中华民族共同体意识。持续深化“强基提质工程”，对关区符合条件的基层党组织重新调整设立，举办支部品牌经验交流会，每半年开展支部“互观互检”，支部“设在科上”正在向“强在科上”转变，3个党支部顺利通过海关总署党建示范品牌和培育品牌复审。充分发挥党员先锋模范作用，党旗在口岸疫情防控、下沉社区志愿服务、乡村振兴的一线高高飘扬。

2021年，我关获评区直机关首批模范机关达标单位，并作为中央驻宁单位唯一代表在全区观摩交流大会发言，持续保持全国文明单位殊荣，获评自治区精神文明建设工作先进集体、自治区无烟党政机关，1个单位获评全国青年文明号。

（二）坚持底线思维和风险意识，把守国门关口更加牢固

毫不放松抓好常态化口岸疫情防控。强化“人、物”同防，严格规范入境客运航空器终末消毒监督工作，督促监管场所运营企业落实主体责任。全年共开展口岸“人防+物防”监控检查238次，整改问题29个，坚决把规定动作做到位，把好外防输入关。全年共检疫监管出入境包机2架次、出入境人员408人，圆满完成“西部·联合—2021”军演监管保障任务。口岸移动方舱PCR实验室获得核酸检测资质。

监管效能不断提升。开展打击跨境电商进口走私“断链刨根”专项整治行动，全年监管国际快件9.42万件，查获禁止入境类物品3批次，首次在快件渠道查获花粉。安全准入查获中，风险布控占比60%。加快推进稽查业务改革，取消常规稽查，迅速开展不经事先通知的专项稽查作业取得突破，首次开展涉检稽查作业并查发1起。每季度常态化开展安全生产检查，督促企业规范运营。积极推进落实属地纳税人管理，从源头上防控税收风险，全年关区税收入库2.29亿元。

国门生物安全防控持续加强。严密防范非洲猪瘟等动植物重大疫情疫病传入，开展外来杂草、红火蚁等口岸外来有害生物监测，全年完成进出口种子病毒检测共181批次、575项，检测出黄瓜花叶病毒。监管供港活牛726头、货值1698.41万元，同比分别增长51%和58%。

打击走私取得积极战果。破获了关区近年来最大的一起象牙及其制品走私案件，查获亚洲象幼象象牙2根、象牙制品56件，共计1.11千克。研判全国涉枪行动性线索320条，同比增长533%，枪支查获数量同比增长248%。派员参与并成功侦破关区近年来最大一起出口骗税案件，案值约15亿元，涉税约3亿元，该案得到了四部委打击虚开骗税领导小组办公室的肯定。

（三）多措并举推动外贸稳增长，服务扩大开放取得新成效

促进外贸实现稳增长。积极落实海关服务

黄河流域生态保护和高质量发展工作举措。强化对宁夏外贸统计分析和监测预警。大力宣介《区域全面经济伙伴关系协定》（RCEP），全年签发原产地证书5994份，签证金额9.97亿美元。积极推广关税保证保险，担保税款3597.5万元。落实国家税收优惠政策，为企业减免税款3494.95万元。2021年关区监管货运总值6.3亿美元，同比增长102.3%；监管货运量10.9万吨。宁夏贸易进出口总值214亿元，同比增长73.4%，增速排名全国第2位。

口岸营商环境更加优化。取消报关企业注册登记和进出口商品检验鉴定业务行政审批事项，将报关单位备案全面纳入“多证合一”改革。持续巩固压缩整体通关时间成效，全年关区进出口整体通关时间分别为10.59小时、0.67小时，分别居全国第8位、第14位。加强企业信用培育，指导关区4家企业通过高级认证。

持续推动银川综合保税区高水平开放。就银川综合保税区高质量发展和绩效评估事项多次专题向自治区建言献策，邀请海关专家进行政策解读。积极复制推广跨境电商B2B出口监管试点，完成2家跨境电商场所审批和2个海外仓备案，跨境电商网购保税业务顺利开展。全年银川综合保税区进出口总值45.1亿元，同比增长6.7倍，高于全国综合保税区平均增幅。

积极助力重点产业高质量发展。主动开展技术性贸易措施应对，2021年6月欧盟解除了对中国枸杞实施的加严检验措施，该工作被列为2021年自治区枸杞产业高质量发展“取得重大突破的六项工作”之一。我关报送的风力发电机组用高速联轴器和酿酒用橡木桶进口税率调整建议被国务院关税税则委员会采纳，两项税率降幅均超过50%。全程指导宁夏首家种牛进口隔离场顺利通过验收获得资质，支持引进优质种质资源。

（四）锤炼忠诚干净担当的准军事化纪律部队，政治生态持续向好

干部队伍建设全面加强。成立党委人才工作领导小组，不断完善人才培养、评价、流动和激励等机制。全年共选拔任用处科级领导干部6批次、25人，配齐了关区全部执法一线科长。落实专业技术类公务员职务与职级并行制度。综合运用三类考核，及时对表现突出的12个集体和78人进行表彰奖励。分级分类组织开展全员四大模块培训，队伍能力素质进一步提升。

纪律作风建设走深走实。持续整治形式主义突出问题，全年发文发函数量同比下降15%以上，基层数据报送项目缩减28%，清理取消近一半的微信工作群。组织“公文质量提升年”活动，以小切口推动作风转变取得实际效果。开展为期2个月的内务规范专项整治。发挥特邀监督员作用，政风行风和日常作风进一步严整。

清廉海关建设持续推进。推动“现场监管与外勤执法权力寻租”专项整治与正风肃纪反腐综合治理贯通协同，全面起底问题线索，研究制定整改措施24项，督促制（修）订制度9项。开展警示教育周活动，用身边事教育身边人。制定业务部门、隶属海关“三个清单”，拓展深化“制度+科技”反腐应用，推动专项整治成果长效化。持续做好疫情防控专项监督，多措并举深化违规吃喝隐形变异问题专项整治，坚决杜绝酒驾醉驾。全年开展署级关级督察项目6个，整改各类审计发现问题22个，内控监督预警作用充分发挥。

管党治党责任层层严实。将党委全面从严治党任务细化8项81条，层层明晰、逐级压紧。制定《银川海关党委加强对“一把手”和领导班子监督的任务清单》，把监督措施分解为64项任务，清单式推进落实。印发《银川海关运用监督执纪“第一种形态”实施细则（试行）》，完善问责工作制度规范。

（五）夯实基础规范管理，综合保障水平持续提升

法治建设稳步推进。党委委员带头尊法学法，制定印发了《银川海关“十四五”法治建设规划》《银川海关第八个五年（2021—2025年）时期法治宣传教育工作实施方案》。全年制（修）订制度16项，废止制度5项。深化“三项制度”建设成效，行政执法行为不断规范。

科技管理和应用水平不断提升。完成HB2012政务平台、H4A系统托管上云和邮件系统国产化上云试点，信息系统运行稳定。保健中心全年开展体检7893人次，核酸检测23.3万人次，预防接种3282人次，成功申请2022年度国家卫健委临床检验中心室间质评计划。技术中心目前通过CNAS和CMA（中国计量认证）认可项目达5150项，被农业农村部评定为“全国名特优新农产品营养品质评价鉴定技术机构”。数据分中心“云验收”助力“关银一KEY通”代理口岸业务落地。

综合保障更加有力。严格落实“过紧日子”要求，多方筹措资金保障发展。与地方建立走私固废、冻品归口处置工作机制，严格管理并及时处置涉案财物。关区预算执行率达到99.96%。工会顺利换届改选，用心用情做好老干部工作，落实职级序列津补贴调整和疫情防控临时性补助，及时传递传导组织的关心关爱。

政务运行效能持续提升。圆满完成署领导来宁调研保障任务。加大信息和新闻宣传挖掘报送力度，海关工作专报8次得到自治区领导批示，1人获评自治区优秀信息员，47篇新闻稿件在国家媒体发布。按期完成12360海关热线与宁夏12345热线电话归并，档案、机要保密工作顺利通过署区各项检查，1人获评全国海关保密先进工作者。

同志们，过去一年，我们接受了全面检验，经历了各种考验，克服了各种困难，工作难中求成、成绩殊为不易。这是习近平新时代中国特色社会主义思想正确引领的结果，是海关总署党委坚强领导的结果，是各方大力支持的结果，也是全关上下同心同力、苦干实干的结果！在此，我代表关党委向各单位各部门以及全体干部职工的辛勤付出和无私奉献表示衷心的感谢并致以崇高的敬意！

在肯定成绩的同时，我们也必须清醒地看到，关区工作中存在的短板和不足：政治站位有待提高，政治敏感性需要强化，还不善于从政治层面把握和处理业务工作，少数部门和个人还存在辨不明主次、分不清轻重的“麻痹症”；系统观念运用不够，各项业务的关联研判和部门间的协调联动配合不够；改革攻坚、破解难题的能力与新形势新要求还有一定的差距，抓落实还不够深入扎实，还存在推诿扯皮、举一反三不够等问题；全面从严治党责任和压力传导还没有完全到位，准军事化纪律部队建设还不够全面过硬；等等。这些问题必须高度重视，在下一步工作中认真加以解决。

二、准确把握形势要求，明确工作思路

鉴往知来，向史而新。2022年是党的二十大召开之年，是全面建设社会主义现代化国家、向第二个百年奋斗目标进军新征程的重要一年，也是实施“十四五”规划的关键之年，保持平稳健康的经济环境、国泰民安的社会环境、风清气正的政治环境尤为重要。刚刚结束的全国海关工作会议上，海关总署党委对海关工作做出全面系统部署，为我们理清了思路、明确了方向。在这个重要的历史节点和关键时刻，特别需要全关各单位各部门和全体干部职工坚守信念、保持定力，敬终如始、勇毅前行，赶考新征程，续写新篇章，聚力新阶段，干出新样子，奋力彰显海关的责任与担当，以只争朝夕的精神，在促进高水平开放、推动高质量发展、服务构建新发展格局中作出更大贡献。

（一）必须准确把握政治机关的政治属性，更加坚定把政治建设摆在首位，坚决捍卫“两个确立”、做到“两个维护”

党的十九届六中全会确立习近平同志党中央的核心、全党的核心地位，确立习近平新时代中国特色社会主义思想的指导地位，对新时代党和国家事业发展、对推进中华民族伟大复兴历史进程具有决定性意义。海关作为政治机关，旗帜鲜明讲政治是第一政治任务。我们必须树牢政治机关意识，提高政治站位，深刻把握“两个确立”的决定性意义，切实把讲政治从外部要求转化为内在主动，深刻认识没有脱离政治的业务，也没有脱离业务的政治，从政治层面强化业务工作，持续提高政治判断力、政治领悟力、政治执行力，牢记“国之大者”，任何工作都要从政治上思考和把握方向、认识和推进落实、观察和处理问题，准确贯彻落实党中央各项重大决策部署战略意图，确保海关工作正确的政治方向。要深入推进政治机关建设，在政治立场、政治方向、政治原则、政治道路上始终同以习近平同志为核心的党中央保持高度一致，在贯彻落实习近平总书记重要指示批示精神上做到步调一致、上下贯通、执行有力。要把政治要求贯穿到做好各自的本职工作中，严把政治关口、严格政治标准、严明政治要求，及时校准偏差，确保不偏向、不变通、不走样。要始终忠诚于党和人民，着力强化政治担当，知责于心、担责于身、履责于行，不断从党的百年奋斗重大成就和历史经验中汲取智慧和力量，满怀自豪感，振奋精气神，以实际行动将政治要求落地砸实，以政治过硬推动全面过硬，坚定捍卫“两个确立”、坚决做到“两个维护”。

（二）必须完整准确全面贯彻新发展理念，更加坚定地发扬奋斗精神，牢牢守住监管底线

新发展理念阐明了我们党关于发展的政治立场、价值导向、发展模式、发展道路等重大政治问题。习近平总书记指出，“安全是发展的前提，发展是安全的保障。当前和今后一个时期是我国各类矛盾和风险易发期，各种可以预见和难以预见的风险因素明显增多。我们必须坚持统筹发展和安全，增强机遇意识和风险意识，树立底线思维，把困难估计得更充分一些，把风险思考得更深入一些，注重堵漏洞、强弱项，下好先手棋、打好主动仗，有效防范化解各类风险挑战，确保社会主义现代化事业顺利推进”。守住国门安全防线，是海关维护

国家安全和核心利益，贯彻总体国家安全观的职责所在和具体体现，我们要始终牢记监管是海关最基本、最重要的职责。进入新时代，反宣品、枪支、毒品、“洋垃圾”、濒危物种及其制品走私屡禁不止，新冠病毒变异带来的防控压力更加巨大，各类传染病叠加输入的风险不断加剧，动植物疫情和外来生物入侵冲击力度持续增强，逃税漏税骗税行为更加隐蔽、安全事故惨痛教训历历在目，海关监管面临的政治安全、社会安全、生态安全、经济安全、生产安全等风险态势更加严峻。我们必须要全面审视严峻复杂外部风险挑战和人民更加强烈的安全需求，积极创造有利于发展的外部条件，努力营造和谐稳定的社会大局。要坚持把维护政治安全放在首要位置，把防范化解重大风险放在突出位置，统筹把控各领域安全风险，强化系统观念，坚持底线思维，掌握斗争规律、增强斗争本领，准确把握国家安全形势变化新特点新趋势，加强海关全链条监管，创新监管方法，形成监管合力，保障监管公正，强化整体防控，更好发挥职能职责拓展、管理链条延伸的优势，有效应对和化解各种风险挑战。

（三）必须坚持稳中求进总基调，更加坚定践行人民至上，助力加快构建新发展格局

中央经济工作会议强调，2022年经济工作要稳字当头、稳中求进。推动经济实现质的稳步提升和量的合理增长是坚持高质量发展加快构建新发展格局的重要保障。总的来看，国家和宁夏的“十四五”对外贸易实现了良好开局。展望今年，外贸面临的不确定不稳定不均衡因素增多，国内经济发展面临需求收缩、供给冲击、预期转弱三重压力，全球疫情形势依然严峻，外部环境更趋复杂严峻和不确定，国际需求复苏势头放缓。此外，再叠加2021年外贸基数较高的因素，2022年外贸运行面临一定的压力。面对这些困难和挑战，我们必须主动融入和服务对外开放大局，应势而谋、顺势而为，在更大范围、更宽领域、更深层次上发挥好作用。要找准助推宁夏加快融入新发展格局的着力点和突破口，围绕加快“三智”建设推动“一带一路”高质量发展、服务黄河流域生态保护和高质量发展等国家重大战略部署，继续助力宁夏开放平台建设和重点产业发展，支持跨境电商等外贸新业态释放新动能，促进银川综合保税区和公铁物流港创新发展。要主动对标国际经贸规则，聚焦RCEP贸易便利化各项规则，持续优化通关流程、提升通关效率、降低通关成本、落实减税降费政策，进一步营造良好的口岸营商环境。要坚持以人民为中心的发展思想，健全完善“我为群众办实事”长效化常态化工作机制，不断改革创新监管服务的机制模式，让改革发展的成果更多惠及关区进出口企业，激发企业主体活力，增强外贸发展动力，通过高质量发展提升人民群众的获得感、幸福感、安全感。

（四）必须勇于自我革命，更加坚定地深化全面从严治党，着力推动关区工作和队伍全面过硬

习近平总书记在省部级主要领导干部学习贯彻党的十九届六中全会精神专题研讨班开班式上强调，“现在，反腐败斗争取得了压倒性胜利并全面巩固，但全党同志要永葆自我革命精神，增强全面从严治党永远在路上的政治自觉，决不能滋生已经严到位的厌倦情绪。党风廉政建设和反腐败斗争永远在路上，一刻也不能放松，要以抓铁有痕、踏石留印的坚韧和执着，继续打好党风廉政建设和反腐败斗争这场攻坚战、持久战”。近几年，我关不断压紧压实全面从严治党主体责任，着力补短板、强弱项、转作风，纪律作风巩固加强。但从去年海关总署党委巡视反馈情况看，我关一些领导班子和领导干部“一岗双责”意识还不强，履行主体责任不到位，不愿较真碰硬，没有拿出过硬措施真正从具体问题抓起来、从具体问题严起来，部分基础工作不规范不严谨，工作质量和效率不高，也反映出一些干部缺乏责任心和精气神。在专项整治过程中，虽然没有违纪违法案件查处，但从信访举报、基层调研、派驻监督等情况来看，关区一线执法人员被“围猎”的风险依然存在，其他领域末端腐败、权力寻租的风险不容忽视。对此，我们必须以永远在路上的坚韧执着，推动全面从严治党向纵深发展，坚持自我革命，正视问题、承认差距，扎实整改、奋力追赶。必须紧紧牵住责任制“牛鼻子”，加强对“一把手”和领导班子监督，层层压实责任，把管党治党每个领域每个环节的工作抓具体、抓深入，为关区事业发展提供坚强有力保障。

根据2022年全国海关工作会议、全面从严治党工作会议部署，经关党委研究决定，我关今年工作的总体思路是：以习近平新时代中国特色社会主义思想为指导，全面贯彻落实党的十九大和十九届历次全会精神，认真贯彻落实中央经济工作会议决策部署，全面落实全国海关工作会议、全面从严治党工作会议部署，弘扬伟大建党精神，深入学习领会“两个确立”的决定性意义，坚决做到“两个维护”，坚持稳中求进工作总基调，完整、准确、全面贯彻新发展理念，加快构建新发展格局，锚定海关“十四五”规划，坚持系统观念，增强风险意识，全面深化改革，坚持创新驱动，继续做好“六稳”“六保”工作，统筹发展和安全，强化监管优化服务，统筹口岸疫情防控和促进外贸稳增长，马上就办、真抓实干，锲而不舍、一以贯之推进政治建关、改革强关、依法把关、科技兴关、从严治关，更好推动制度创新和治理能力建设，奋力推动社会主义现代化海关建设迈出新步伐，以优异成绩迎接党的二十大胜利召开。

三、坚持系统观念，狠抓责任落实，高质量做好2022年重点工作

2022年，我关要重点做好以下五个方面工作：

（一）坚持讲政治、铸忠诚，坚定不移推进政治机关建设

一是牢固树立政治机关意识。坚决落实习近平总书记重要指示批示精神，继续在坚持“第一议题”制度常态长效上下功夫，以更加坚决的态度、更加迅速的行动、更加有力的举措执行党中央决策部署。深入开展捍卫“两个确立”、做到“两个维护”、强化政治机关建设专项教育活动，加强忠诚教育，把党对海关工作的绝对领导贯彻落实到关区工作各方面、全过程，不断提升政治判断力、政治领悟力、政治执行力，推动政治机关建设往实里走、深里走。

二是抓实抓好理论武装。持续深入学习习近平新时代中国特色社会主义思想，组织开展学习党的十九届六中全会精神处级领导干部与执法一线科长全员轮训和党员干部系统培训，推进党史学习教育常态化长效化。坚持党委理

论学习中心组包抓学习机制，把迎接党的二十大作为主线，第一时间掀起学习宣传贯彻热潮，着力营造“大学习”氛围、搭建“大研讨”平台、掀起“大实战”热潮，在学深悟透、融会贯通、真信笃行上有新提升。

三是层层压实政治责任。不断加强党委议事规范化，严格落实重大事项请示报告制度，充分发挥党委把方向、管大局、保落实的作用。落实好意识形态等领域工作责任制。做好巡视整改“回头看”，持续用力、久久为功，建立巡视整改长效机制。统筹推进关区巡视巡察上下联动，实现各项监督贯通融合，巩固和扩大巡视巡察成果运用。

（二）坚持防风险、守底线，坚决筑牢国门安全屏障

一是科学精准抓好常态化疫情防控工作。持续发挥指挥体系高效运转作用，密切关注疫情形势变化，及时调整防控策略，完善与属地联防联控工作机制，加大视频检查力度，压紧压实企业主体责任，从严就高做好个人安全防护，严格执行一线高风险岗位封闭管理，确保规定动作100%落实到位。加强人员技能培训和实操演练，提升疫情防控应急处置能力。坚持“多病共防”，加强抗疫人财物保障，提升实验室检测能力，实施智慧口岸精准检疫。

二是强化风险整体管控。统筹和规范关区风险监测、评估、预警、处置，强化重大风险防控运行机制。优化布控规则，推进现场即决式布控，提升风险布控精准性，稳步提高查获率。强化传统贸易分析与业务分析融合，围绕通关时间、货运业务、海关检验检疫业务进行分析，聚焦业务数据异动、重要政策实施、重大改革推进等，加强风险监测预警分析。不断深化口岸安全风险联合研判和协同处置，加大后续风险防控力度。

三是持续加强正面监管。在旅检、快件等监管领域广泛应用智能审图，提高监管有效性。加强口岸环节监管查缉，强化反恐应急演练，做好维护意识形态安全、反恐、防扩散监管和“扫黄打非”等工作。落实贸易领域禁限管控措施。巩固提升安全生产专项整治三年行动成效。充分发挥监控指挥中心监控效能，加强智能化卡口建设，部署应用音视频执法记录仪终端及管理平台，实现业务现场移动单兵设备全覆盖。加强知识产权海关保护工作。

四是严把检疫检验安全关。加强国门生物安全风险监测，强化系统治理和全链条防控，严防非洲猪瘟、高致病性禽流感等重大动植物疫情疫病传入传出。严格检疫准入和检疫审批。认真开展“国门绿盾2022”专项行动。组织开展动植物检疫岗位资质考核，提升基层一线检疫监管水平。落实食品安全“四个最严”要求，持续开展进口食品“国门守护”行动。深化商品检验模式改革，加强危险货物和危险化学品等重点敏感商品检验监管。完善进出口商品质量安全风险预警和快速反应监管体系。

五是着力强化后续监管。深化落实稽查改革各项措施，切实转变稽查工作理念，以查发问题为导向，提高稽查查发率，加大涉检、涉税领域稽查力度，加强贸易调查。推进核查分类改革，进一步拓展涉税等重点领域核查，加强对动植检、商检、进出口食品领域的管理类核查。积极推进属地查检业务改革，运用和推广好属地查检系统，规范执法作业。统筹推进“多查合一”。

六是强化综合治税举措。持续推进属地纳

税人管理，引导企业合规申报守法自律，从源头防控税收风险，确保全年税收预算目标圆满完成。风险、企管、监管、缉私等职能部门和各隶属海关协同防控，推进应税进口全链条管理。进一步优化非贸渠道税收征管，利用“互联网+”加强价格指导与监控。

七是保持打私高压态势。坚决贯彻落实习近平总书记对打私工作的重要指示批示精神，深入开展“国门利剑2022”联合行动，严厉打击“洋垃圾”、象牙等濒危物种及其制品、毒品走私。严防严打防疫物资和疫苗非法出境。持续开展重点涉税商品、武器弹药等专项打击。严密国际快件监管查缉链条。深化全员打私机制，深入推进智慧缉私建设，加强反走私综合治理，不断提升打私整体效能。

（三）坚持稳外贸、促发展，推动加快构建新发展格局

一是持续优化口岸营商环境。围绕“扩围、提质、增效”目标，更高质量、更深层次推进全业务领域一体化改革。认真落实海关总署外贸促稳提质行动举措。积极配合推进国际贸易“单一窗口”建设。继续巩固压缩整体通关时间成效。深化“放管服”改革，精简备案随附单证，落实报关单位注销管理，运用好行政相对人统一管理平台，积极推进“双随机、一公开”监管。积极开展海关信用制度宣介，提高认证质量，落实通关便利措施。加大“多证合一”推广力度。

二是持续释放改革政策红利。做好进口税收优惠政策实施，加大RCEP政策宣传和实施力度，扩大政策红利覆盖面。持续推广原产地证书“智能审核+自助打印”智慧审签模式。稳步实施汇总征税、预裁定等便利措施。聚焦国家战略和自治区重点产业规划开展税政调研，提出税政建议。

三是支持对外开放平台建设。全面落实黄河流域生态保护和高质量发展、西部陆海新通道建设区域海关合作协议，积极贯彻《海关总署加快“三智”建设服务“一带一路”高质量发展的意见》。及时跟进做好银川国际公铁物流港申请保税物流中心（B型）的政策指导。持续做好自贸试验区海关监管创新制度的复制推广，深入宣贯落实《中华人民共和国海关综合保税区管理办法》，支持跨境电商等贸易新业态健康发展，不断发挥银川综合保税区对外开放平台作用。

四是发挥职能作用促进重点产业发展。密切关注宁夏外贸情况及趋势，及时做好贸易分析和监测预警。结合自治区九个重点产业发展规划，加强对国外海关法规和技术性贸易措施的收集和研究，支持关区枸杞、葡萄酒、供港蔬菜、供港活牛等出口产品标准对接、质量提升，优化结构、培育品牌，增加附加值和国际竞争力。助力关区先进技术设备、种质资源等进口，维护产业链供应链安全稳定。发挥国家级枸杞和葡萄酒重点实验室作用，有效服务特色产业高质量发展。

（四）坚持强作风、担使命，锻造全面过硬的准军队伍

一是夯实党建基层基础。持续开展模范机关建设，深化“强基提质工程”，围绕“四强”目标，深入推进“五化三好”支部建设，抓实“一支部一品牌”，推动党建业务深度融合发展。用好“智慧党建”系统，实施党务干部能力提升工程，开展“三强化四过硬五带头”活动，建立推进党建工作高质量发展长效机制。严格落实“三会一课”、主题党日、民主评议党员等组织制度，丰富组织生活的实感收获，不断提升政治功能。组织岗位练兵和技能比武。坚持全方位培育、全覆盖管理、全身心关爱，把党员教育管理监督融入日常、抓在经常、实在平常。加强海关文化建设，发挥群团组织作用，大力开展精神文明创建活动，丰富干部职工的文化生活，激发队伍活力。持续关爱激励基层一线工作人员。做好定点帮扶，助力乡村振兴。

二是统筹推进干部人才队伍建设。落实《“十四五”海关人才发展规划》和干部工作“五大体系”建设，构建关区人才资源发展与高质量发展的保障体系。强化政治素质考察考核，选优配强各级领导班子，大力开展青年人才培养选拔，加强专业技术岗位人才队伍建设。深化平时考核，应用“三位一体”考核系统，用好职级晋升、评先选优、日常奖励、关爱慰问等各项措施，激励干部职工勇挑重担、担当作为。聚焦实际需求精准施训，增强教育实效。

三是驰而不息建设清廉海关。认真贯彻十九届中央纪委六次全会精神和全国海关全面从严治党工作会议精神，坚持“严”字当头，不断增强全面从严治党永远在路上的政治自觉，坚定不移推进党风廉政建设和反腐败斗争。加强对“一把手”和领导班子监督，健全完善两级党委落实全面从严治党主体责任检查考核机制，推动“两个责任”落实。运用监督执纪“四种形态”，发挥监督合力，定期分析关区政治生态。大力开展廉洁文化建设，持续抓好思想道德和党纪国法教育，教育广大党员干部明大德、守公德、严私德。锲而不舍纠“四风”树新风，深化整治形式主义、官僚主义顽瘴痼疾，紧盯隐形变异新动向，持续为基层减负。持续推进打私反腐“一案双查”，依规依纪依法严肃查处各类违纪违法行为。

四是持续改进纪律作风。加强和改进调查研究，完善下基层、听民情、解民忧的工作机制。持续巩固模范机关等创建成果。进一步加强办公秩序、内务管理、文风会风、应急响应等规范管理，加强执法一线、窗口建设、关容风纪、行风政风、制度执行等监督检查，持续整治酒驾醉驾，强化日常纪律作风养成。用好“好差评”系统，发挥特邀监督员作用，畅通12360海关热线等投诉举报渠道，不断增强企业群众获得感。

（五）坚持强弱项、补短板，不断提升综合管理水平

一是推进法治建设。严格落实党委理论学习中心组集体学法制度。加强法治宣传教育和法治文化建设。常态化开展内部管理制度“立改废”工作，持续构建科学规范、运行有效的关区制度体系。统筹推进落实“三项制度”，加强权责清单编制，压实“谁执法谁普法”责任制落实。

二是强化科技创新应用。做好H2018新一代通关管理子系统3.0版、智能审图信息化管理系统等海关总署信息化项目的应用推广，推进信息化基础设施建设和云化进程。加强对口岸一线疫情防控的科技支撑，提升监管装备设备的智能化网络化水平，确保通关管理、视频监控指挥等重要系统稳定运行，高标准完成新冠疫情防控各项技术保障工作。强化网络和信息系统运维管理。加强关区实验室整体规划和协同建设。

三是深化财务管理改革。坚持“过紧日子”，完善预算保障机制，提升财务保障和管理质效。压减非刚性、非必要支出，把有限的财力用到保障民生、疫情防控、正常运转、重大改革任务等重点方面。完成国企改革三年行动任务。加强项目执行监督管理，提升资产使用效益。持续规范政府采购、涉案财物管理。推进精细化管理，不断提高后勤服务保障水平。

四是发挥督审监督作用。聚焦重大决策部署和重点工作任务开展督察，持续强化内部审计质效。探索建立执法科室内控工作“样板间”，加强内部控制与监督平台应用。提升署关两级执法评估项目发现问题和防范风险的能力。

五是不断提升政务运转水平。狠抓机关效能建设，严格规范公文处理。强化督促检查，将作决策、抓督查、保落实一体部署一体推进。发挥信息主渠道作用，提升信息质效。聚焦重点工作、重大改革，做好新闻宣传、值班应急和建议提案办理等工作。高质量做好档案、机要保密和反间防谍等工作，积极发挥海关学会作用，提升政策研究水平能力。

同志们，今年的工作任务已经明确。风正时济，任重道远，全关上下自当破浪前行，更需加压奋进。我们要更加紧密地团结在以习近平同志为核心的党中央周围，以习近平新时代中国特色社会主义思想为指引，弘扬伟大建党精神，坚定历史自信，勇担时代使命，胸怀“国之大者”，扎实落实海关总署党委的工作部署，不断强化监管优化服务，以更加奋发有为的精神状态投身社会主义现代化海关建设，以优异成绩迎接党的二十大胜利召开！

在2022年银川海关全面从严治党工作会议上的讲话

银川海关党委书记、关长 刘世远

（2022年1月27日）

这次会议的主要任务是：深入学习贯彻习近平总书记重要讲话精神和十九届中央纪委六次全会精神，认真落实2022年全国海关全面从严治党工作会议部署，总结2021年关区全面从严治党、党风廉政建设和反腐败工作，部署安排2022年主要任务。

下面，我代表关党委讲三点意见。

一、深刻把握习近平总书记重要讲话精神和十九届中央纪委六次全会精神以及海关总署党委工作要求

1月18日，中国共产党第十九届中央纪律检查委员会第六次全体会议在北京召开，习近平总书记发表重要讲话。

习近平总书记指出，2021年是中国共产党成立100周年。党中央坚定不移推进全面从严治党，为全面建设社会主义现代化国家开好局、起好步提供了有力政治保障。今年是党的十八大以来第十个年头，十年磨一剑，党中央把全面从严治党纳入“四个全面”战略布局，以前所未有的勇气和定力推进党风廉政建设和反腐败斗争，刹住了一些多年未刹住的歪风邪气，解决了许多长期没有解决的顽瘴痼疾，清除了党、国家、军队内部存在的严重隐患，管党治党宽松软状况得到根本扭转，探索出依靠党的自我革命跳出历史周期率的成功路径。党的十八大以来，全面从严治党取得了历史性、开创性成就，产生了全方位、深层次影响，必须长期坚持、不断前进。

习近平总书记指出，一百年来，党外靠发展人民民主、接受人民监督，内靠全面从严治党、推进自我革命，勇于坚持真理、修正错误，勇于刀刃向内、刮骨疗毒，保证了党长盛不衰、不断发展壮大。全面从严治党是新时代党的自我革命的伟大实践，开辟了百年大党自我革命的新境界。必须坚持以党的政治建设为统领，坚守自我革命根本政治方向；必须坚持把思想建设作为党的基础性建设，淬炼自我革命锐利思想武器；必须坚决落实中央八项规定精神、以严明纪律整饬作风，丰富自我革命有效途径；必须坚持以雷霆之势反腐惩恶，打好自我革命攻坚战、持久战；必须坚持增强党组

织政治功能和组织力凝聚力，锻造敢于善于斗争、勇于自我革命的干部队伍；必须坚持构建自我净化、自我完善、自我革新、自我提高的制度规范体系，为推进伟大自我革命提供制度保障。

习近平总书记强调，党的十八大以来，我们继承和发展马克思主义建党学说，总结运用党的百年奋斗历史经验，深入推进管党治党实践创新、理论创新、制度创新，对建设什么样的长期执政的马克思主义政党、怎样建设长期执政的马克思主义政党的规律性认识达到新的高度。这就是坚持党中央集中统一领导，坚持党要管党、全面从严治党，坚持以党的政治建设为统领，坚持严的主基调不动摇，坚持发扬钉钉子精神加强作风建设，坚持以零容忍态度惩治腐败，坚持纠正一切损害群众利益的腐败和不正之风，坚持抓住“关键少数”以上率下，坚持完善党和国家监督制度，形成全面覆盖、常态长效的监督合力。

习近平总书记指出，要巩固拓展党史学习教育成果，更加坚定自觉地牢记初心使命、开创发展新局。要深入学习贯彻党的十九届六中全会精神，持之以恒推进党史学习、教育、宣传，引导全党坚定历史自信，让初心使命在内心深处真正扎根，把忠诚于党和人民落到行动上，继承弘扬党的光荣传统和优良作风，为党和人民事业赤诚奉献，在新的赶考之路上考出好成绩。

习近平总书记强调，要强化政治监督，确保完整、准确、全面贯彻新发展理念。要把握新发展阶段、贯彻新发展理念、构建新发展格局、推动高质量发展，引导督促党员、干部真正悟透党中央大政方针，时时处处向党中央看齐，扎扎实实贯彻党中央决策部署，不打折扣、不做表面文章，纠正自由主义、本位主义、保护主义，不因一时一地利益而打小算盘、耍小聪明，确保执行不偏向、不变通、不走样。

习近平总书记指出，要保持反腐败政治定力，不断实现不敢腐、不能腐、不想腐一体推进的战略目标。我们必须清醒认识到，腐败和反腐败较量还在激烈进行，并呈现出一些新的阶段性特征，防范形形色色的利益集团成伙作势、“围猎”腐蚀还任重道远，有效应对腐败手段隐形变异、翻新升级还任重道远，彻底铲除腐败滋生土壤、实现海晏河清还任重道远，清理系统性腐败、化解风险隐患还任重道远。我们要保持清醒头脑，永远吹冲锋号，牢记反腐败永远在路上。只要存在腐败问题产生的土壤和条件，腐败现象就不会根除，我们的反腐败斗争也就不可能停歇。领导干部特别是高级干部要带头落实关于加强新时代廉洁文化建设的意见，从思想上固本培元，提高党性觉悟，增强拒腐防变能力。领导干部要增强政治敏锐性和政治鉴别力。领导干部特别是高级干部一定要重视家教家风，以身作则管好配偶、子女，本分做人、干净做事。

习近平总书记强调，要加固中央八项规定的堤坝，锲而不舍纠“四风”树新风。形式主义、官僚主义是党和国家事业发展的大敌。要从领导干部特别是主要领导干部抓起，树立正确政绩观，尊重客观实际和群众需求，强化系统思维和科学谋划，多做为民造福的实事好事，杜绝装样子、搞花架子、盲目铺摊子。要落实干部考核、工作检查相关制度，科学评价干部政绩，促进干部更好担当作为。要加强对党中央惠民利民、安民富民各项政策落实情况的监督，集中纠治教育医疗、养老社保、生态环保、安全生产、食品药品安全等领域群众反映强烈的突出问题，巩固深化扫黑除恶专项斗争、政法队伍教育整顿成果，让群众从一个个具体问题的解决中切实感受到公平正义。

习近平总书记指出，要加强年轻干部教育管理监督，教育引导年轻干部成为党和人民忠诚可靠的干部。要从严从实加强教育管理监督，引导年轻干部对党忠诚老实，坚定理想信念，牢记初心使命，正确对待权力，时刻自重自省，严守纪法规矩，扣好廉洁从政的“第一粒扣子”。年轻干部一定要有清醒的认识，经常对照党的理论和路线方针政策、对照党章党规党纪、对照初心使命，看清一些事情该不该做、能不能干，守住拒腐防变的防线。

习近平总书记强调，要完善权力监督制度和执纪执法体系，使各项监督更加规范、更加有力、更加有效。各级党委（党组）要履行党内监督的主体责任，突出加强对“关键少数”特别是“一把手”和领导班子的监督。纪检监察机关要发挥监督专责机关作用，协助党委全面从严治党，推动党内监督和其他各类监督贯通协同，探索深化贯通协同的有效路径。要加强对换届纪律风气的监督，坚持党管干部原则，强化党组织领导和把关作用，特别是要严把政治关、廉洁关。

习近平总书记指出，纪检监察机关和纪检监察干部要始终忠诚于党、忠诚于人民、忠诚于纪检监察事业，准确把握在党的自我革命中的职责任务，弘扬党百年奋斗形成的宝贵经验和优良作风，紧紧围绕党和国家工作大局发挥监督保障执行作用，更加有力有效推动党和国家战略部署目标任务落实。纪检监察队伍必须以更高的标准、更严的纪律要求自己，锤炼过硬的思想作风、能力素质，以党性立身做事，刚正不阿、秉公执纪、谨慎用权，不断提高自身免疫力，主动接受党内和社会各方面的监督，始终做党和人民的忠诚卫士。

习近平总书记重要讲话，深刻总结新时代党的自我革命的成功实践，深刻阐述全面从严治党取得的历史性开创性成就、产生的全方位深层次影响，对把全面从严治党向纵深推进、迎接党的二十大胜利召开作出战略部署。讲话立意高远、思想深邃、内涵丰富，具有很强的政治性、指导性、针对性，是推进新时代党的建设新的伟大工程的基本遵循，是做好海关全面从严治党、党风廉政建设和反腐败工作的行动指南。

1月24日，2022年全国海关全面从严治党工作会议召开。倪岳峰署长传达了习近平总书记在中国共产党第十九届中央纪律检查委员会第六次全体会议上的重要讲话精神，并就海关系统推进全面从严治党工作提出要求。

倪岳峰署长回顾了全国海关2021年全面从严治党、党风廉政建设和反腐败工作取得的新进展新成效，主要是：落实“两个维护”坚定坚决，对“关键少数”监督更加聚焦，纪律作风持续向好，权力运行监督制约机制更加完善，惩防治一体推进。

倪岳峰署长强调，必须贯通运用党的百年奋斗历史经验，认真落实全面从严治党战略方针，始终坚持党的全面领导、维护党中央权威，充分发挥三级党委领导核心作用，持续强化政治建关，以实际行动践行对党绝对忠诚；始终坚持人民至上，深入践行人民海关为人民理念，公正执法、廉洁用权，着力解决群众身边腐败和不正之风，让群众在每一项海关业务中都感受到公平正义；始终坚持严的主基调，保持全面从严治党永远在路上的政治自觉，勇于自我革命，从严治关，一体推进不敢腐、不能腐、不想腐，以过硬纪律作风锻造准军事化纪律部队；始终坚持强化权力运行制约监督，运用“制度+科技”从源头防控执法和廉政风险，以加强“一把手”和领导班子监督为重点，推动各类监督贯通协调。

倪岳峰署长对2022年全面从严治党工作作出部署，要求重点做好以下6个方面的工作：一是深入学习贯彻党的十九届六中全会精神，坚定捍卫“两个确立”、坚决做到“两个维护”；二是压紧压实管党治党政治责任，充分发挥“一把手”和领导班子“头雁效应”；三是保持反对和惩治腐败的强大力量常在，坚定不移把海关反腐败斗争推向纵深；四是坚持党风党纪一起抓，坚决把纪律挺在前面；五是推动巡视巡察工作高质量发展，充分发挥利剑作用；六是持续深化“制度+科技”运用，加强对权力运行制约和监督。

会后，各单位各部门要进一步深入学习领会，切实把思想和认识统一到习近平总书记重要讲话精神和十九届中央纪委六次全会精神上来，把握好全面从严治党新要求新部署，结合关区实际坚决抓好海关总署党委各项工作任务的贯彻落实。

二、2021年关区全面从严治党工作回顾

2021年是中国共产党成立100周年，一年来关区各级党组织以习近平新时代中国特色社会主义思想为指导，在海关总署党委的坚强领导下，扎实开展党史学习教育，纵深推进全面从严治党和巡视整改工作，深化强基提质工程，持之以恒正风肃纪，为关区各项工作提供了有力的政治保证。

（一）政治机关建设进一步推进

坚持把政治建关摆在首位，把学习贯彻习近平新时代中国特色社会主义思想作为首要政治任务，严格落实“第一议题”制度。注重提高“第一议题”质量，突出督办检查，建立健全各类任务督办台账，扎实开展例会议定事项后续督办，推动党中央重大决策部署及海关总署党委工作要求有效落实。严格落实党委理论学习中心组的各项制度要求，每次重点交流发言的人数由原来的不少于3人调整为参会的所有党委委员，总关党委中心组集中学习20次，班子成员研讨交流发言38人次，人均5次以上。围绕习近平总书记在党的十九届六中全会、庆祝中国共产党成立100周年大会、党史学习教育动员大会上等发表的重要讲话精神，举办专题学习班组织干部职工深入学习贯彻。坚决守好意识形态阵地，逐级签订意识形态责任书。先后组织修订《中共银川海关委员会工作规则》及党委议事清单、《银川海关贯彻落实“三重一大”决策制度实施办法》，着力提升党委工作的规范性。总关机关被评为区直机关首批模范机关达标单位。

（二）党史学习教育扎实开展

在海关总署第四巡回指导组的指导下，深入推动关区党史学习教育扎实有序开展。通过党委会、党史学习教育领导小组会等形式，深化组织领导，定期听取汇报、研究工作。关党委班子成员累计到所在支部、分管部门或联系单位调研指导党史学习教育30余次，通过讲

党课、作宣讲，启发干部职工“办实事、开新局”的思路。结合关区实际组建两个巡回指导组，对机关各处室、直属事业单位、隶属海关实现全覆盖督导。注重创新学习形式，综合运用个人自学、集中研讨、革命现场教育、书画文章征集等多种形式，推动党史学习教育往心里走。两级党委均制定了“我为群众办实事”实践活动重点民生项目清单，其中关党委清单共涉及15个重点项目、50条具体措施。聚焦国门安全、便民利企、暖心聚力“三项工程”，扎扎实实解决一批群众最急最忧最盼的问题，“多措并举破解枸杞出口壁垒”的做法入选全国海关我为群众办实事“百佳项目”。坚持严的标准、实的作风，高质量开好专题民主生活会和组织生活会，党性修养和政治能力得到提高。

（三）巡视整改取得阶段成效

去年海关总署党委第十一巡视组对银川海关党委开展了常规巡视，海关总署人教司同步进行了选人用人专项巡视检查。总关党委对巡视反馈意见诚恳接受、照单全收，切实把巡视整改作为重要政治任务抓紧抓实，坚持与党史学习教育、疫情防控等工作统筹推进，取得了阶段性成效。对照选人用人专项巡视检查中发现的问题，制定21项整改措施，均已全部整改，组织人事工作基础进一步夯实，组织人事干部业务素养得到提升，干部日常监督管理更加严格规范。对照巡视反馈指出的问题，共制定93项整改措施，截至目前已销号85项，其他8项措施正在积极有序推进。注重加强组织领导，党委暨巡视整改工作领导小组先后召开8次会议，研究解决巡视整改中的重点问题，实行“一措施一台账”，整改结果由主责党委委员逐一审核把关、签字确认，并经党委会集体研究审定。注重践行群众路线，先后召开巡视整改工作动员部署会和3次推进会，向关区干部群众传达巡视反馈意见、介绍巡视整改方案、通报阶段整改情况。注重责任追究，对8个重点问题开展责任分析与追究，运用监督执纪“第一种形态”批评教育帮助56人次。注重标本兼治，集中整改阶段制（修）订相关制度7项，对具有一定普遍性、倾向性的问题开展“2+4”专项整治。

（四）管党治党责任进一步落实

以构建“四责协同”机制为导向，持续落实两级党委全面从严治党清单。关党委专题听取党委委员落实主体责任情况汇报，开展隶属海关党委书记述责述廉述党建并对隶属海关党委落实全面从严治党主体责任情况进行监督检查，督导“关键少数”履行好主体责任。指导机关纪委进一步健全完善工作制度，定期研究安排相关工作，充分发挥其应有的作用。组织制定《银川海关运用监督执纪“第一种形态”实施细则（试行）》，对审批程序、组织实施等环节进行细化，指导隶属海关党委和党的部门常态化运用监督执纪“第一种形态”。把加强对“一把手”和领导班子监督的措施分解为64项任务，清单式推进工作落实。全年共对关区8个党组织开展了巡察，巡察全覆盖完成率达到100%，发现各类问题75个，为推动关区全面从严治党工作提供了有力支撑。

（五）强基提质工程不断夯实

树立大抓基层的导向，关党委全年共研究党建工作8次，每半年听取一次党建工作总体汇报，机关党委被评定为自治区五星级党组织。班子成员严格落实双重组织生活制度，定期深入基层党建联系点调研指导。加强党建督导检查，月度依托“智慧党建”平台抽查，季度开展实地督查，半年互观互检互查，年度开展支部书记述职考核，夯实党支部基础作用。严格落实党组织设置规定，凡是条件满足的隶属海关都已实现“支部建在科上”。持续深化品牌创建，开展关区基层党建品牌评选和交流展示活动，以点带面深入推动党建品牌创建，扩大带动示范效应。在入境军机检疫查验、党员干部下沉社区等工作中，注重发挥支部战斗堡垒作用，让党旗在抗“疫”一线高高飘扬。强化关区事业单位党的建设，做到党建与业务同谋划、同推进、同落实。持续深化精神文明创建，常态化开展“爱国卫生日”、文明交通、社区帮扶等志愿服务活动，继续保持全国文明单位荣誉，获评自治区精神文明建设工作先进集体、自治区无烟党政机关，1个单位获评全国青年文明号。

（六）正风肃纪持续向纵深推进

结合关区业务特点，调用关区资源全力推进“现场监管与外勤执法权力寻租”专项整治工作，实现现场监管与外勤执法业务领域全覆盖。组织开展警示教育周、警示教育月活动，强化典型案例警示教育。严格执行处、科级领导干部节日书面廉政提醒报告制度，加强领导干部配偶、子女及其配偶从业行为检查力度。集中整治形式主义、官僚主义，将基层减负作为作风建设的重点，精文简会取得较好成效。利用2个月的时间在全关开展内务规范专项整治，重点整治着装、仪容、工作纪律与秩序等方面的问题，关容关貌进一步严整，日常作风进一步养成。指导各隶属海关全部建立起特约监督员队伍，强化外部监督。建立健全机关工会、政府采购相关制度，进一步细化制度要求，严肃财经纪律。严格落实“过紧日子”要求，缩减不必要的经费支出，制止餐饮浪费，明确节水节电要求，坚持厉行勤俭节约。持续推广应用政务服务“好差评”系统，企业参与率达到100%，14个服务办件全部好评。

在肯定成绩的同时，我们也清醒地看到问题和不足：一是政治机关意识不强，从政治高度审视推动业务工作不到位，没有把讲政治的要求落实到关区各项工作的全过程全领域、没有从外部要求转化为内在动力，对业务背后可能隐藏的政策风险、所必须担负的政治责任关注度不高；二是管党治党政治责任有待进一步扛牢，责任链条还没有完全压紧压实，纪律作风日常养成不过硬，离真管真严、敢管敢严、长管长严还有差距；三是风险防控有待进一步加强，针对传统非传统职能交织、风险复杂多变等客观环境，科学预见执法领域与非执法领域风险的能力本领还不足。针对以上问题，关区各级党组织要认清形势、高度重视、担当作为，认真加以解决。

三、2022年主要任务

按照海关总署党委的部署安排，结合工作实际，2022年关区全面从严治党工作的总体要求是：以习近平新时代中国特色社会主义思想为指导，深入贯彻党的十九大和十九届历次全会精神，认真落实十九届中央纪委六次全会部署，全面加强党的领导，增强“四个意识”、坚定“四个自信”、做到“两个维护”，坚持稳中求进工作总基调，立足新发展阶段，完整、准确、全面贯彻新发展理念，加快构建新发展格局，推动高质量发展，自觉运用党的百年奋斗历史经验，弘扬伟大建党精神，永葆自我革命精神，深入贯彻全面从严治党战略方针，坚决落实海关总署党委部署要求，充分发挥全面从严治党引领保障作用，把严的主基调长期坚持下去，一体推进不敢腐、不能腐、不想腐，持续深化清廉海关建设，锻造准军事化纪律部队，深入推进政治建关、改革强关、依法把关、科技兴关、从严治关，为推动关区事业高质量发展提供坚强保证，以优异成绩迎接党的二十大胜利召开。重点做好以下7个方面的工作。

（一）旗帜鲜明讲政治，坚决推进政治建关

深刻感悟“两个确立”的决定性意义，始终把政治建关摆在首位，以政治建设统领关区各项工作，确保始终沿着正确政治方向前进。严格落实“第一议题”制度。在研判形势、解决问题、检查工作中有效发挥“第一议题”制度应有的重要作用。聚焦“国之大者”，紧盯海关系统重点工作部署落地落实，对于需要制定关区配套实施方案、细则的，明确责任部门和完成时限。从严从实开展好捍卫“两个确立”、做到“两个维护”、强化政治机关建设专项教育活动。抓好学习提高、查找问题、整改落实、拓展巩固等各个阶段的具体工作任务，做到全员覆盖、全域查摆、全面整改，不断提升干部队伍政治判断力、政治领悟力、政治执行力。对照“没有离开政治的业务，也没有离开业务的政治”，全面梳理政治要求，纠正认识偏差，深入查找工作中是否存在业务与政治脱离的问题，把讲政治要求落实到每项工作中、每个岗位上，牢牢把握关区工作正确政治方向，推动政治机关建设往实里走、深里走。严守政治纪律和政治规矩，做到“五个必须”，防止“七个有之”。严格落实重大事项请示报告制度，该请示报告的必须按规定第一时间请示报告。认真贯彻民主集中制，严肃执行“三重一大”等事项集体研究决策制度。突出政治标准，加强政治审查，严格把好选人用人“政治关”。总关党委委员每年至少参加1个下级单位的民主生活会，机关党委牵头强化对下级民主生活会和组织生活会的督导检查，提升党内政治生活质量。

（二）巩固党史学习教育成果，坚持用党的创新理论武装头脑

深刻领会党的百年奋斗重大成就和历史经验，引导关区党员干部坚定历史自信，让初心使命在内心深处真正扎根，把忠诚于党和人民落到行动上。抓实抓好理论武装。将党史纳入两级党委理论学习中心组和各党支部的必学内容，推进党史学习教育常态化长效化，着力提升领导干部历史思维能力。充分发挥党委理论学习中心组的示范引领作用，落实好党委班子成员包抓机制，定期巡听旁听，指导隶属海关党委提升学习质效。持续运用政治理论学习督察机制，定期通报干部学习进度，将各支部“学习强国”平台学习情况纳入党建日常督查。持续实施青年理论学习提升工程，建强青年理论学习小组。做好学习贯彻党的二十大精神工作。深入开展“喜迎党代会　献礼二十大——争做先行区建设的先行者”主题实践活动，激发实干热情和奉献精神。组织好关区学习贯彻党的十九届六中全会精神集中轮训工作，党的二十大召开后第一时间组织关区党员干部掀起学习贯彻热潮，切实做到学深悟透、融会贯通。认真落实意识形态工作责任制。大力加强对党忠诚教育、党性教育和海关职业操守教育。严格执行党员思想状况定期分析报告制度，加强关区门户网站、微信平台等意识形态阵地管理。

（三）始终强化管党治党政治责任，巩固关区良好政治生态

充分发挥“一把手”和领导班子“头雁效应”，坚持严字当头，坚决落实从严治关工作要求，切实做到真管真严、敢管敢严、长管长严，把严的主基调一贯到底。严格落实主体责任。关区两级党委要坚决履行全面从严治党主体责任，定期分析政治生态，研究推动从严治关工作，做到底数清、情况明、措施实。党委书记要做到“四个亲自”，管好班子、带好队伍，严格自律、严负其责、严管所辖。班子成员带头履行“一岗双责”，严肃党内政治生活，开展健康的批评与自我批评，严格落实双重组织生活制度，参加所在支部的组织生活会时也要接受普通党员的监督评议。健全完善隶属海关党委落实全面从严治党主体责任的检查考核制度，开展隶属海关党委书记述责述廉述党建，强化检查考核和结果运用。注重凝聚监督合力。深入贯彻《中国共产党纪律检查委员会工作条例》，强化纪检机构监督责任和协助职责，提升规范化、法治化、正规化水平。推进纪律监督、巡察监督、干部监督、派驻监督、审计监督等贯通协调，着力加强对关区“一把手”和领导班子监督工作，促进监督质效整体提升，纪检监察部门对相关落实情况定期监督检查。派驻纪检组强化协助职责、监督责任、推动作用，督促隶属海关党委落实好主体责任。持续抓好巡视整改落实和巡察工作。把巡视整改作为一项长期政治任务，持续用力、久久为功，力争本年度内所有整改措施全部销号，定期向海关总署党委巡视工作领导小组报告进展情况，并向关区干部群众进行通报。继续举一反三，确保“不贰过”，进一步扩大巡视整改成果。把推动解决问题作为巡察工作的落脚点，在实现巡察全覆盖的基础上，选取部分已被巡察对象，以“回头看”的方式开展巡察整改质效评估工作。

（四）践行以人民为中心的发展思想，切实做到人民海关为人民

关区各级党组织和广大党员干部要始终牢记“从哪里来、往哪里去”这个基本命题，始终保持党同人民群众的血肉联系。加强和改进调研工作。完善关党委班子加强和改进调查研究工作机制，从制度层面改进调研工作。班子成员严格落实基层联系点制度，结合各自分管领域，深入了解基层出现的新情况、新问题，适时开展调研成果交流，切实提升调研的科学性、针对性、实效性。建立健全“我为群众办实事”长效机制。把党史学习教育期间开展便民利企、暖心聚力的经验做法制度化，持续提升进出口企业、基层干部群众的获得感。严格落实“双报到、双报告”，常态化组织党员干部参与社区治理、志愿服务，进一步了解基层、服务基层。履行社会责任助力乡村振兴，继续选派优秀干部参加驻村帮扶，党委定期研究定点帮扶工作，每半年至少1名党委班子成员代表党委前往定点帮扶村进行实地调研，及时帮助解决具体问题。坚持严管厚爱相结合。继续加大力度，指导党的工作部门和各隶属海关党委常态化运用监督执纪“第一种形态”，发挥好防微杜渐的作用。进一步改进思想政治工作，做好对封闭管理人员等心理疏导，切实帮助解决实际困难。用好职级晋升、评先选优、日常奖励、关爱慰问等各项措施，激励干部职工勇挑重担、担当作为。

（五）持续深化强基提质工程，着力提升党建引领保障作用

推动党建业务深度融合、同频共振，常态化开展“五型”模范机关建设，以有效的党建工作促进海关中心工作高质量发展。着力夯实基层基础。严格落实《基层组织选举工作条例》等党内法规要求，监督指导按时按程序完成支部集中换届工作。认真落实民主集中制、组织生活会、民主评议党员、主题党日、“三会一课”等制度，不断增强党内政治生活的政治性、时代性、原则性和战斗性。深化支部品牌创建工作，党委定期研究基层党建品牌创建工作，组织开展支部品牌交流展示活动。开展优秀党课评选活动，提升“讲党课、作宣讲”的质量，增强党性教育的感染力和吸引力。深化文明单位创建，提前做好全国文明单位复评的准备工作。锻造过硬党务干部队伍。注重发挥机关党委委员和支部委员作用，把落实委员职责体现在机关党建工作的全过程，凝聚党建工作合力。用好“智慧党建”系统，实施党务干部能力提升工程，开展“三强化四过硬五带头”活动，增强党务干部抓党建工作的素质和能力。强化准军事化海关纪律部队建设。深化干部工作“五大体系”建设，分级分类建立年轻干部库，加强执法一线科长队伍建设。聚焦实际需求精准培训，抓好经常性、实战性岗位练兵和技能比武。持续开展内务规范强化月、视频检查等，常态化抓好内务规范，定期通报内务督察和控烟措施情况。坚持党建带群建，充分发挥桥梁纽带作用，广泛开展岗位练兵、技能竞赛等活动，激励干部职工担当奉献。用心用情做好老干部工作。

（六）持之以恒正风肃纪，坚持不敢腐、不能腐、不想腐一体推进

作风建设永远在路上，永远没有休止符，必须始终保持“赶考”的清醒，以抓铁有痕、踏石留印的坚韧持续加强和改进作风，筑牢党风廉政建设防线。持续改进工作作风。严格执行中央八项规定精神及海关系统细化举措，落实海关总署制定的 17 条措施和自治区“八条禁令”、区直机关“十项严禁”，党员领导干部要做到“五个一律不准”，执法一线科长和关员要做到“四个一律不准”，严防隐形变异“四风”问题和酒驾醉驾等违法违纪行为。进一步纠治形式主义、官僚主义问题，抓好基层减负常态化机制落实，重点克服指尖上的形式主义，建立发文管理负面清单和基层上报事项正面清单。继续发挥好 12360 海关热线、政务服务“好差评”系统、特约监督员队伍、“一键举报”二维码的作用，提升外部监督成效。坚持“过紧日子”，提高预算执行效率和资金使用效益，厉行勤俭节约，严禁餐饮浪费行为。保持惩治腐败高压态势。坚持无禁区、全覆盖、零容忍，紧盯企业和群众身边腐败和不正之风，发现一起坚决查处一起。进一步加强机关纪委建设，健全完善工作制度，充分发挥机关纪委委员、支部纪检委员的作用。积极运用“新海廉”等平台，拓展打私反腐“一案双查”，主动排查廉政风险。巩固“现场监管与外勤执法权力寻租”专项整治成果，向工程建设、信息化建设、实验室建设、装备购建、疫情防控保障项目等领域延伸拓展，深入开展“海关重点项目和财物管理以权谋私”专项整治。深化廉洁文化建设。认真贯彻落实《关于加强新时代廉洁文化建设的意见》，通过观看警示教育片、排查廉政风险点等形式，按照要求开展廉政警示教育月、廉政警示教育周系列活动，持续抓好思想道德和党纪国法教育，深入推进家教家风建设。加强对年轻干部的教育管理监督，教育引导年轻干部成为党和人民忠诚可靠的国门卫士，扣好廉洁从政的“第一粒扣子”。强化“八小时以外”监督，净化干部职工社交圈、生活圈。

（七）深化“制度+科技”运用，以制约监督促进权力规范运行

权力是一把“双刃剑”，要巩固拓展“制度+科技”理念，切实把权力关进制度的笼子里。坚持用制度管权管事管人。加强制度规范性文件合法性审查，强化制度执行刚性约束。持续推进现场执法“选、查、处”分离，深化“双随机、一公开”监管，进一步规范自由裁量权。严格落实海关领导干部任职回避、定期轮岗、干部交流制度，严格执行领导干部报告个人有关事项制度和配偶、子女及其配偶经商办企业禁业范围，及时纠正处理违规情况。严格干部政治监督，深入治理“小圈子”“带病提拔”“裸官”、不担当不作为、违规兼职等问题。积极稳妥推进科技控权。根据海关总署统一安排，持续优化提升各业务系统应用效能，积极运用实验室管理、信息化应用项目管理、固定资产管理、政府采购等信息化系统，大力推进海关权力行为“进系统、标准化、留痕迹、可追溯”。进一步防范化解风险。严把业务数据安全防护关口，严禁泄露海关工作秘密或者违规提供海关数据。结合关区特点，定期排查执法领域和非执法领域的风险隐患，制定有针对性的防范措施，着力提升风险防控能力。

同志们，全面从严治党开辟了百年大党自我革命的新境界，让我们更加紧密地团结在以习近平同志为核心的党中央周围，弘扬伟大建党精神，坚决落实海关总署党委部署要求，常怀远虑、居安思危，踔厉奋发、笃行不怠，不断开创银川海关全面从严治党、党风廉政建设和反腐败工作新局面，为推动关区事业高质量发展、奋力推进社会主义现代化海关建设提供坚强保证，以优异成绩迎接党的二十大胜利召开！

在 2022 年银川海关年中工作会议上的讲话

银川海关关长、党委书记　刘世远

（2022 年 7 月 5 日）

我们今天会议的主要任务是，深入学习贯彻习近平总书记重要指示批示精神，研究贯彻落实 2022 年全国海关年中工作会议和自治区第十三次党代会精神，全面总结 2022 年上半年主要工作情况，分析当前工作面临的形势和存在的主要问题，围绕“守国门、促发展”，安排布置下半年重点工作。刚才，张大平副关长传达学习了 2022 年全国海关年中工作会议精神，特别是俞建华署长的讲话要求；杨海副关长就贯彻海关总署会议精神，进一步推进促进外贸保稳提质进行了再动员、再部署。各单位各部门要认真抓好学习贯彻落实。下面，我再讲三点意见。

一、上半年主要工作情况

今年以来，在海关总署党委的坚强领导下，银川海关坚持以习近平新时代中国特色社会主义思想为指导，坚决贯彻习近平总书记重要指示批示精神，认真落实 2022 年全国海关工作会议、全面从严治党工作会议部署，按照俞署长的讲话批示要求，以“时时放心不下”的责任感，着力强化政治建关，着力防范化解风险，着力服务发展大局，坚持一手抓发展、一手抓安全，政治更加坚定，监管更加有力，服务更加优化，队伍更加过硬，较好地完成了阶段性各项工作任务。

（一）政治机关建设持续深化

深入学习领会习近平总书记关于做好当前疫情防控和经济工作、推动黄河流域生态保护和高质量发展、推动宁夏改革开放取得新突破等重要指示精神，第一时间作出响应、研究部署、贯彻落实，加强跟踪督办，确保不折不扣落实到位。持续深入学习习近平新时代中国特色社会主义思想，组织开展学习党的十九届六中全会精神全员轮训，推进党史学习教育常态化长效化。关区两级党委理论学习中心组累计集中学习研讨 18 次，各党支部开展学习研讨 117 次。扎实开展“学查改”专项工作和政治机关建设专项教育活动，机关党委（政工办）牵头组织对 303 个岗位梳理具体政治要求 1026 项，排查相关问题和风险隐患 241 个，制定整改措施 340 项，探索党委对重要业务工作政治把关、机关带基层政治建设、强化基层党组织政治功能等长效机制。从政治层面强化业务研究分析，开设研究与交流载体，编发业务研究文章9期。全力支持乡村振兴，班子成员定期入村调研指导，严格落实政策待遇，驻村工作稳中有进。不断加强党委班子建设，修订党委议事清单、“三重一大”决策制度实施办法，建立党委班子年度重点工作事项清单。制定12项措施深化巡视整改，整改措施均已销账，移交问题全部办理、处置完毕，干部群众整体满意率达100%。

（二）常态化疫情防控严格有序

严格落实海关总署和自治区疫情防控要求，坚持“人、物、环境”同防，卫生处及时组织修订口岸防控等各类方案预案，调整口岸一线疫情防控梯队，组织专业知识和技能培训，开展实战演练，完善封闭管理各项措施，督促监管场所运营企业落实主体责任，坚决守牢外防输入关口。严格内部疫情防控，完善应急指挥体系，组织开展桌面推演，及时调整防控措施，常态化实施风险排查，严防工作人员感染。发挥督察督办、纪检监察和“挑毛病专家”等监督合力，排查风险漏洞，完善工作机制；积极配合“百名科长百日督查”，针对督查问题，立行立改，举一反三，坚决抓好整改。开展“关长走进口岸封管区”，落实关心关爱一线工作人员措施，建立兼职心理健康服务队伍，提升人力保障、关心慰问、后勤服务等工作实效性。

（三）促进外贸保稳提质积极有效

落实细化海关总署促进外贸保稳提质十条措施，制定出台15条举措，实施关长直通服务责任制，落实“首问负责制”，形成工作周报5期，推进“问题清零”。党委班子主动到地方党委政府9个部门和19家企业走访调研，解决影响自治区重点产业、重点项目和重点企业设备物资通关等问题，银川河东机场海关组织发放“关企联系卡”，兴庆海关组织召开助企纾困座谈会，石嘴山海关开展助企纾困大调研，中卫海关强化“一企一策”，综一处、综三处等职能部门积极开展调研、政策宣介和信息宣传，多角度多维度全力助企纾困，自治区党委政府对我关工作给予充分肯定。积极支持宁夏拓展国际物流通道，保障首列宁夏西部陆海新通道南向班列和“银川—布达佩斯”中欧班列开行，叠加推进铁海联运“一单制”与“提前申报”模式。银川综合保税区跨境电商综合监管中心顺利通过验收。优化出口食品生产企业备案流程，累计办理备案31个，同比增长87.5%。积极落实进出口税收优惠政策，签发RCEP原产地证书249份，签证金额5783.83万美元；减免关税813.62万元，减免增值税837.7万元。前5个月宁夏外贸进出口总值97.55亿元，同比增长66.2%，增速排名全国第1位。

（四）防范化解各类风险严密有力

坚决贯彻落实总体国家安全观，建全“一把手”任组长的“安全生产领导小组”工作机制，压紧压实安全生产主体责任，完善安全监督员和“吹哨人”预警机制。综二处定期开展监督检查，实施重大风险隐患梳理评估，列出问题清单，制定整改措施，强化动态管理，明确整改时限。扎实开展房产安全专项整治工作，及时消除安全隐患。企管处全力推进稽查改革，截至目前，稽查查发率100%。签订与安全部门联系配合机制，探索“海关+企业+园区”监管模式。督审处扎实组织开展审计自查，发现问题54个，已完成整改42个，有效防范内部管理风险。开展“国门利剑2022”联合专项行动，出台联系配合办法，常态化推进落实“全员打私”。上半年，缉私局共立案侦办刑事案件1起，在办刑事案件2起，办理行政案件10起，立案调查关区首起“涉检”案件，总案值6626余万元。

（五）准军事化纪律部队建设扎实推进

严格履行全面从严治党主体责任，分解布置重点任务64项，党委班子带头调研指导、督促检查。全面动员部署，精心调配资源，深入开展“海关重点项目和财物管理以权谋私”专项整治工作，监察室、派驻纪检组、财务处统筹协调推动，全力推进各项工作落实，确保组织到位、人员到位、工作到位、责任到位。加强对关区“一把手”和领导班子的监督，组织开展各部门单位“一把手”和领导班子其他成员重点事项监督自查。持续深化“强基提质工程”，推进关区基层党建“书记项目”，开展党务干部能力提升行动，得到海关总署充分肯定。落实意识形态工作责任制，逐级签订意识形态责任书。成立党委人才工作领导小组，不断完善人才培养、评价、流动和激励等机制，人教处主动发力探索建立干部政治素质表现档案。建强青年理论学习小组，评选“青年学习标兵”，持续加强工青妇工作，用心用情做好离退休干部工作。组织开展“廉政警示教育周”和内务规范强化月活动，打造廉洁型机关。上半年立案审查2件，通过执纪办案，进一步严肃党的纪律，释放从严正风肃纪的强烈信号。

（六）综合保障水平持续提升

稳步推进法治建设，积极参与海关总署和地方重点领域立法及后评估，法规处组织实施常态化的制度“立改废”，有效开展学法用法活动，建立领导干部学法清单制度。夯实技术保障基础，全力做好信息化应用支撑保障，科技处组织完善国产操作系统和国产桌面云应用适配改造，完成H4A授权统计子系统本地部署，整合升级机房基础环境资源，加强机房节能改造；加强对实验室安全的监督管理，做好实验室仪器设备绩效考核。有效发挥数据支撑作用，数据分中心为140家企业办理电子口岸新入网手续。紧盯自治区特色产业发展需要，不断提升技术支撑能力，技术中心国家枸杞检测重点实验室检测能力达到888项，CANS认可检测项目达到4674个，覆盖关区98%以上的进出口业务。积极参与属地疫情防控，不断提升新冠病毒采样检测能力，保健中心单日采样量达12000人次，单日标本检测量达1000份，累计完成新冠病毒核酸采样检测约15万人次，环境核酸采样检测6.5万点次。严格落实“过紧日子”要求，多方筹措资金保障发展，及时做好疫情防控物资动态补充保障；按时完成关区年度预决算编制上报工作；依法依规转让脱钩企业产权，维护事业单位合法权益。召开座谈会，广泛征求意见，后勤管理中心用心用情做好各类服务保障。建立发文、会议、督检考负面清单管理机制，梳理基层周期性报送数据表格文字材料正面清单86项，持续精文简会，发文同比下降14%，切实为基层减负。办公室加大信息宣传挖掘报送力度，被海关总署和自治区党委政府采编38条，同比增长90%，服务大局推动落实作用有效发挥。不断提升机要保密、档案管理、政务公开、信访和建议提案办理等工作水平，政务运行效能不断提升。

上半年成绩的取得，是海关总署党委坚强领导的结果，也是全体干部职工拼搏奉献的结果，凝聚着海关总署党委的深情、厚爱与期盼，也凝聚着大家的智慧、辛勤与汗水。特别是属地发生疫情期间，全体干部职工坚守岗位、忠诚履职，在急难险重任务面前不畏艰险、勇挑重担，舍小家为大家，展现了我们银川海关良好的精神风貌和过硬的工作作风。在此，我谨代表银川海关党委对大家表示衷心的感谢和崇高的敬意。

在肯定成绩的同时，我们也要清醒地看到当前关区工作还存在的问题和不足：一是政治机关建设仍有差距。通过两个专项工作的深入开展，关区干部职工的政治意识普遍得到提升，但如何做到政治与业务的融会贯通、融合推进，一些部门单位还缺乏具体有效的抓手，“就党建抓党建、就业务抓业务”的“两张皮”问题没有彻底解决。二是个别领导干部责任担当有所弱化。知责明责存在差距，对所担负的责任了解掌握一知半解，抓落实浮于表面、沉不下去，工作还停留在发文、开会层面，协调配合还不够顺畅，推诿扯皮现象还一定程度存在。三是全面从严治党主体责任还没有压实扛实。由于关区近年来没有出现大的违法违纪案件，个别部门单位和领导干部对表面上的岁月静好，思想上容易滋生松懈心态，责任意识、风险意识、危机意识有所弱化，全面从严治党永远在路上的定力和韧劲不足，抓早抓小，敢于善于运用监督执纪“第一种形态”存在短板弱项。四是执法领域与非执法领域的风险不容忽视。外出执法经费报销管理存在风险，个别部门单位管理不够严格，“百名科长百日督查”发现我关在疫情防控中还存在一些制度规定落实不到位、领导管理推动不到位、责任履行不到位的问题，与准军从严管理要求还有一定差距。这些问题，我们必须要高度重视，在下一步工作中认真加以研究解决。

二、当前面临的形势

当前，疫情影响持续深入，经济遭遇逆全球化，国际经贸领域竞争日趋激烈，外部环境更趋复杂严峻和不确定，我国经济发展面临需求收缩、供给冲击、预期转弱“三重压力”，外贸发展不确定不稳定不平衡因素增多。同时，自治区第十三次党代会报告指出“宁夏是欠发达地区的基本区情没有变、滞后于全国发展水平的历史方位没有变，发展不足是最大实际，开放程度不高是最大短板”。由于对外开放的自身动力不足，宁夏外贸发展面临着持续加大的下行压力，加之属地疫情时有发生，我们所面临的形势任务也十分复杂艰巨。

（一）维护政治安全与意识形态领域安全责任并重

党的二十大即将召开，这是党和国家政治生活中的一件大事，保持平稳健康的经济环境、国泰民安的社会环境、风清气正的政治环境尤为重要。同时，宁夏是全国最小的内陆省份，也是最大的回族聚居区。意识形态工作特殊，维护国门政治安全责任重大，每逢大事要事，意识形态领域的风险增多，形势严峻复杂。我们必须要坚决铸牢中华民族共同体意识，加强反宣品入境监管及查缉工作，高质量做好保障迎接宣传贯彻党的二十大精神的各项工作。

（二）促进外贸保稳提质压力与动力并行

前5个月，宁夏外贸进出口开局平稳，继续保持较快增长，为实现年内目标打下了很好的基础。但从贸易发展的长期态势来看，外贸形势不容乐观。一方面，受到国内外疫情、地区冲突和通货膨胀等多重因素影响，外部需求不确定性、不稳定性增加。另一方面，关区海运、陆运报关货物物流时空跨度大、环节多，跨关区监管协调配合工作多，关区外贸企业特别是中小微企业仍面临较大经营压力。同时，自治区新一届党委政府高度重视外贸发展，近期，主要负责同志实地调研银川综合保税区和银川国际公铁物流港，听取海关工作汇报，分析发展态势，部署工作任务，对促进外贸保稳提质提出了更高要求。

（三）防范化解重大、系统性风险挑战内外并存

受疫情冲击影响，当前和今后一个时期是我国各类矛盾和风险易发期，各种可以预见和难以预见的风险因素明显增多，特别是各类疫病疫情多发，外防输入压力不断加大。虽然关区固定出入境航班处于暂停状态，但国际货运监管、进出口食品安全监管、属地疫情防控核酸检测等工作任务持续开展，加之我关机构编制总量少、机关部门职能集中，基层一线一人多岗、量小单多比较普遍，各业务领域风险隐患也需高度重视。

对此，我们必须要化危为机，准确把握形势，保持清醒的认识，把思想和行动统一到习近平总书记重要讲话和重要指示批示精神上来，统一到党中央国务院决策部署上来，统一到海关总署党委要求上来，以更加坚定的信心、更加巨大的勇气和更加有力的举措，坚持和加强党的全面领导、坚持服务大局、坚持海关为民、坚持防范风险、坚持真抓实干、坚持严管厚爱、坚持稳中求进，找准工作的切入点和着力点，守国门、促发展，全面履行海关工作职责，为营造平稳健康的经济环境、国泰民安的社会环境、风清气正的政治环境作出应有的贡献。

三、下半年重点工作

海关总署党委对下半年的工作已经做出了具体的部署；同时，自治区第十三次党代会任务分工也已经明确。我们要紧紧围绕海关总署党委和自治区党委政府的统一安排部署，树立“没有走到前列也是一种风险”的意识，按照“跳一跳、够得着”，对标先进谋发展，凝心聚力开新局。重点做好以下工作：

（一）坚持讲政治，着力在推进政治机关建设上下功夫

俞署长在与我进行视频谈话时强调，要令行禁止，政令畅通，在讲政治上不打折扣，不管是身处中部、东部、西部，政治标准都是统一的，不能因为欠发达，在政治标准上就降低要求。

要坚决落实习近平总书记重要指示批示精神，始终牢记“国之大者”，做到总书记有号令，党中央有部署，海关总署有要求，银川海关见行动，进一步完善党委“第一议题”制度，形成贯彻落实的闭环管理机制，标本兼治抓好落实。近期海关总署也印发了相关的通知要求，我们要坚决抓好落实。要持续抓好2022年全国海关年中工作会议和自治区第十三次党代会精神的学习宣传，认真抓好贯彻落实。巩固深化“两个专项”工作成果，充分发挥党委把方向、管大局、保落实作用，把政治建设融

入和贯穿到关区重要业务工作决策部署、推进落实、考核评估的全过程。认真履行定点帮扶政治责任，助力乡村振兴。动态评选“四强”支部和党建品牌，充分发挥示范引领作用；用好党建“书记项目”成果，着力推动党建业务深度融合发展。严格落实意识形态责任制，持续铸牢中华民族共同体意识。开展“喜迎二十大——争做先行区建设的先行者”主题实践活动，党的二十大召开后，第一时间制订学习方案并周密组织实施，迅速兴起学习宣传贯彻热潮。

（二）坚持守底线，着力在抓好常态化疫情防控上下功夫

当前，海关总署正在调整优化口岸疫情防控措施，在这个关键节点上，我们要做到思想不放松、压力不递减、工作不降准、责任不推卸，切实扛起疫情防控的主体责任。坚决贯彻习近平总书记关于从严抓好疫情防控工作的重要讲话和重要指示批示精神，认真落实“外防输入、内防反弹”总策略和“动态清零”总方针，按照“加强自身防护、现场规范操作、业余规范社交”的要求，密切关注疫情形势变化，坚持“人、物、环境”同防，及时调整防控方案，完善与属地联防联控工作机制；持续开展进口冷链食品和非冷链货物的检测和预防性消毒，严格执行一线高风险岗位封闭管理；严格遵守工作纪律和属地防疫要求，从紧从严从细抓好内部疫情防控，确保规定动作100%落实到位。坚持“多病共防”，严格落实口岸检疫措施，提升实验室检测能力，严防猴痘等疫情传入。强化应急工作准备，加强人员技能培训和实操演练，动态调整重点岗位、重点人员，不断提升疫情防控应急处置能力。发挥好督察督办、纪检监察、“挑毛病专家”等各类检查手段，及时消除各类风险隐患。持续开展“关长走进口岸封管区”工作，落实好关心关爱疫情防控一线人员各项措施。

（三）坚持谋发展，着力在促进外贸保稳提质上下功夫

坚决贯彻落实党中央国务院决策部署，持续落细落实海关总署促进外贸保稳提质的十条措施和我关15条举措，全力助企纾困，更好服务稳经济保增长促发展。紧密结合自治区“六大提升行动”“六新六特六优”产业和二十个重大项目发展规划，加强对国外海关法规和技术性贸易措施的收集和研究，支持枸杞、葡萄酒、供港蔬菜、供港活牛等出口产品标准对接、质量提升，优化结构、培育品牌，增加附加值和国际竞争力；助力先进技术设备、种质资源等进口，维护产业链供应链安全稳定，推动新能源等产业高质量发展。发挥国家级枸杞、葡萄与葡萄酒重点检测实验室作用，有效服务特色产业高质量发展。积极开展海关信用制度宣介，提高认证质量，落实通关便利措施。做好进口税收优惠政策实施，加大RCEP政策宣传和实施力度，扩大政策红利覆盖面。持续推广原产地证书“智能审核+自助打印”智慧审签模式。稳步实施汇总征税、预裁定等便利措施；聚焦国家战略和自治区重点产业规划开展税政调研，提出税政建议。密切关注宁夏外贸情况及趋势，及时做好贸易分析和监测预警，为自治区党委政府决策提供参考。

（四）坚持促改革，着力在提升对外开放水平上下功夫

联合区域海关创新跨关区全方位通关合作机制，全面落实黄河流域生态保护和高质量发展、西部陆海新通道建设区域海关合作协议，认真贯彻《海关总署加快“三智”建设服务“一带一路”高质量发展的意见》，研究服务发展重点举措，提升支持服务力度。全力支持、积极跟进做好银川国际公铁物流港申请保税物流中心（B型）的政策指导，拓展我区对外开放新空间。持续做好自贸试验区海关监管创新制度的复制推广，深入宣贯落实《中华人民共和国海关综合保税区管理办法》，支持跨境电商等贸易新业态健康发展，不断发挥银川综合保税区对外开放平台作用。积极配合推进国际贸易“单一窗口”建设。深化“放管服”改革，精简备案随附单证，加大“多证合一”推广力度，积极推进“双随机、一公开”监管。全面推进全业务领域一体化改革，加快推进属地查检与口岸监管、稽核查工作执法联动，推动重点业务领域跨关区协同管理。继续巩固压缩整体通关时效，复制推广促进跨境贸易便利化专项行动经验，持续优化口岸营商环境。

（五）坚持防风险，着力在维护国门安全上下功夫

牢固树立总体国家安全观，坚决贯彻落实海关总署党委《防范化解海关重大、系统性风险任务分工》，按照关区的任务分工，加强风险研判，强化系统治理和全链条防控，完善大风险防控运行机制，严密防范化解各领域重大风险隐患。统筹和规范关区风险监测、评估、预警、处置，强化重大风险防控运行机制。在旅检、快件等监管领域广泛应用智能审图，坚决防止非法音像制品等禁止进境物品入境，提高监管有效性。加强国门生物安全风险监测，强化系统治理和全链条防控，严防非洲猪瘟、高致病性禽流感等重大动植物疫情疫病传入传出。积极推进稽查业务改革和属地查检业务改革，统筹推进“多查合一”。深化综合治税，持续推进属地纳税人管理，引导企业合规申报守法自律，从源头防控税收风险。深化全员打私机制，加强反走私综合治理，强化缉私综合保障，不断提升打私整体效能，围绕“中央关注、社会关切、群众关心”的突出走私问题，深入开展“国门利剑2022”联合行动，严厉打击“洋垃圾”、象牙等濒危物种及其制品走私。

（六）坚持抓作风，着力在打造忠诚干净担当的干部队伍上下功夫

关心关爱干部队伍，坚持“一盘棋”“一张单”“一把尺”，强化党组织领导和把关作用，选优配强各级领导班子，大力培养选拔使用优秀年轻干部；综合分析关区干部队伍结构，探索制订青年干部人才队伍培养计划；精心精细精准做好离退休干部各项工作；大力宣传先进典型，提升队伍精气神。切实改进工作作风，树正气、遏邪气、易俗气。落实“三个区分开来”要求，组织学习容错纠错典型案例，为改革创新、担当干事的干部撑腰鼓劲，对诬告行为严肃追究。培育崇尚求实、扎实、朴实的海关文化，注重抓落实、见成效，不人为渲染，不搞“花架子”、哗众取宠，不做表面文章。严格落实中央八项规定及其实施细则精神，持续整治形式主义、官僚主义，从严整治酒驾醉驾；各级领导干部要以身作则，抓好班子，带好队伍，树好形象，努力营造风清气正的政治生态。

（七）坚持强监督，着力在提高一体推进“三不腐”能力和水平上下功夫

坚持严的主基调不动摇，突出政治监督，做实日常监督，贯通各类监督，加强对“一把手”和领导班子的监督，做到真管真严、敢管敢严，长管长严。压紧压实两个责任，健全隶属海关党委落实全面从严治党主体责任的检查考核制度。把精准监督执纪与推动落实整改有机结合起来，着力加强源头治理、深化标本兼治。深化运用监督执纪“四种形态”，抓早抓小、防微杜渐。持续深入开展专项整治工作，加强“查漏补缺”，做好问题整改、风险防控和建章立制“后半篇文章”。持续巩固巡视整改成果，统筹推进关区巡视巡察上下联动。深入开展警示教育月活动，抓好廉洁文化建设，继续推进政治教育、纪法教育、警示教育一体贯通。推进打私反腐“一案双查”，严肃查处各类违纪违法行为。

（八）坚持严管理，着力在提升综合保障能力上下功夫

加强法治宣传教育和法治文化建设，常态化开展内部管理制度“立改废”工作，持续构建科学规范、运行有效的制度体系。落实网络安全责任制，强化网络和信息系统运维管理，健全网络和数据安全防护体系，加强关区实验室整体规划和协同建设。坚持“过紧日子”，压减非刚性、非必要支出，把有限的财力用到保民生、保运转、保发展上来；推进精细化管理，不断提高后勤服务保障水平。全力做好配合国家审计工作，聚焦重大决策部署和重点工作任务开展督察，持续提升内部督察审计质效。强化督促检查，将作决策、抓督查、保落实一体部署一体推进。聚焦重点工作、重大改革，做好信息宣传、值班应急和机要档案、建议提案办理等工作。积极发挥海关学会作用，提升政策研究水平能力。

同时，俞署长在全国海关年中工作会议上安排部署了“如何进一步深化改革融合”等6个研究课题的任务，我们要紧紧围绕这6个课题和工作中的热点、重点、难点问题，由分管关领导牵头，各职能处室负责，其他部门和隶属海关参与，紧密结合关区实际，主动开展工作，深入开展调查研究，提出解决问题的思路措施和意见建议，及时向海关总署党委报告。

最后，我再特别强调一下安全生产工作。海关总署党委高度重视安全生产工作，俞署长到任后已经先后2次作出批示，在全国海关年中工作会议上又专门进行了强调，先后4次提到“时时放心不下”，2次提到“时刻瞪大眼睛”。安全生产工作，怎么强调都不为过。党的二十大召开在即，各隶属海关党委、各级领导班子，务必要高度重视，把安全生产作为工作的重中之重，时刻瞪大眼睛，以“时时放心不下”的责任感，聚焦危化品监管、网络信息安全、信访事件处置、执法作业安全和海关监管作业场所、实验室、办公区管理等重点领域，持续深入开展大检查，加强突发事件应急演练。决不能放松警惕，麻痹大意，决不能自以为是、不以为然，决不能凭经验办事、犯经验主义错误，宁可十防九空，不可失防万一，坚决守住安全底线、监管红线。

同志们，一分部署九分落实，下半年的工作目标已经明确，关键在抓好落实，我们要深化学习贯彻习近平总书记视察宁夏重要讲话和重要指示批示精神，聚焦“疫情要防住、经济要稳住、发展要安全”，坚决贯彻党中央国务院决策部署，认真落实全国海关年中工作会议和自治区第十三次党代会精神，按照俞署长的讲话要求，积极主动作为、不断开拓创新，特别是我们各级领导班子要发挥好带头示范作用，提升两级想问题、下沉一级抓落实，既当“指挥员”，又当“战斗员”，按照各自职责分工，认真抓好各项工作落实，以实际行动和优异成绩迎接党的二十大胜利召开。

在银川海关党委理论学习中心组（扩大）学习暨各部门单位主要负责同志学习贯彻党的二十大精神专题培训班上的讲话

银川海关党委书记、关长　邹峰

（2022年11月9日）

学习宣传贯彻党的二十大精神是当前和今后一个时期的首要政治任务。近期，总关党委通过召开专题党委会、中心组学习会、关区视频会议等形式，传达学习贯彻党的二十大精神和海关总署党委、自治区党委有关要求，对关区学习宣传贯彻工作进行安排部署。我和总关党委各位同志分别到所在支部开展学习宣讲，发挥领学促学作用。11月8日，总关党委印发了《银川海关学习宣传贯彻党的二十大精神工作方案》，对学习宣传贯彻工作作出具体安排、提出具体要求，各部门单位要迅速行动起来，推动学习宣传贯彻持续升温，推动党的二十大精神见行见效。

按照海关总署党委和地方工委的要求，从今天起，我们举办总关党委理论学习中心组（扩大）学习暨各部门单位主要负责同志学习贯彻党的二十大精神专题培训班，利用3天时间，对党的二十大精神再学习、再领会、再贯彻。

下面，我讲4点意见。

一、坚持全面深入学习，切实把思想和行动统一到党的二十大精神上来

党的二十大是在全党全国各族人民迈上全面建设社会主义现代化国家新征程、向第二个百年奋斗目标进军的关键时刻召开的一次十分重要的大会。大会取得了重大理论创新成果，开辟了马克思主义中国化时代化新境界。大会提出了新时代新征程中国共产党的中心任务，明确了以中国式现代化全面推进中华民族伟大复兴的历史使命。大会宣示了我们党以自我革命永远在路上的清醒和坚定，推进全面从严治党的恒心定力。大会选举产生了体现全党共同意志、反映人民共同意愿的新一届中央领导集体。

我们坚决拥护、衷心拥戴习近平同志当选中共中央总书记，坚决维护习近平同志党中央的核心、全党的核心地位，坚决维护以习近平

同志为核心的党中央权威和集中统一领导，坚定不移沿着习近平总书记指引的方向，奋进新征程、建功新时代。

学习宣传贯彻党的二十大精神事关党和国家事业继往开来，事关中国特色社会主义前途命运，事关中华民族伟大复兴，对于动员全党全国各族人民更加紧密地团结在以习近平同志为核心的党中央周围，高举中国特色社会主义伟大旗帜，坚定道路自信、理论自信、制度自信、文化自信，为全面建设社会主义现代化国家、全面推进中华民族伟大复兴而团结奋斗，具有重大现实意义和深远历史意义。

学习领会党的二十大精神，必须坚持全面准确，深入理解内涵，精准把握外延。只有全面、系统、深入学习，才能完整、准确、全面领会党的二十大精神，要突出党的二十大报告、十九届中央纪律检查委员会的工作报告、党章和习近平总书记在党的二十大、二十届一中全会上的重要讲话精神，原原本本、逐字逐句学习领会，着重把握以下几个方面。

（一）深刻领会党的二十大的主题，牢牢把握新征程上举什么旗、走什么路、以什么样的精神状态、朝着什么样的目标继续前进的重大问题

党的二十大的主题中，“高举中国特色社会主义伟大旗帜，全面贯彻新时代中国特色社会主义思想”，是要郑重宣示，全党必须坚持以马克思主义中国化时代化最新成果为指导，坚定中国特色社会主义道路自信、理论自信、制度自信、文化自信，坚持道不变、志不改，确保党和国家事业始终沿着正确方向胜利前进。“弘扬伟大建党精神”，是要郑重宣示，全党必须恪守伟大建党精神，保持党同人民群众的血肉联系，保持谦虚谨慎、艰苦奋斗的政治本色和敢于斗争、敢于胜利的意志品质，确保党始终成为中国特色社会主义事业的坚强领导核心。“自信自强、守正创新，踔厉奋发、勇毅前行”，是要郑重宣示，全党必须保持自信果敢、自强不息的精神风貌，保持定力、勇于变革的工作态度，永不懈怠、锐意进取的奋斗姿态，使各项工作更好体现时代性、把握规律性、富于创造性。“全面建设社会主义现代化国家、全面推进中华民族伟大复兴”，是要郑重宣示，全党必须紧紧扭住新时代新征程党的中心任务，集中一切力量，排除一切干扰，坚持以中国式现代化全面推进中华民族伟大复兴。“团结奋斗”，是要郑重宣示，我们必须不断巩固全党全国各族人民大团结，加强海内外中华儿女大团结，形成同心共圆中国梦的强大合力。

（二）深刻领会过去5年的工作和新时代10年的伟大变革，牢牢把握“两个确立”的历史逻辑、理论逻辑、实践逻辑

过去5年党和国家事业取得举世瞩目的重大成就和新时代10年的伟大变革，在党史、新中国史、改革开放史、社会主义发展史、中华民族发展史上具有里程碑意义。紧密联系党的百年奋斗历程，从10年展望未来，深刻感悟新时代10年伟大变革对党、对中国人民、对社会主义现代化建设、对科学社会主义在21世纪中国的发展的深远影响，充分认识这些伟大变革的根本在于习近平总书记领航掌舵，在于习近平新时代中国特色社会主义思想科学指引。“两个确立”是党在新时代取得的重大政治成果，是推动党和国家事业取得历史性成就、发生历史性变革的决定性因素，已经写在新时代的伟大征程中、写在全党全军全国人民心坎上，是党应对一切不确定性的最大确定性、最大底气、最大保证。我们必须深刻领悟“两个确立”的决定性意义，深入理解蕴含的历史逻辑、理论逻辑、实践逻辑，不断增强坚决做到“两个维护”的思想自觉、政治自觉、行动自觉。

（三）深刻领会开辟马克思主义中国化时代化新境界，牢牢把握习近平新时代中国特色社会主义思想的世界观和方法论

党的十八大以来，我们党把马克思主义基本原理同中国具体实际相结合、同中华优秀传统文化相结合，取得重大理论创新成果，集中体现为习近平新时代中国特色社会主义思想，是中华文化和中国精神的时代精华。党的十九大、十九届六中全会提出的“十个明确”“十四个坚持”“十三个方面成就”概括了这一思想的主要内容，必须长期坚持并不断丰富发展。党的二十大提出要坚持人民至上、坚持自信自立、坚持守正创新、坚持问题导向、坚持系统观念、坚持胸怀天下，这“六个坚持”蕴含着丰富的马克思主义立场观念方法。我们要完整、准确、全面理解把握蕴含其中的世界观和方法论，深刻领悟道理学理哲理，做到知其言更知其义、知其然更知其所以然，切实把党的创新理论转化为坚定理想、淬炼党性和指导实践、推动工作的强大力量。

（四）深刻领会新时代新征程中国共产党的使命任务，牢牢把握中国式现代化的中国特色和本质要求

从现在起，中国共产党的中心任务就是团结带领全国各族人民全面建成社会主义现代化强国、实现第二个百年奋斗目标，以中国式现代化全面推进中华民族伟大复兴。党的二十大对全面建成社会主义现代化强国两步走战略安排进行了宏观展望，重点部署了未来 5 年的战略任务和重大举措，明确了前进道路上必须牢牢把握“五个坚持”的重大原则。报告提出的“五个必由之路”，是我们党在长期实践中得出的至关紧要的规律性认识，必须倍加珍惜、始终坚持。我们要深刻把握中国式现代化的中国特色和本质要求，充分认识中国式现代化的巨大优越性和强大生命力，牢记初心使命，聚精会神，真抓实干，在中国式现代化道路上展现海关新作为，把党的二十大擘画的宏伟蓝图变为美好现实。

（五）深刻领会党的二十大作出的重大部署，牢牢把握建设社会主义现代化国家的任务要求

党的二十大从统筹推进“五位一体”总体布局、协调推进“四个全面”战略布局出发，对今后一个时期党和国家事业发展进行了全局性谋划、战略性布局、整体性部署。要深刻领会社会主义经济建设、政治建设、文化建设、社会建设、生态文明建设等方面的重大部署，加快构建新发展格局，着力推动高质量发展，推进高水平开放；增进民生福祉，提高人民生活品质；推动绿色发展，促进人与自然和谐共生。要深刻领会教育科技人才、法治建设、国家安全等方面的重大部署，实施科教兴国战略，强化现代化建设人才支撑；坚持全面依法治国，推进法治中国建设；推进国家安全体系和能力现代化，坚决维护国家安全和社会稳定。要深刻领会国防和军队建设、港澳台工作、外交工作等方面的重大部署，实现建军一百年奋斗目标，推进祖国统一，推动构建人类命运共同体。我们必须认真落实党的二十大各项部署，砥砺前行、攻坚克难，确保不折不扣落实到位。

（六）深刻领会坚持党的全面领导和全面从严治党的重大部署，牢牢把握团结奋斗的时代要求

经过党的十八大以来全面从严治党，我们党解决了党内许多突出问题，但面临的“四大考验”“四种危险”将长期存在。必须持之以恒推进全面从严治党，深入推进新时代党的建设新的伟大工程，以党的自我革命引领社会革命。必须落实新时代党的建设总要求，健全全面从严治党体系，坚持和加强党中央集中统一领导，坚持不懈用习近平新时代中国特色社会主义思想凝心铸魂，完善党的自我革命制度规范体系，建设堪当民族复兴重任的高素质干部队伍，增强党组织政治功能和组织功能，坚持以严的基调强化正风肃纪，坚决打赢反腐败斗争攻坚战持久战。我们要以自我革命永远在路上的清醒和坚定，把各级党组织建设得更加坚强有力，发扬斗争精神、增强斗争本领、坚持团结奋斗，心往一处想、劲往一处使，打造堪当新时代重任的准军事化纪律部队。

二、坚持全面系统把握，以党的二十大精神指引关区工作前进方向

习近平总书记在党的二十大报告中，提出了一系列新观点、新论断、新思想、新战略、新要求，内容十分丰富，既有政治上的高瞻远瞩、理论上的深邃思考，也有目标上的科学设定、工作上的战略部署，为做好新时代海关工作提供了根本遵循和行动指南。我们必须结合俞署长提出的 12 个方面的思考落实重点，对是什么、干什么、怎么干了然于胸，在认真学习领会中锚定前进方向，在联系关区实际中谋定工作思路，在贯彻落实中深化规律认识，做到学思用贯通、知信行合一。

（一）必须坚持和加强党的全面领导

党的二十大报告指出，坚决维护党中央权威和集中统一领导，把党的领导落实到党和国家事业各领域各方面各环节，使党始终成为风雨来袭时全体人民最可靠的主心骨，确保我国社会主义现代化建设正确方向，确保拥有团结奋斗的强大政治凝聚力、发展自信心，集聚起万众一心、共克时艰的磅礴力量。

进入新时代，党和国家面临的形势之复杂、斗争之严峻、改革发展稳定任务之艰巨，世所罕见、史所罕见。以习近平同志为核心的党中央审时度势，采取一系列战略性举措，推进一系列变革性实践，实现一系列突破性进展，取得一系列标志性成果，攻克了许多长期没有解决的难题，办成了许多事关长远的大事要事，从根本上确保实现中华民族伟大复兴进入了不可逆转的历史进程。

站在新的历史起点，世界百年未有之大变局加速演进，世界之变、时代之变、历史之变的特征更加明显。我国发展面临新的战略机遇、新的战略任务、新的战略阶段、新的战略要求、新的战略环境，需要应对的风险和挑战、需要解决的矛盾和问题比以往更加错综复杂。奋进新征程，我们要更加深刻领悟“两个确立”的决定性意义，更加自觉维护习近平同志党中央的核心、全党的核心地位，更加自觉做习近平新时代中国特色社会主义思想的坚定信仰者和忠实实践者。

党的领导是全面的、系统的、整体的，各

级党组织的权威来自党中央的权威，服务服从于党中央的权威。海关是中央和国家机关，坚持和加强党的全面领导是本质属性要求，海关工作说到底都是对习近平总书记重要指示批示精神的落实，对党中央决策部署的落实。作为准军事化纪律部队，我们在完善党中央重大决策部署落实机制、坚决贯彻落实习近平总书记重要指示批示精神上，态度要更加坚决，必须毫不迟疑、迅速行动，第一时间组织传达学习、第一时间研究具体措施、第一时间抓好贯彻落实；措施要更加有力，坚持举一反三、主动作为，强化部门间的协调配合、同向发力，打出贯彻落实的组合拳；成效要更加显著，各级领导干部要崇尚实干、狠抓落实，监督部门要及时开展督查督办，建立工作台账和落实反馈机制，确保各项任务按时保质完成。

（二）必须坚持以人民为中心的发展思想

党的二十大指出，要坚持以人民为中心的发展思想，维护人民根本利益，增进民生福祉，不断实现发展为了人民、发展依靠人民、发展成果由人民共享，让现代化建设成果更多更公平惠及全体人民。

党的十八大以来，习近平总书记以强烈的家国情怀，“我将无我、不负人民”的责任担当，带领全党打赢了脱贫攻坚战，历史性地解决了绝对贫困问题，人民生活全方位改善，续写了社会长期稳定奇迹。从“人民对美好生活的向往，就是我们的奋斗目标”到“想人民之所想，行人民之所嘱，不断把人民对美好生活的向往变为现实”，从“始终把人民放在心中最高位置”到“人民至上、生命至上”，从“我将无我，不负人民”到“江山就是人民，人民就是江山”……这些精辟论述都深刻彰显了新时代中国共产党人对无产阶级政党宗旨的坚守。

俞署长强调，海关是党领导下的人民海关，海关的一切权力来自于人民，必须服务于人民。做好海关工作，必须深刻认识党性和人民性从来都是一致的、统一的，牢记民心是最大的政治，党的根基在人民、血脉在人民、力量在人民。从思想认识到具体行动，把人民海关根植于心、践之于行，把人民至上贯彻到海关工作的全过程各领域，在急难愁盼的问题上与企业群众感同身受，企业群众难在哪里、急在哪里、愁在哪里、盼在哪里，我们工作的着力点就在哪里。当前和今后一个时期，宁夏欠发达地区的基本区情没有变，人均收入水平还不高，开放程度不高仍是最大短板，地方政府和企业希望海关给予更多的支持帮助。特别是自治区疫情发生后，很多进出口企业面临着各种各样的困难，我们更要创新工作方式，尽最大的努力，为他们提供高效的服务，真正树立起可亲、可敬、可靠的海关形象。

（三）必须坚持自信自强、守正创新

党的二十大报告指出，中国人民和中华民族从近代以后的深重苦难走向伟大复兴的光明前景，从来就没有教科书，更没有现成答案。党的百年奋斗成功道路是党领导人民独立自主探索开辟出来的，马克思主义的中国篇章是中国共产党人依靠自身力量实践出来的，贯穿其中的一个基本点就是中国的问题必须从中国基本国情出发，由中国人自己来解答。

天行健，君子以自强不息。大到国家民族，小到一个地区一个部门，皆同此理。俞署长强调，要把守正创新作为海关改革发展的基本原则，以守正确保红色海关永不褪色，以创新推动中国海关勇立潮头、走在前列。对于我们这样一个内陆关区，业务量有限、人员规模小，只要自信自强、守正创新，就能干出我们自己的特色和亮点。不能因为客观条件的差距，而自甘落后、自降标准、妄自菲薄，要相信事在人为。充分发挥主观能动性，挖掘我们的优势，突出我们的特点，找准我们可以领先的赛道和领域，加大创新力度、形成特色亮点，在局部实现弯道超车，在整体实现质量提升。

我们要坚持问题导向，敢于正视和解决问题，问题解决的过程就是夯实基础、化解风险、提升质量的过程。通过近期的了解，党委班子认为关区的发展还面临着一些问题。比如，很多干部的视野还不够宽，队伍的精神面貌还需更加振奋，有的同志奉行佛系作风、躺平哲学，喜欢待在“舒适圈”，干事创业的精气神不足，只求过得去，不求做得好。还有的部门业务能力亟待提高，在促进自治区发展建设方面建言献策、有为有位不够。此外，党建效果没有充分发挥出来，在推进全面从严治党上也还存在着短板。以上问题都制约着关区的发展，影响着工作质量的提高，必须引起高度重视、认真加以解决。

（四）必须坚持系统观念

党的二十大报告指出，万事万物是相互联系、相互依存的。只有用普遍联系的、全面系统的、发展变化的观点观察事物，才能把握事物发展规律。我们要把握好全局和局部、当前和长远、宏观和微观、主要矛盾和次要矛盾、特殊和一般的关系，不断提高战略思维、历史思维、辩证思维、系统思维、创新思维、法治思维、底线思维能力。

党的十八大以来，以习近平同志为核心的党中央坚持系统观念，统筹中华民族伟大复兴战略全局和世界百年未有之大变局，统筹推进“五位一体”总体布局、协调推进“四个全面”战略布局，推动党和国家事业取得划时代、全方位、开创性、根本性的伟大变革。在这个过程中，系统观念是具有基础性的思想和工作方法，是我们分析形势、谋划工作必须遵循的一条重要原则。

海关职责范围广、业务体量大、监管链条长、执法场景多，各项工作紧密联系，中心与现场、口岸与属地、业务与保障互为依托、互为补充，构成一个有机整体。当前，各项改革正在推向深水区，有很多难啃的硬骨头，解决这些问题必须坚持系统思维，提升统筹能力，形成横向协同、纵向联动、集约高效的运行体系。对于银川关区来讲，机构少、人员少，部门整合度高，更有利于相互配合、相互补台，更有利于打通堵点、破圈融合，更有利于统筹力量、一体推进。我们要善于发挥独有的优势，打破部门间的壁垒隔阂，着力解决业务“合”而不“融”、信息“通”而不“畅”、联动“呼”而不“应”等问题，在政策取向上相互配合，在实施过程中相互促进，在工作成效上相得益彰。同时，要主动加强与地方政府、相关部门的联系沟通，争取最大支持，更好完成工作任务。

三、坚持全面主动落实，推动党的二十大精神见行见效

一分部署，九分落实。党的二十大明确了新时代新征程党的中心任务，并号召全党全军全国各族人民要紧密团结在以习近平同志为核

心的党中央周围，牢记空谈误国、实干兴邦，坚定信心、同心同德，埋头苦干、奋勇前进，为全面建设社会主义现代化国家、全面推进中华民族伟大复兴而团结奋斗！

新征程是充满光荣和梦想的远征，唯有奋斗才能创造光荣、实现梦想。关区广大干部职工要强化问题导向、实践导向、目标导向，铸忠诚、担使命、守国门、促发展、齐奋斗，持续推动党的二十大精神在银川海关落地生根、见行见效，为奋力谱写中国式现代化海关篇章和宁夏篇章贡献力量。

（一）聚焦铸忠诚，做“两个确立”的捍卫者

俞署长强调，铸忠诚是强关之魂，海关工作做得怎么样，可以有千条万条的标准，但归根到底要看是否忠诚这一条。作为国门卫士，我们要在忠诚上有更高要求，把忠诚作为最重要的政治品格，坚定不移做“两个确立”的信仰者、践行者、捍卫者。

一要忠诚党的核心，砥砺纯粹的政治品格。海关阵地，必须由忠诚于党、忠诚于党的领袖的人来坚守；海关事业，必须由忠诚于党、忠诚于党的领袖的人来推动。我们要持续加强干部队伍忠诚教育，在任何时候任何情况下都坚决听从习近平总书记命令、服从党中央指挥。

二要忠诚党的信仰，永葆理论上的清醒坚定。理论上清醒，政治上才能坚定。坚定的理想信念，必须建立在对马克思主义的深刻理解之上，建立在对历史规律的深刻把握之上。我们要持续用习近平新时代中国特色社会主义思想改造世界观、人生观、价值观，以全新视野深化规律认识，做到真学真懂真信真用，在胜利和顺境时不骄傲不急躁，在困难和逆境时不消沉不动摇。地处民族地区要始终绷紧意识形态这根弦，深入学习贯彻习近平总书记关于加强和改进民族工作的重要思想，坚决铸牢中华民族共同体意识。

三要忠诚党的章程，努力练好党员基本功。党章就是党的根本大法，是全党必须遵循的总规矩。不论是高级干部还是普通党员，要做合格党员，学习贯彻党章都是第一位的要求。既然选择成为共产党员，就必须牢固树立党章意识，全面掌握、准确贯彻党章基本内容，真正把党章作为加强党性修养的根本标准，在任何情况下都要做到政治信仰不变、政治立场不移、政治方向不偏。

四要忠诚党的事业，全身心投入海关工作。习近平总书记强调，“两个维护”要体现在坚决贯彻党中央决策部署的行动上，体现在履职尽责、做好本职工作的实效上，体现在党员、干部的日常言行上。作为党旗下的海关人，铸忠诚必须始于足下，体现在履职尽责、做好本职工作的实效上。要从党和国家大局高度认识海关工作，更加热爱海关事业，满怀激情和热情，全身心投入到海关事业中来，高质量做好本职工作，种好党交给的“责任田”、守好国门安全“主阵地”、站好促进发展的“服务岗”。

（二）聚焦担使命，做新征程上的实干者

俞署长强调，担使命是强关之本，海关作为党和国家事业发展的重要组成部分，在推进中国式现代化进程中责任重大、不可替代。我们要主动服从服务中国式现代化这个大局，以更大担当、更大作为，切实担负起新时代新征程的使命任务。

担使命，要胸怀“国之大者”。提高政治领悟力是旗帜鲜明讲政治的关键所在，政治领悟力越高，政治判断力和政治执行力就会越强。提高政治领悟力，就是时刻关注党中央在关心什么、强调什么，深刻领会什么是党和国家最重要的利益、什么是最需要坚定维护的立场，在“国之大者”中明确海关的职责定位和任务要求，把党中央精神从政治上领会好、落实好，做到既为一域争光、更为全局添彩。胸怀“国之大者”要有大视野、大格局，党的二十大提出了一系列推进中国式现代化的目标任务和战略部署，从推进高水平对外开放、加快建设贸易强国到推动建设开放型世界经济，从有效遏制重大传染性疾病传播到防治外来物种侵害，从提升国际循环质量和水平到确保粮食、能源资源、重要产品链供应链安全……这些工作任务都和海关工作息息相关，都是需要我们结合实际具体把握、主动作为的“国之大者”“国之大计”。

担使命，要融入地方发展。宁夏是红色热土，习近平总书记曾4次考察宁夏，始终挂念这里的土地和人民，总书记说“我和宁夏很有缘分”“对宁夏很有感情”，饱含着对宁夏人民的深情。党的二十大报告指出，推动西部大开发形成新格局，支持革命老区、民族地区加快发展，推动黄河流域生态保护和高质量发展，提高中西部和东北地区开放水平。这赋予了宁夏新的使命，也释放了政策利好。在总书记的指引下，自治区第十三次党代会提出了“三区建设”“四新任务”“五大战略”等新思路、新举措，确定了“九大支撑”“五个进一步”等重点工作任务，勾勒了全面建设社会主义现代化美丽新宁夏的宏伟蓝图，特别是对弥补开放短板提出了新的思路。地处宁夏这片热土，我们就要牢记总书记对宁夏工作的嘱托，充分发挥海关职能作用，为自治区开放发展贡献我们的力量。

担使命，要强化主动意识。习近平总书记多次强调要发扬历史主动精神，指出：“历史发展有其规律，但人在其中不是完全消极被动的。只有把握住历史发展规律和大势，抓住历史变革时机，顺势而为，奋发有为，我们就能够更好前进”。对于银川关区也是如此，新形势、新任务、新要求下，没有那么多现成答案，也不能事事等着上级来安排，必须主动阔视野、拓思路、拿举措。发挥我们机关处室少、职能集中的特点，一个处室对应着海关总署的多个司局，更容易形成融合推进改革的优势，更能体现响应呼应反应的要求，所以我们在下对上的响应上要更有力、横向的呼应上要更贯通、上对下的反应上要更及时。近期，在走访自治区政府时，自治区领导对海关工作给予了充分肯定，也提出了很多具体要求，着力强调海关要在争取设立自贸试验区、促进银川综合保税区与空港口岸联动发展、提高外贸统计数据质量等方面出谋划策、建言献策、强化指导。对此，有关职能部门要积极响应，提出高质量的对策建议，彰显海关在推动自治区高水平开放中不可替代的作用。

（三）聚焦守国门，做开放安全的守护者

俞署长强调，守国门是强关之基，是海关最基本、最重要的职责。国家安全是民族复兴的根基，国门安全才能保障开放安全，开放安全才能保障新发展格局安全。我们要善于从国家的利益和安全，看海关的职责使命，口岸疫情防控必坚守，防范化解重大风险必上心，国门生物安全关口必把牢，有效应对各类安全挑战，为高水平开放、高质量发展保驾护航。

一要切实筑牢检疫防线。“躺平”不可取，“躺赢”不可能，坚持动态清零才能最大限度地避免疫情失控造成巨大损失。与疫情作斗争，是物质的角力，也是精神的对垒；是实力的较量，也是意志的比拼。作为外防输入的主力军，我们要带头克服麻痹思想、厌战情绪、侥幸心理、松劲心态，以绝对忠诚和专业精神，抓实抓细疫情防控各项工作。当前，要重点做好银川河东机场承接国际航班准备工作，系统梳理人员、设备、场所、物资等各个方面，查漏补缺、补齐短板。更有效地配置人力资源、更加突出精准监管，将先期机检和现场查验有机配合起来，做到通得快、风险小。此外，还要进一步加强与区市有关部门的协同配合，确保联防联控各项措施落实到位。

二要切实防范化解风险。防范化解重大风险是各级领导干部的政治责任，我们要增强风险意识，树立底线思维，把困难估计得更充分一些，把风险思考得更深入一些，把制度落实得更扎实一些，做好应对各种复杂局面的思想准备和工作准备。近年来，关区各项工作较为平稳，没有发生重大失误，一些同志难免因为表面上的岁月静好而失去警惕甚至消极懈怠。但通过巡视巡察、专项整治、各类检查，也发现了关区相关部门单位在业务工作、党风廉政等领域的一些风险隐患。产生这些问题的原因，往往不是没有制度规定，而是制度没有得到有效执行，反映出我们的基础工作还有不实之处。必须以“时时放心不下”的责任感，认识再深化，机制再优化，措施再细化，坚决避免小问题发展成大问题，存量问题发展成增量问题，隐性问题发展成显性问题，技术问题发展成系统运行问题，内部问题发展成舆论焦点问题，业务问题发展成政治问题。

三要切实加强正面监管。坚决防止非法音像制品、枪械等违禁品入境，提高监管有效性。加强国门生物安全风险监测，强化系统治理和全链条防控，严防非洲猪瘟、高致病性禽流感等重大动植物疫情疫病传入传出。总结关区“口岸危险品综合治理”百日专项行动工作情况，完善常态化治理举措，建立全方位危险品安全监管机制。强化“异宠”寄递风险分析管控，推进安全生产大检查整改落实“回头看”。积极推进稽查业务改革和属地查检业务改革，统筹推进“多查合一”。深化综合治税，持续推进属地纳税人管理，引导企业合规申报守法自律，从源头防控税收风险，做到应收尽收。深化全员打私机制，加强反走私综合治理，强化缉私综合保障，不断提升打私整体效能，围绕“中央关注、社会关切、群众关心”的突出走私问题，始终保持打私高压态势。

（四）聚焦促发展，做高水平开放、高质量发展的推动者

俞署长强调，促发展是强关之要，是海关服务构建新发展格局，推动高质量发展的必然要求。海关处在国内国际双循环“交汇枢纽”，建设贸易强国海关必要强，促进高水平开放海关必作为，确保粮食、能源资源、重要产业链供应链安全海关必尽责。我们必须充分发挥职能作用，立足宁夏区情和发展规划，积极主动作为，促进自治区更高水平开放。

一要提升开放层次。进入高质量发展阶段，对外开放的重点由传统的要素流动型开放逐步转向规则、规制、管理、标准等制度型开放，由熟悉适应国际规则转向积极参与全球治理体系改革和建设。尽管银川关区贸易体量不大，但我们也要发挥自身作用，加强技术性贸易措施应对，协助海关总署积极有效应对国际经贸摩擦。进一步指导企业用好用足 RCEP 等政策红利，提升规则运用能力，支持关区先进技术设备、种质资源等进口，维护产业链供应链安全稳定。

二要做强开放平台。海关总署明确提出，要加大对中西部和东北地区新设口岸、海关特殊监管区域支持力度。宁夏是“一带一路”、西部陆海新通道的重要节点，有国家葡萄及葡萄酒产业开放发展综合试验区、内陆开放型经济试验区、中阿博览会、银川综合保税区、银川公铁物流港、石嘴山 B 型保税物流中心、中卫天元锰业保税仓等多个对外开放平台，但这些载体平台的作用没有完全显现出来，优势没有充分释放出来。自治区政府对此也提出进一步优化开放平台布局，向自由贸易试验区升级，提升开放平台通道的辐射带动作用。我们要主动跟进海关总署扩大中西部开放的重大举措，结合宁夏实际积极争取政策支持，发挥参谋和指导作用，推动利好政策落地落实。

三要优化开放环境。党的二十大报告指出，要营造市场化、法治化、国际化一流营商环境。营商环境是企业生存发展的土壤，营商环境优，企业发展就好。我们要持续开展跨境贸易便利化专项行动，巩固压缩整体通关时间成效，开展海关信用制度宣介，加大“多证合一”推广力度，做好进口税收优惠政策实施。要尊重企业主体地位，主动放下架子、戒掉官气，不断提高主动服务的力度、精度、温度，为辖区广大进出口企业提供更加优质的服务，吸引更多的企业在属地报关，用我们的“辛苦指数”换取企业的“获得指数”。

四要壮大开放产业。自治区第十三次党代会着眼破解全区产业发展深层次问题，把推动高质量发展的主攻点放在产业上，提出产业振兴战略。我们要主动跟进，聚焦“六新六特六优”产业发展定位，及时做好贸易分析和监测预警，发挥信息与检测技术优势，全力支持新型工业、现代农业等重点特色产业发展，尤其要针对农产品易腐蚀的特点加快通关速度。坚持“抓两头带中间”，既要紧盯辖区重点外贸产业、企业，做到“一产一策、一企一策”，提高服务精准度，稳住外贸产业基本盘；也要大力培育新的外贸增长点，特别是高度关注关区首次出口的产品，加强研究分析和业务指导，充分挖掘增长潜能。比如，近年来宁东能源化工基地建设加快推进，出口业务已占到整个基地进出口业务总量的 95%，我们要密切与基地管委会的联系协作，量身定制监管服务方案，推动其成为自治区对外贸易的新亮点。

（五）聚焦齐奋斗，做社会主义现代化海关、美丽新宁夏的建设者

俞署长强调，齐奋斗是强关之志，是海关奋进新征程、建功新时代的集结号、动员令。新时代的伟大成就是党带领人民一道拼出来、干出来、奋斗出来的，我们靠团结奋斗创造了辉煌历史，还要靠团结奋斗开辟美好未来。建设堪当民族复兴重任的高素质干部队伍海关必力推，青年工作海关必远谋，正风肃纪反腐败斗争攻坚战持久战海关必打赢。新时代新征程上，我们要高扬团结奋斗之帆、砥砺团结奋斗之志，把智慧和力量汇入到社会主义现代化海关、美丽新宁夏的建设中。

一要有共同的奋斗目标和方向。只有共同的目标和方向，才会形成“想在一起”的团结之心和“干在一起”的团结之力。对于关区广大干部职工来说，这个目标和方向就是按照俞署长的要求，紧紧围绕新时代、新征程、新使命，全面推进社会主义现代化海关建设；就是充分发挥海关职能作用，以更高水平开放促进更高质量发展，有力推进社会主义现代化美丽新宁夏建设；就是提振精气神，铆足一股劲，拧成一股绳，开创银川海关工作新局面。我们要以主观上的努力弥补客观上的不足，主动争取承担海关总署各业务条线的课题研究、改革试点，把更多的工作抓出特色、抓出亮点，努力在海关总署考核中打好“翻身仗”，展现出银川海关的新面貌。

二要突出准军事化纪律部队特点。团结，既靠思想，也靠纪律。一方面，垂直管理的体制有利于大家统一思想、统一意志、统一行动，形成团结统一的良好局面，体现齐奋斗的“齐”字的要求。另一方面，严格的组织纪律性也有利于为团结统一提供制度机制方面的约束。相对于其他机关，海关队伍整齐划一、令行禁止，潜移默化中塑造团结有力的外在形象和内在气质。我们要进一步加强准军事化纪律部队建设，树正气、遏邪气、易俗气，坚持内强素质与外树形象齐抓，强化内务规范督查，针对目前存在的关容关貌不整、环境杂乱等问题进行整治，通过整治严明纪律作风，真正团结成“一块坚硬的钢铁”。

三要建设堪当重任的高素质干部队伍。实现奋斗目标，离不开一支政治过硬、本领高强、适应新时代要求的干部队伍。对于银川关区来讲，就是要进一步树立重政治、重品行、重基层、重担当、重实绩的鲜明用人导向，坚持“一把尺”“一张单”“一盘棋”，坚持用成绩单说话，让想干事、肯干事、能干事、干成事、不出事的干部，脱颖而出、有用武之地。完善干部全链条培养机制，有计划地安排新关员到机关各部门、隶属海关执法一线岗位进行轮岗实习，综合运用各类培养方式实现多岗位锻炼。准确把握领导干部不宜担任现职的15种情形，切实推动干部能上能下、能进能出，真正形成能者上、优者奖、庸者下、劣者汰的良好局面。

四要激发干事创业精气神。团结奋斗是有理想、有担当、有作为的人凝聚在一起，风气越正就越能团结、越能奋斗。要大力弘扬党的光荣传统和优良作风，崇尚“求实、扎实、朴实”的海关文化，树立关区正风正气。要树牢大抓基层的鲜明导向，围绕增强党组织政治功能和组织功能，以建设“四强”党支部为目标，严明党建工作责任，严密基层组织体系，严肃党的组织生活，严格党员教育管理，把基层党组织建设成为有效实现党的领导的坚强战斗堡垒。要注重培养、发现和宣传关区先进典型，引导干部职工向身边典型学习，见贤思齐、补足精气神，把心思和精力用在干事创业上。

五要敢于斗争、善于斗争。党的二十大要求加强干部斗争精神、斗争本领培养，着力增强防风险、迎挑战、抗打压的能力。对银川关区而言，发展建设上面临着许多难题需要破解，迫切要求我们发扬斗争精神，知难而进，迎难而上，对各种困难矛盾要敢于啃硬骨头，对各种错误言行要敢于批评亮剑。要持之以恒正风肃纪，严格落实中央八项规定精神，坚持内部政治生态与外部执法环境共治，增强防腐意识与提高抵腐能力齐抓，运用“全周期管理”理念和方式，“惩、治、防”全面发力、贯通协同，一体推进不敢腐、不能腐、不想腐。

六要坚持严管厚爱。真心实意关心关爱基层干部，多为大家办实事、办好事，让大家在温暖的集体中更加团结、在和谐的大家庭中乐于奋斗。要在关心关爱疫情防控一线职工方面多下力气，在丰富关区文化生活、抓好群众组织建设、做好保障工作方面进一步拓宽思路，回应同志们的合理诉求，提高干部群众的满意度。要注重用好容错纠错机制，鼓励基层聚焦具体问题深化业务改创新，特别是针对关区年轻干部比例高的特点加强培养使用力度，让年轻干部到艰苦复杂环境和急难险重任务中经受锻炼。

四、严明纪律要求，确保党的二十大精神走深走实

在关区学习宣传贯彻党的二十大精神工作方案中，总关党委结合关区实际，制定了24项具体任务清单，逐项明确了责任部门和完成时限。各部门单位要把学习宣传贯彻党的二十大精神摆上重要议事日程，提升两级想问题、下沉一级抓落实，按照方案明确的任务分工，精心组织实施、严明纪律要求、强化督促检查，以“钉钉子精神”全面抓好贯彻落实，确保取得实实在在的成效。

（一）要强化组织领导

总关党委对关区学习宣传贯彻工作负总责，加强组织领导和指导统筹，我作为关长、党委书记履行第一责任人责任。机关党委承担参谋服务、统筹协调、组织推动、督促检查等职责，确保各项工作措施有序推进。各责任部门要密切配合、主动作为，做到每项工作任务有人盯、有人抓、有人监督。各部门单位要强化主体责任，结合自身实际，制定学习宣传贯彻的具体措施，做到有特色、有力度、有效果。

（二）要把牢正确方向

各部门单位要严格按照党中央精神全面准确开展宣传，把准方向、把牢导向，弘扬主旋律、传播正能量，加强对热点敏感问题的阐释引导，着力用党的二十大精神统一思想、凝聚力量。严格落实意识形态工作责任制，按照谁主管谁负责，切实加强对各类宣传文化阵地的管理。利用宣传栏、电子屏、公众号等多种载体宣传党的二十大精神，积极主动向上级报送信息简报，营造浓厚学习氛围。

（三）要强化分类指导

坚持把加强分类指导作为增强学习针对性、实效性的重要方法。结合属地疫情防控要求，针对不同部门单位的实际情况，因地制宜采取灵活多样的学习载体，激发基层学习的主动性和创造性，确保学习内容充实、过程扎实、效果务实。工会、共青团等群团组织要充分发挥自身优势，开展各具特色的展示活动，搭建学习交流平台。

（四）要务求取得实效

建立总关党委委员包抓隶属海关、机关党委委员包抓支部、支部委员包抓党员的“三级”学习包抓机制，全覆盖指导提升学习质效。将学习宣传贯彻党的二十大精神情况纳入本年度隶属海关党委书记述责述廉述党建以及各支部书记述职评议考核的重要内容。机关党

委要完善学习推动机制，定期推送学习指引，梳理学习要点，适时组织督导检查，对落实不到位的情况进行通报。纪检部门要把学习宣传贯彻党的二十大精神情况作为政治监督的首要任务，督促关区各部门单位不折不扣抓好落实。

同志们，新时代赋予新使命、新征程呼唤新作为。让我们更加紧密地团结在以习近平同志为核心的党中央周围，务必不忘初心、牢记使命，务必谦虚谨慎、艰苦奋斗，务必敢于斗争、善于斗争，铸忠诚、担使命、守国门、促发展、齐奋斗，持续推进党的二十大精神在银川关区落地生根、见行见效，为奋力谱写中国式现代化海关篇章和宁夏篇章而团结奋斗！

第二篇

专记

银川海关统筹口岸疫情防控工作

2022年，银川海关始终坚持以习近平新时代中国特色社会主义思想为指导，认真落实党中央“疫情要防住、经济要稳住、发展要安全”的要求，在银川海关党委的坚强领导下，坚持口岸疫情防控海关必坚守，坚持“四严”“四零”，层层压紧压实责任，切实推动疫情防控各项措施落实落细。

一、态度坚决、行动迅速，全面压紧压实疫情防控政治责任主体责任

2022年，银川海关党委进一步统一思想、提高认识，压紧压实各级责任，各单位各部门立即行动，迅速传达学习海关总署党委疫情防控各项要求，组织党员干部进一步提高政治站位，深刻认识做好当前疫情防控工作的严峻性、复杂性，准确把握海关总署党委的部署要求，增强责任意识、担当精神，把疫情防控工作作为践行“两个维护”的实际行动，作为捍卫“两个确立”、做到“两个维护”、强化政治机关建设的具体体现，以最坚决的态度、最迅速的行动，严格梳理排查风险隐患和薄弱环节，及时补齐短板漏洞，将海关总署的规定动作100%做到位。

（一）组织领导周密有序

1. 及时调整关区新冠疫情防控工作领导小组，各成员单位职能分工明确，履职到位。2022年，根据海关总署关于口岸疫情防控和促进外贸稳增长工作部署，银川海关印发了《银川海关统筹口岸疫情防控和促进外贸稳增长工作指挥部关于调整下设工作组及专项工作组组成的通知》（银关办〔2022〕22号），负责贯彻落实习近平总书记重要指示批示精神和党中央、国务院有关决策部署，按照海关总署和自治区统一安排，组织和指挥关区开展口岸疫情防控和促进外贸稳增长工作；研究落实防控疫情的方案、预案和促进外贸稳增长的措施；督导检查有关工作措施落实情况；研究解决出现的重大问题。

2. 慎终如始严守疫情防控底线，坚决克服麻痹思想、厌倦情绪、侥幸心理、松劲心态。银川海关党委始终将疫情防控工作作为一段时期的重要政治任务，关区主要负责同志靠前指挥，严格履行“一把手”主体责任，其他党委委员各负其责，紧密配合，齐抓共管，为关区疫情防控工作提供了坚实的组织保障。年内组织召开统筹口岸疫情防控和促进外贸稳增长工作指挥部会议39次，疫情防控组专题会议12

次，对各类疫情防控会议精神和文件要求做到第一时间传达、第一时间安排办理，及时召开指挥部会议安排重要工作、解决重大问题，并纳入形势分析及工作督查例会通报点评。关党委全体成员多次赴口岸疫情防控一线、各隶属海关、保健中心督导检查疫情防控工作。根据疫情形势变化和海关总署防控要求，及时迅速调整各专项工作领导小组和工作组，实行扁平化管理，提高协调效率，推动疫情防控各项工作领导有力、组织有序、高效落实。

（二）人力资源保障精准有力

3. 重视保护关心爱护疫情防控一线人员工作。成立关心爱护疫情防控一线人员工作领导小组，印发《银川海关落实〈海关总署关于建立保护关心爱护疫情防控一线人员长效机制的工作措施〉》，并对工作责任分工进行明确，制订《银川海关保护关心爱护疫情防控一线人员工作方案》，完善有关措施。

4. 将海关总署各项保护关心爱护政策落实到位。印发《银川海关关于银川海关印发落实〈海关总署关于建立保护关心爱护疫情防控一线人员长效机制的工作措施〉责任分工的通知》，成立银川海关关心爱护疫情防控一线人员工作领导小组，印发《银川海关保护关心爱护疫情防控一线人员工作方案》，为疫情防控一线党员干部职工特别是实行封闭管理的党员干部职工办实事、解难题。合理安排一线人员梯队的工作班次，科学安排人员参加封闭管理，明确一线、预备、应急梯队人员名单及岗位职责，保证各项业务及人员轮换正常进行。开展心理疏导，在全关区范围内发布海关总署心理咨询热线，转发宁夏宁安医院“新冠疫情心理指导手册”。加强正向激励和表彰奖励，提振疫情防控一线人员士气。

5. 周密细致制订口岸疫情防控人员调配应急预案和各项配套方案。结合关区实际，制订《银川海关口岸疫情防控人员支援应急方案》和《银川海关属地型隶属海关疫情防控人员支援应急预案》。按照银川海关内部防控应急处置指挥组的统一调配，支援梯队人员按照要求调配到相关岗位开展工作。

6. 健全完善关区一线、预备、应急三个人员梯队运行机制。充分做好国际航班有序恢复准备工作，切实提高国际航班旅客入境保障能力，根据关区实际和人员专业背景、工作经历，综合考虑原梯队人员岗位变化情况，对银川海关口岸一线疫情防控预备、应急2个梯队人员组成进行调整。

二、严守口岸疫情防控底线，扎实开展入出境人员卫生检疫

（一）动态制（修）订各类方案预案

及时优化调整各类方案预案，年内制（修）订《银川海关国际航班（包机）新冠疫情防控工作方案》《银川海关新型冠状病毒口岸防控技术方案（第九版）》《银川海关口岸多病共防工作方案》等各类方案预案16个，下发疫情防控有关通知11次，细化疫情防控现场作业规范和操作手册2次，动态调整口岸疫情防控各类方案预案，确保与海关总署政策要求保持一致，进一步规范口岸疫情防控作业流程。

（二）常态化做好疫情监测与风险评估

每日完成也门等6个国家的疫情风险研判任务并及时向海关总署提交风险研判信息，2022年共计完成331期6国疫情与风险研判评

估报告。按照《银川海关口岸公共卫生风险监测方案（口岸传染病疫情 口岸病媒生物）》，银川海关每季度开展疫情监测和风险评估1次，年内累计完成风险研判报告4篇，确保口岸疫情防控工作有的放矢。不断加强关区口岸公共卫生风险监测预警体系建设，提高口岸公共卫生风险识别和分析能力。

（三）严格做好入出境人员检疫

严格按照疫情防控要求对入境人员实施健康申报核验、体温监测、医学巡查、流行病学调查、医学排查、采样检测等卫生检疫措施。制订《银川海关口岸多病共防工作方案》，在不折不扣落实新冠疫情防控基础上，结合入境人员症状等情况，科学开展其他传染病检疫排查处置，多病共防，加大对流行性感冒等秋冬季高发传染病排查力度，严防猴痘、埃博拉出血热、登革热等传染病传入。

（四）严格落实入境客运航空器终末消毒监测

修订《银川空港口岸入境客运航空器新冠疫情终末消毒监督作业工作方案》，进一步明确各职能部门在航空器新冠疫情终末消毒监督工作的职责分工，开展入境客运航空器消毒监管培训以及入境航空器终末消毒风险布控、方案审核、现场监管等全流程演练。银川河东机场海关与银川市联防联控机制、西部机场集团宁夏有限公司以及执飞过银川空港口岸航空公司就入境客运航空器终末消毒相关事宜进行沟通协调，进行政策宣贯，督促航空器运营者落实消毒效果评价及现场评价的主体责任。海关总署关于入境客运航空器终末消毒监管文件下发后，2022年银川空港口岸无国际航班业务，银川海关未执行国际航班保障工作任务。

三、严格落实进口冷链食品和高风险非冷链集装箱货物的监测检测及预防性消毒监督

组织相关业务人员对作业指导书最新版进行学习研讨，统一认识，开展口岸进口冷链食品疫情防控演练，进一步提升实操能力。严格按照布控指令和有关要求，落实好口岸环节进口冷链食品新冠病毒核酸监测检测、预防性消毒监督以及进口非冷链物品新冠病毒核酸监测等各项措施。

2022年由于银川海关关区无具备资质的进口冷链食品指定监管场地，因此无冷链食品进口业务。2022年，关区无直接进口货物业务，自外省第一入境口岸进口的货物在银川海关辖区无命中需实施高风险非冷链集装箱货物监测检测和预防性消毒监督的情况。

四、实验室检测能力持续提升

（一）实验室生物安全与个人防护不松懈

保健中心实验室严格按照国家卫生健康委员会、海关总署口岸新冠疫情防控有关文件规定，制定了生物安全管理制度、生物安全手册，并严格按照相关规范进行操作；建立了安全防护监督员制度，定期组织人员进行穿脱防护服培训对实验室新冠核酸检测进行风险评估并形成报告；形成了“每天一次检前预防性消毒，每周一次生物安全专项检查，每月一次生物安全自查，每季度一次生物安全演练”的工作机制；完善了新冠样本保存及处理记录；规范了新冠样本及废弃物处置管理制度及医疗废弃物处置流程；组织开展了新型冠状病毒实验

室检测流程演练。

（二）实验室检测质量稳步提升

保健中心实验室严格按照国家卫生健康委员会、海关总署要求，合理设置了清洁区、缓冲区、污染区，严格分区操作；定期参加国家卫生健康委员会和自治区临床检验中心组织的新冠核酸检测室间质量评价活动；确保“每批次至少1份弱阳性质控品，每日室内质控结果上报宁夏临检中心，每日工作结束进行终末消毒”。

五、以培训演练推进疫情防控规范化

（一）夯实长效培训机制，提升常态化疫情防控水平

通过直属海关和隶属海关两个层面的培训，扎实做好疫情防控相关政策和专业技能培训，确保培训任务落实到位、责任到人。2022年开展了银川海关卫生检疫一线人员新冠疫情常态化防控培训、从事新型冠状病毒核酸采样工作人员生物安全理论培训及实操考核、一线工作人员安全防护培训、卫生检疫能力提升培训、安全防护监督员专项培训等各级各类培训，全年累计培训500余人次，直属关层面每季度开展安全防护有关培训考核，隶属关每月开展防护服穿脱培训考核，不断加强一线工作人员安全防护意识，提升银川海关工作人员疫情防控能力。

（二）定期开展演练，一线工作人员应急处置能力大幅提升

2022年，直属关层面共开展人员卫生检疫突发事件应急处置桌面推演、实战演练全流程演练4次，开展职业暴露应急处置演练3次，内容涵盖疫情防控全流程、职业暴露、样本溢洒等内容，不断提升一线人员熟练掌握疫情防控工作要求、流程、技能和突发事件应对能力。

六、顺利完成海关总署“百名科长百日督查”和济南海关实地督查

坚持问题导向，制订常态化疫情防控监督检查工作方案。组织卫检处、办公室、人事教育处成立迎检工作专班，充分发挥桥梁纽带作用，加强联系协调配合，制发《百名科长百日督查日报》共十四期；组织督查组与银川海关执法一线科长、隶属海关办公室主任开展交流座谈；起草“百名科长百日督查”“海关总署疫情防控专项督查”督查组督查情况报告，对督查中发现的问题积极整改，顺利完成“百名科长百日督查”和“海关总署疫情防控专项督查”。

七、分管副关长走进口岸封管区

分管银川河东机场海关和保健中心关领导分别于2022年6月7日和6月13日，前往保健中心、银川河东机场候机楼等口岸封管区与一线人员共同工作，全程参与银川河东机场海关第二季度口岸疫情防控实战演练，参加“关长走进口岸封管区”座谈会，听取基层关于口岸疫情防控工作和参加封闭管理等方面的心得体会、存在的困难、相关工作意见和建议等方面的发言，提出“零差错、可控制、更精准”的防疫工作目标，就进一步加强口岸疫情防控、用心用情落实关心关爱一线关员相关措施进行面对面交流并提出指导意见。

八、安全防护及封闭管理不松懈

（一）安全防护责任压紧压实

银川海关新冠疫情防控安全防护领导小组

切实压紧压实“一把手负总责、业务条线各负其责、一线部门具体负责”的安全防护责任，在银川海关形势分析及工作督查例会、关统筹口岸疫情防控和促进外贸稳增长工作指挥部会议、关新冠疫情防控安全防护领导小组会议上对业务工作与安全防护工作“同研究、同部署、同督促”，健全“培训考核、监督管理、自查督查”三位一体安全防护体系，各隶属海关、保健中心每个工作班组设立安全防护监督岗，严格落实“岗前检查、工作巡查、全程督查”“双人作业、互相监督”安全防护监督制度。个人安全防护做到“每月一自查，每季度一督查”，切实排查风险隐患；安全防护培训考核做到“总关每季度1次，隶属海关每月1次”。针对自查、督查和视频监控检查发现的安全防护问题，建立发现问题、整改措施、完成情况“三个清单”，逐条梳理并限期整改到位。

（二）落实封闭管理各项要求

印发《银川海关关于进一步细化入境人员卫生检疫岗位和进口冷链食品安全监管工作人员封闭管理工作方案的通知》（银关办〔2022〕30号）。分管关领导组织疫情防控指挥部下设工作组开展银川海关入境人员卫生检疫岗位和进口冷链食品安全监管工作人员封闭管理工作方案桌面推演。2022年银川空港口岸无国际航班业务，未发生封闭式管理业务。

九、做好承接国际航班准备

（一）场地设置优化，设施设备完善

优化完善防护设施装备和监管检疫作业流程，降低感染风险。购置旅检现场自助健康申报一体机、人机共存型空气消毒机，有效降低关员与旅客的接触。优化区域设置，在快件现场设置消毒处理区，指导银川综合保税区管委会合理设置综合监管中心检疫作业区域。优化信息化系统升级和运维科技保障工作，为一线人员安装配置移动单兵、完成银川河东机场航站楼国际厅网络布线，对银川河东国际机场口岸现场各类系统、设施设备进行调试，保障运行通畅。优化入境航班保障场地设置，完善T1航站楼卫生检疫区域改造方案、制作改造平面图，向自治区口岸办协调解决国际航班保障相关事宜，主动对接宁夏机场有限公司，按照自治区应对疫情防控工作指挥部推进承接国际航班的进度逐步落实。

（二）沟通协调畅通，保障能力大幅提升

对自治区应对疫情防控工作指挥部办公室《关于进一步优化国际航班旅客入境流程提升银川河东国际机场保障能力实施方案（征求意见稿）》先后两次提出6条意见建议，均被采纳。加强与地方联防联控机制、口岸防控专班以及机场口岸各有关部门的沟通联系，积极落实承接国际航班保障中银川海关需要协调解决的相关事宜，尽快补齐检疫监管短板，切实提升银川河东国际机场口岸保障能力。

（三）人力资源配备充足，疫情防控能力大幅提升

银川海关认真梳理承接国际航班保障岗位设置要求和现有人力资源情况，拟确定3个工作班次人员运行保障安排计划。按照海关总署应对国际航班增班结对帮扶工作机制要求，选派第一批疫情防控工作业务骨干11人，于2022年9月13日前往厦门海关进行为期1个月口岸国际航班保障跟班作业学习，积极学习借鉴先进经验，进一步提升银川海关口岸疫情

防控人员技能水平。

下一步，银川海关将继续以党的二十大精神为指导，铸忠诚、担使命、守国门、促发展、齐奋斗，坚决贯彻落实“12 个必”重点工作和“1+1+6”重点任务，毫不松懈做好口岸疫情防控工作，坚决筑牢口岸检疫防线。

撰稿人

盛婷婷

银川海关促进外贸稳增长工作

2021年以来，受疫情影响、需求减弱、国际局势动荡等多重因素影响，企业经营受困，宁夏外贸形势严峻。关党委结合宁夏实际，迅速部署落实海关总署保稳提质、助企纾困措施。综合业务一处按照关党委部署，牵头组织全关各部门各单位，汇总意见，组织论证，及时出台了银川海关保稳提质措施和银川海关减轻企业负担工作实施方案。措施出台后，全关上下闻令而行、共同发力，有力度、有温度，落准落实落细释放海关措施作用，助力外贸企业提振信心、克难奋进。宁夏外贸迎难而上，在困境中展现了较强发展潜力、活力和韧性，在逆势中实现连续增长。2022年宁夏外贸在全国外贸增速月度排名中多次名列前茅，年内实现进出口总值257.4亿元，同比增长23.7%，高于全国增长率16个百分点（2022年全国货物贸易进出口总值42.07万亿，同比增长7.7%），增速排名全国第6位。

在关党委求实问效、坚持问题导向和效果导向要求，以及深入企业和基层调研指导的带动下，各部门各单位主动担当、积极作为，扎实推动关区措施落地生效，取得了保稳提质促增长的积极成效。

一、聚焦重点，落准落实落细举措

各部门结合关区实际和疫情变化，聚焦宁夏重点产业和企业产业链供应链堵点难点问题，出实招务实策，及时将海关总署保稳提质措施细化为关区15项举措。各隶属关结合辖区实际，进一步制订细化工作方案，切实做到接地气、解难题、务实效。开辟保稳提质简报信息载体，及时反映关区落实动态，年内编发保稳提质简报12期。措施发布实施让企业实实在在感受到了关企共克时艰的信心和力量。

二、深入调研，畅通助企纾困通道

坚持实施两级关长直通服务责任制，关党委带头深入企业开展调研36家次。关长专线电话和各层级调研接访企业331家次，接访问题立接立办，有热度有力度及时帮助企业排忧解难，积极克服疫情带来的不利影响。

三、实施便利通关，提升通关效率

组织企业线上培训“提前申报”“两步申报”等海关便利通关措施，引导帮助企业选用快速通关模式。支持企业应用“铁路快速通关”“铁路舱单归并”便捷申报，提高进出口货物铁路转关运输效率。2022年银川关区进口整体通关时间12.75小时，居全国第8位；出口整体通关时间0.55小时，居全国第19位。

四、落实减税政策，助企降本增效

持续推广“一保多用”税款担保改革，缓解企业融资困难。年内为企业办理“一保多用”关税保证保险保单27份，担保备案2828.6万元。办理《减免税审核确认通知书》266份，审批减免关税和增值税共计4642.48万元。共为企业办理加工贸易内销业务20份，其中13份免征了缓税利息。

五、服务开放通道建设，保障物流链畅通

积极参与自治区保通保畅工作组工作，牵头做好重点产业链供应链“白名单”企业通关保障。积极支持银川综合保税区综合监管中心跨境电商处理区建设，指导分拣线、功能区合理配置、科学布局。配备非侵入式查验设备，大幅提升通关效能。推进铁海联运“一单制”与“提前申报”叠加应用，实现“秒通关”，帮助企业节省集装箱综合费用和时间成本。保障银川至布达佩斯中欧国际货运始发班列畅通，为其节省物流时间20天左右。

六、加强国门生物安全监测，保障优势特色产业安全发展

深入开展“国门绿盾2022”专项行动，及时完成外来物种普查。首次在宁夏发现豚草、加拿大一枝黄花等外来入侵物种。加强进境动植物检疫审批，助力区内企业引进优质种质资源。加强进出境食品农产品和饲料安全风险监控。完成2022年供港活牛疫病风险监测年内取样及检测。组织开展出口动物源性食品风险监测，年内抽取羊肉、蜂蜜样品49批次，完成供港蔬菜100批次取样检测任务。

七、开展技术贸易服务，推进优势特色产业扩大出口

组织关区150家企业开展国外技术性贸易措施影响调查和欧盟法规风险评估，帮助枸杞企业恢复了正常对欧盟出口。指导优势特色食品农产品生产企业安全出口。及时开展澳大利亚植物检疫法规风险分析，帮扶关区企业植物产品顺利输澳。组织开展枸杞主产区、葡萄酒主产区、绿色食品有毒有害物质安全风险监测，为促进关区“六特”产业高质量发展提供基础数据支撑。发挥国家枸杞检测重点实验室中卫分实验室作用，服务中宁枸杞产业发展，年内开展检测共计1700余批，检测项目20000余项。

八、加强海关统计分析，服务外贸发展决策

加大进出口监测预警力度，聚焦自治区外贸发展需求及时开展海关统计分析。年内向自治区党委和政府报送全区进出口情况分析11篇，报送“一带一路”共建国家（地区）等主要贸易伙伴进出口情况以及自治区主要产业产品进出口情况专题分析15篇，完成自治区约稿信息3篇，多篇次被自治区党委政府载体采用，并获自治区主席、副主席批示。及时为自治区党委政府和相关职能部门、企业，以及社会公众提供海关统计数据服务，年内共提供海关数据50余万条。

九、实现问题清零，赢得企业口碑

银川海关保稳提质举措出台以来，共收到200个问题，其中，188个涉及具体问题，均已解决；4个咨询政策问题，均已妥善答复；8个属于预期问题，隶属海关已研究预案跟进。截至2022年年底，银川海关所收集到的问题基本实现了销账清零。从实施过程和回访情况看，企业和社会普遍对银川海关15项举措认同度较高，均反映措施实在、针对性强、海关职能作用发挥突出、问需纾困及时给力。其间，部分企业来电来函表达谢意。

撰稿人

陈 勇

银川海关优化口岸营商环境
促进跨境贸易便利化

2022年，银川海关坚决贯彻落实中央“六稳”“六保”部署，围绕进一步优化营商环境的具体要求强化责任分工，加大优化营商环境条例的宣传和学习力度，聚焦自治区当前实际需要和企业实际困难，深入研究支持服务措施，突出措施针对性、有效性，支持企业复工复产，助力自治区保稳提质增效。

一、聚焦主责主业，强化责任担当，促进外贸保稳提质

结合实际，制定具体举措。积极将海关总署促进外贸保稳提质十条措施细化落实，结合宁夏实际，制定出台《银川海关促进宁夏外贸保稳提质15条举措》。按照切实做好中小企业纾困解难政策措施落实工作要求，制订《2022年银川海关减轻企业负担工作实施方案》，细化9条任务分工，积极推动各项政策措施的落实情况。聚焦宁夏重点工业产业园区、重点工程、重点项目、重点企业，通过关长直通服务、海关热线、走访调研等多种方式畅通沟通对话机制；通过优化属地查检模式，提高企业通关效率，持续优化营商投资环境；通过指导企业择优用足用好税收优惠政策降低资金成本，积极落实减税降费政策；通过加大企业培育力度，强化统计和技术支持，提高企业产品竞争力，提振企业信心。切实从企业需求出发实打实助企纾困，从地方发展出发千方百计地保市场主体、保市场份额、保产业链供应链稳定，促进宁夏外贸保稳提质。

思想上高度重视，行动上迅速贯彻落实。2022年5月26日，自治区党委常委会议结束后，银川海关立即组织召开专题会议，深入学习习近平总书记在中央政治局会议分析研究当前经济形势和经济工作时的重要讲话精神，贯彻全国稳住经济大盘电视电话会议要求，落实自治区党委常委会议关于稳经济保增长促发展工作部署，结合关区工作实际，研究落实举措，抓好贯彻落实。

聚焦主责主业，结合实际制定具体举措。结合宁夏实际，积极将海关总署促进外贸保稳提质十条措施进行细化落实，制定出台《银川海关促进宁夏外贸保稳提质15条举措》，聚焦宁夏重点工业产业园区、重点工程、重点项目、重点企业，通过关长直通服务、海关热线、走访调研等多种方式畅通沟通对话机制；进一步优化属地查检模式，提高企业通关效率，

持续优化营商投资环境；积极落实减税降费政策，指导企业用足用好税收优惠政策，降本提质增效；加大企业培育力度，提供统计和技术支持，助企提升产品竞争力，提振企业发展信心和动力。切实从宁夏发展需要和企业实际需求出发，实实在在助企纾困，千方百计保市场主体、保市场份额、保产业链供应链稳定。

坚持问题导向，深入走访调研。坚持实施《银川海关关长和隶属海关关长直通服务责任制》，通过关长专线电话和实地调研，第一时间掌握地方政府和企业反映的突出问题，第一时间解决影响自治区重点产业、重点项目和企业设备物资通关等问题。主要负责同志带队赴宁东能源化工基地等实地调研，党委班子成员走访自治区商务厅、发展改革委等单位，并赴银川综合保税区、宁夏中欣晶圆半导体科技有限公司、共享铸钢有限公司、银川隆基硅材料有限公司等自治区重点外贸企业开展调研，宣传贯彻海关总署促进外贸保稳提质十条措施和银川海关15条举措，密切跟踪分析自治区当前外贸发展形势，加强与自治区相关部门单位的协作沟通，进一步征求企业发展需求，结合自治区实际和地方政府、企业反映的突出问题，不断细化完善银川海关促进外贸保稳提质具体举措，竭尽全力服务和落实好自治区稳经济、保增长、促发展的工作要求。

二、聚焦产业发展，积极落实各项普惠政策

落实减税政策，释放政策红利。2022年前5个月，共为关区5家企业1239.4万元保税货物落实加工贸易企业内销暂免征收内销缓税利息政策；共为关区企业办理“一保多用”关税保证保险保单15票，担保金额共计1671.1万元；通过“线上+线下”相结合开展RCEP专题宣传培训等20轮次，共签发各种类原产地证书2265份，签证金额4.72亿美元；企业自助打印证书1012份，自助打印签证金额2.49亿美元，环比分别增长31.26%和68.62%，关区自助打印利用率（份数和金额）分别达到49.46%和56.15%。

持续推进网上办，不见面改革。全面推行报关单位备案全程网办、全国同办，企业可通过“单一窗口”“互联网+海关”等多种渠道提交报关单位备案申请，报关单位备案数量增速明显。2022年前5个月，共办理报关单位备案171家，同比增长31.5%。持续推进“多证合一”“多报合一”和注销便利化改革落地，全区报关单位备案“多证合一”申报比例不断提升。截至5月31日，共审核通过以“多证合一”方式办理报关单位企业备案23家，占同期备案企业总数的13.5%，同比增长35.3%。强化与市场监管、税务等部门的信息协同，通过简化注销程序办理企业注销3家。

组织开展2022年技术性贸易调查，积极应对国外技术性贸易措施。根据海关总署部署开展2022年技术性贸易措施影响调查工作，组织对中药材产品、木制品、葡萄酒和纺织产品等重点产品和“一带一路”沿线的越南、印度尼西亚、新加坡等重点国家开展技术性贸易调查，涉及关区141家企业。结合调查存在的问题有针对性地开展后续应对技术性贸易措施的相关工作，最大可能保障出口企业权益。

三、聚焦新型业态发展，增添经济发展动力

支持跨境电商全业态落地银川，保障宁夏

首家跨境电商O2O体验店顺利开业，形成“保税备货—展示体验—物流配送”的完整闭环；指导建立银川综合保税区跨境电商综合监管中心，单日过货量最高可达1.4万件，促进跨境电商货物集约高速通关；指导开展跨境电商“9610”模式出口陆转空物流新通道，首批705件包裹在经过银川海关监管后顺利完成装车，并积极与深圳、杭州等空港口岸海关协调沟通，商请口岸海关协助开展转关监管，为跨境综合试验区建设助力。

四、聚焦内陆发展区位短板，服务开放通道建设

积极支持宁夏拓展国际物流通道，研究实现西部陆海新通道多式联运通关模式。针对疫情、国际局势等对国际物流带来的诸多不利影响，叠加推进铁海联运“一单制”与“提前申报”模式，实现申报“秒通关”，为企业每个集装箱节省综合成本近千元，比传统模式运输时间节省4天左右。保障银川至布达佩斯中欧国际货运班列始发，首列搭载集装箱48个，货值1050万元，较海运可节省时间约20天。

撰稿人

晋　磊

银川海关开展国门生物安全与食品安全行动

2022年，银川海关针对关区实际情况，始终牢记“国之大者”，坚持“人、物同防”，从持续完善制度，强化学习、培训和实操演练等几方面，全力做好进口货物新冠疫情防控工作。实现关区进口冷链食品疫情防控工作全链条、全方位监管，做到早发现、早处置，强化工作专班，加强培训指导，完善工作机制，及时根据海关总署最新要求修订工作方案。严格落实海关总署进口冷链食品安全监管人员封闭管理工作要求，制定完善了相关制度。按时报送海关总署进出口食品局进口冷链、进口商品风险监测报表。定期在微信工作群转发海关总署及其他海关发布的全球新型冠状病毒疫情与食品相关舆情信息。密切关注海关总署公布的准入名单和采取的紧急预防性措施，严禁以任何理由或方式接受被采取紧急预防性措施的企业在暂停期内的进口申报。积极组织开展培训，强化对两个作业指导书最新版的及时跟踪学习，同时对国务院联防联控机制和海关总署下发的其他工作指南和指导要求，职能处室和各隶属海关及时组织学习研讨，统一认识，指导实践。针对“物防”无实战经验的情况，各隶属海关广泛开展模拟演练，其中银川河东机场海关和兴庆海关分别组织了进口冷链食品和进口高风险非冷链货物核酸采样实操演练，中卫海关、石嘴山海关结合实际组织了进口货物核酸采样桌面推演。为有效应对进口货物核酸检测阳性情况，还组织开展了阳性处置应急演练。持续强化安全防护培训监督，重点关注安全防护用品个人穿脱程序熟练程度、海关总署安全防护工作要求掌握程度。每季度对隶属海关安全防护工作、个人防护用品穿脱消毒程序等进行督查。

撰稿人

鲁宏伟

2022年银川海关驻西吉县兴平乡王湾村工作队工作总结

2022年，在银川海关党委的关怀和支持下，在兴平乡党委政府的正确领导下，银川海关驻西吉县兴平乡王湾村工作队主动上前、担当作为，积极配合王湾村村委较好地完成年度各项工作任务。

一、王湾村基本情况

王湾村区域总面积10平方千米，所辖7个村民小组，户籍人口292户、1117人，其中常住人口143户、592人，现有耕地5984.44亩、林地2846.5亩。现有脱贫户87户、394人。三类人群14户、56人（边缘易致贫户6户、18人，其中包括未消除风险监测对象2户、3人；脱贫不稳定户8户、38人）。特困供养津贴2人。主导产业为种植业（以马铃薯、玉米为主产，燕麦、胡麻、糜子等小杂粮为副产）和养殖业（牛、羊等）。2022年农村居民人均可支配收入达12909元（2021年为11745元），同比增长9.91%。

王湾村现任村委5人，村监会3人。党支部为四星级村级党组织，现有党员41人（含驻村工作队3人）。其中男性党员36名，女性党员5名；党员中汉族党员33名，回族党员8名；60岁以上党员11名。

二、重点工作开展情况

2022年，驻村工作队始终把握巩固拓展脱贫攻坚成果同乡村振兴有效衔接工作核心，紧扣“两不愁三保障”关键重点，认真落实防止返贫动态监测帮扶机制，坚持党建引领抓队伍，拓展产业抓发展，健全机制抓治理，解难纾困抓服务，全力配合支持村委开展各项工作。具体做好“四个坚持、四个着力”。

（一）坚持理论先行，着力强化政治高度

坚持以习近平新时代中国特色社会主义思想为指导，学习贯彻习近平总书记重要讲话精神，牢固树立“四个意识”，坚定“四个自信”，做到“两个维护”。党的二十大召开期间，与村“两委”班子成员、党员全程收看关注。党的二十大胜利闭幕后，通过收看电视新闻、报刊社论、参加县乡专题辅导、交流讨论等方式，组织村委、党员深入学习宣传党的二十大精神。结合农村实际，深入学习领会党的二十大对乡村振兴作出的战略部署，引导教育党员干部要进一步坚定信念、担当作为、勇毅前行，坚决捍卫“两个确立”，切实把思想和

行动统一到党的二十大精神上来，在推动乡村振兴、建设宜居宜业和美乡村发展中作出积极贡献。

（二）坚持建强组织，着力夯实组织动力

一是强化村委班子建设。从工作实际出发，建立村委学习制度，定期组织开展学习活动，不断提升村干部工作能力素质。积极探索“强党建、促振兴”新路子和新途径，坚持走出去、带进来。二是深入开展支部联建活动。与高崖村党支部结成联建帮扶对子，定期组织开展观摩学习交流活动。通过开展阵地联建、班子联促、队伍联抓、工作联动、业绩联创，有力促进了党支部标准化规范化建设。三是加强流动党员教育管理。根据部分在外务工党员管理、教育、服务困难的实际，村党支部积极创新方法，建立流动党员“一人一册”结对帮扶制度，通过建立党员学习微信群等方式，加强与流动党员的交流沟通，让流动党员及时了解党的各项方针政策、产业政策等，加强了联系，强化了管理。四是深入开展主题教育活动。严格落实“三会一课”制度和开展主题党日活动，按照乡党委统一安排，按时开展主题党日活动，加强党员思想政治教育，激发党员干事创业的干劲。坚持因地制宜，科学规划，积极探索党群共建的新路子与发展共享的新途径，推动“党建引领发展，产业助推振兴”。2022年，共组织开展主题党日活动12次，党支部书记、驻村第一书记讲专题党课6次，开展学习研讨2次，增强了党组织有效性和吸引力。

（三）坚持实干为德，着力提升工作实效

常态化开展防返贫监测。紧盯巩固拓展脱贫攻坚成果同乡村振兴有效衔接任务，坚决守住不发生规模性返贫底线。按照“四个不摘”要求，落实“查损补失、查漏补缺、查短补齐、查弱补强”机制，常态化开展“四查四补”。落实包村干部责任制，调整优化网格员和帮扶责任人，常态化开展入户排查监测，紧盯农户收入、“两不愁三保障”和饮水安全状况，准确采集掌握农户信息，不断提升数据质量。同时，积极向农户开展政策宣传工作，将普惠和特惠等相关政策宣传落实到位，严防返贫现象发生。致力产业发展促振兴。结合实际，积极探索乡村经济发展实际问题，紧盯稳产增产，大力推进高标准农田建设。2021年，在兴平乡党委政府大力支持下，王湾村作为全乡高标准农田试点村，完成了4500亩高标准农田的建设，不断夯实激发农业生产根基和动力，为王湾村农业高质量发展奠定坚实基础。狠抓产业就业保增收。紧盯“两个高于”目标，坚持以新型经营主体引领产业发展，巩固深化“村集体+合作社+农户”等联农带农模式，培育合作社3家，带动123户、218人发展经济，不断激发农业生产动力。大力推动养殖业发展，动员村民养殖高品种牛羊，提升增质创收，2022年，全村牛存栏445头、羊存栏804只、猪存栏76头、家禽176羽、土蜂养殖83箱。

（四）坚持监管整治，着力建设和美乡村

强化环境治理。深入开展“月百户”整治活动。进一步对全村公共场所、道路沿线、农户房前屋后等，存在的乱堆乱放、乱倒垃圾、临建违建及村内环境等进行集中整治，不断推动农村人居环境、村容村貌持续向好发展。推动安全王湾建设，在重要村道卡口、村民庭院安装高清摄像头121个，24小时对全村重点区域、主要村道进行监测，确保安全。扎实开展反电信网络诈骗。组织村民开展“国家反诈中心”App安装工作，切实遏制电信诈骗发展势头，守护好村民的“钱袋子”。采取线上借力村干部群、“美丽王湾大家庭”网络微信群和广播平台等，宣传推广“国家反诈中心”App，讲解其反诈防诈的作用效果及应用方法，切实提升村民对“国家反诈中心”App的认可，提升安装使用率。线下驻村工作队和村组干部挨家挨户、面对面组织下载安装，耐心讲解使用方法。同时，向村民发放《预防诈骗宣传手册》《72种电信诈骗手段常见知识》，介绍电信网络诈骗案件的发案情况、诈骗方式以及识别方法，切实提升村民反诈意识，筑牢反诈防火墙，让诈骗违法犯罪无处遁形，促进平安和谐美丽王湾。严守筑牢疫情防控线。面对新冠疫情防控严峻形势，按照各级党委政府要求，驻村工作队与村两委积极协调配合，强化组织领导，常态化抓好疫情防控工作。落实各项防控措施，组织村民开展核酸检测，加强对返村、流动人员的排查监管、居家隔离等，严守疫情防控线。推动生态发展。种植山毛桃6300棵，村道补植松树800棵，山绿村美进一步改变。加强宣传教育。充分利用村部广播、“美丽王湾大家庭”微信平台、召开村民大会、走村入户等形式，制作村道宣传牌，深入开展新农村宣传教育，注重引导村民推动乡村振兴勤劳致富的发展方向，激励村民为发展集体经济、改变村容村貌、建设美丽王湾作贡献，积极营造文明和谐的美好环境。解难纾困暖人心。驻村以来，银川海关各级领导到王湾村慰问看望工作队及困难村民，了解掌握情况，帮助解决困难，为工作队安心驻村、积极工作提供了坚实保障，促进了工作队与村委、村民和谐共进的良好氛围。工作队充分发挥个人社会关系资源，力所能及开展为民办实事活动。联系协调宁夏京能公司、银川春雷天使爱心会开展“助力乡村振兴捐资助学”献爱心活动，工作队累计捐款上万余元开展“暖心为民”活动，为五保户孤寡老人购买被褥，为高龄病患者购买轮椅，为困难家庭子女捐资助学，捐款为群众购买防控病疫药品等，倾心尽力帮助困难群众解决实际问题；联系相关企业，捐赠抗疫物资、捐资安装路灯、安装采暖设备。与政工处协调，开展了向村民捐衣捐物献爱心活动，受到乡村各级和村民一致好评。截至2022年，驻村工作队累计筹集款项物资位居全乡之首，得到乡领导的充分肯定和赞扬。

三、下一步工作思路

驻村工作队将以学习贯彻党的二十大精神为契机，进一步增强使命意识、责任意识、进一步提高工作标准、严实工作作风，按照自治区十三次党代会加快建设乡村全面振兴样板区宏伟蓝图为目标，进一步提升党建标准化规范化建设水平，持续开展防返贫监测帮扶、不断壮大产业发展促进农民致富增收，注重发挥群众主观能动性、实现治理能力治理水平再上台阶，始终牢记为民服务根本宗旨、努力提升群众幸福感获得感满意度，为建设和美乡村积极作为。

撰稿人

刘　鹏

2022年银川海关驻中宁县徐套乡原套村工作队工作总结

2022年，银川海关驻中宁县徐套乡原套村驻村工作队在银川海关各级领导的关怀指导下，在县乡两级党委的正确领导下，持续稳步推进巩固脱贫攻坚成果与乡村振兴有效衔接、稳中向好，各项工作取得良好成效。

一、村情概况

原套村距离县城90千米，由上原套、下原套和薛堡3个自然村组成。户籍人口289户、949人，常住人口145户、549人；脱贫户55户、185人（脱贫不享受政策1户、4人），监测户8户、27人；低保73户、97人，残疾人25户、27人，孤儿1人，高龄老人13人，特困供养3户、4人。全村养殖圈棚67座，肉牛存栏204头，羊存栏5245只。土地面积60360亩，耕地面积27800亩，压砂地6246亩，退耕还林地9551.6亩，草原承包地4426亩，荒山地12336.4亩。除薛堡村外，其余两村硬化路面畅通。自来水入户率100%。电网通信网络满足生产生活需求。

二、主要工作成效

自银川海关工作队派驻以来，原套村工作队紧贴该村村情民情和经济发展状况实际，围绕党中央巩固脱贫攻坚成果向乡村振兴有效衔接的战略定位谋划推进工作，认真落实区市县乡关于农村工作的一系列部署，全村各项工作稳中有升，特别是农民人均纯收入呈逐年递增趋势。2022年，全村脱贫户人均纯收入为17325.69元，同比增长15.16%；全村监测对象人均纯收入为13748.73元，同比增长20.95%；全村人均收入12360元，同比增长20%。主要工作成效简要概括为“五抓实五夯实”。

（一）抓实党建引领“牛鼻子”，夯实巩固和振兴的思想政治基础

驻村以来，原套村工作队注重从建强村级党组织入手，重点抓了“三个一”：一是扭住一个计划抓党建。结合村情和党员实际现状，围绕年度党建党务工作计划，严格落实各项制度，用制度抓党建、管党建、引领带动全村发展。二是扣住一个主题抓党建。围绕迎接学习贯彻党的二十大精神主线开展系列学习教育，突出习近平总书记视察宁夏重要讲话精神学深悟透、入心入脑，推进自治区第十三次党代会精神“大学习、大讨论、大宣传、大实践”活

动落地落实。截至 2022 年，协调乡包抓领导讲专题党课和宣讲政策 15 次，讲微党课和宣讲政策 28 次，驻村工作队讲专题党课和宣讲政策 14 次，讲微党课和宣讲政策 37 次，党员开展集中研讨 18 次，交流发言 72 人次，入户走访 155 户、902 人次。三是盯住一个目标抓党建。制订《原套村党支部规范化建设示范点创建实施方案》，着力从组织设置标准化等 4 个方面切入，全面提升村党支部工作质效，顺利将该村由二星级提升至三星级党支部，之后争创四星级支部。

（二）抓实内外协调“关键点”，夯实爱民惠民助民为民支撑基础

主动衔接关内关外相关部门单位，一些项目取得进展，主要表现为“三个落地落实”。

落地落实定点帮扶责任。驻村期间，银川海关关长带领办公室、政工办、财务处主要负责人实地到该村调研指导工作；政治部主任带领人事教育处、政工办主要负责人赴该村实地调研解决困难；纪检组组长带领监察室主要负责人到该村指导党风廉政和廉洁从政工作，帮助解决实际困难。在关区主要领导和分管领导的大力关心支持下，关区先后为徐套乡中心学校协调捐助图书 2000 册，价值 2 万元；为原套村捐赠 2 台办公电脑及相关器材，价值 1 万元；保健中心为建设原套村办公用房、空气能供暖和生活配套设施，资助扶贫资金 10 万元，办公房、供暖设施已正常投入使用。

落地落实包抓帮扶责任。驻村期间，中卫市委常委赴原套村召开帮扶工作现场推进会，落实物资资金支持。之后，自治区固海管理处投资 6 万元为该村安装抗旱大口井变压器和电网；市口岸办、市工业园区管委会合伙为原套村购置价值 2.4 万元植绿增绿车 1 台，捐赠 3.5 万元植绿增绿树苗；县委常委组织召开原套村帮扶结对工作协调会，协调中宁工业园区管委会兑付资金 3 万元、宁夏锦宁巨科新材料有限公司（民营企业）兑现资金 3 万元，支持驻村工作队办公用房建设。中卫市九三学社主动捐助资金 1 万元，用于支持村部办公用品购置。

落地落实疫情防控责任。原套村工作队积极参与徐套乡无疫乡、无疫村防疫抗疫工作。第一时间带领驻村工作队员，以志愿者身份连续 30 天增援奋战在中宁县宁安镇杞韵社区，配合医护人员扫码检测核酸，为封控楼宇群众上门送米面油、蔬菜、药品等基本生活物资，清运楼栋垃圾，撤离时，受到卡点负责单位中宁县宣传部和社区群众一致赞扬，宁安镇党委为海关驻村工作队赠送“勇上抗疫一线，一心为民服务”锦旗 1 面。

（三）抓实致富提升“发力点”，夯实强村富民和乡村治理发展基础

原套村工作队围绕强村富民和提升治理水平发力，主要表现为“三好”：定好村规民约。从文明新风、环境卫生等 12 个方面入手，编写村规民约 12 条，持续向村民宣传灌输党的富民政策，让移风易俗深入人心。完善《原套村村民自治章程》5 章、54 节，强化村民自我管理、自我教育自觉性、主动性，引领村民向善向好。抓好环境整治。利用中宁县统筹划拨的 10 万元专项资金，组织 4 台机械、26 名公益岗，开展为期 1 个月的人居环境大整治，帮助该村整修街巷道 12 条，清理门前垃圾 15 吨，“四美”村庄面貌初步显现。谋好致富产业。聚焦自治区“六特”产业发展要求，结合该村世代有养殖牛羊习俗特点，争取中卫市划拨给中宁县乡村振兴局的100万元衔接资金，注入该村集体经济合作社，采取“企业直销+村集体经济合作社直购农资化肥饲料+农户”模式，发展壮大村集体经济，该项目已列入计划。瞄准该村家家户户种植硒砂瓜，多方协调，争取县农业农村局支持，计划单列投入村集体经济200万元，成立原套村社会化服务公司，购买拖拉机、旋耕机、覆膜机，用于发展硒砂瓜产业和壮大村集体经济，该项目正在协调推进中。

（四）抓实纾困解忧“关注点”，夯实不发生规模性返贫机制基础

原套村工作队挨家挨户摸排脱贫户（监测户）家庭纯收入，及时准确录入国家防返贫监测系统，所录数据准确率和匹配度在国务院巩固脱贫攻坚与乡村振兴有效衔接考核评估中排名全乡第一。按照区市县乡防返贫大排查总体安排部署，深入走访农户，纳入脱贫不稳定户1户、2人，边缘易致贫户2户、6人，落实一人一户帮扶政策，有效防范返贫致贫。接续对62户、206名脱贫对象跟进监测，落实政策性低保90人，公益岗8人、护林员18人。依托“党支部+村集体经济合作社+国有企业+脱贫户+一般户”托管养殖模式，配合村两委班子上门入户宣传。主动与县工业园区管委会、中卫市九三学社、自治区固海管理处对接，先后为62户脱贫户送去价值1.7万余元米面油和学生文具，切实把党的关怀关爱送到老百姓心坎上。

（五）抓实廉洁从政“细微点”，夯实不碰红线不破底线生态基础

注重从村民办理红白喜事规定人数不超过30人、遏制高价彩礼等日常小事小节入手，通过当面提醒、线上推送、上门做工作等方法，将廉政纪律融入日常平常。强化党风廉政建设监督责任，做到不该吃的坚决不吃、不该去的坚决不去、不该拿的坚决不拿，牢牢守住底线、不碰红线。逢重大节庆日，主动与驻村工作队、村两委班子成员和全体党员开展廉政谈话，提醒自己也教育全体干部算清“七笔账”，使党员干部习惯在纪律约束下工作生活，带头维护风清气正的良好政治生态。

下一步，驻村工作队将严格按照关党委、区市县乡党委的具体要求，重点围绕抓党建、强产业、防返贫、守纪律4件事开展工作。一是力争帮助村党支部跨入四星级党支部行列，用目标和荣誉凝聚人心士气。二是积极依托市县资源、“娘家人”和结对帮扶单位力量，推进村集体经济合作社项目落地见效，尽快帮助该村实现“造血”功能。三是继续重点跟进55户脱贫户、8户监测户收入变化，随时了解145户常住户家庭收入，动态跟进，综合施策，防止规模性返贫致贫。四是严守少数民族地区民族政策，加强六大纪律约束，确保不碰红线、不破底线。

撰稿人

毛　恒

银川海关打击走私工作开展情况

2022年，银川海关坚决贯彻落实习近平总书记关于打击走私工作的重要指示批示精神，持续保持打击走私高压态势，开展“国门利剑2022”联合专项行动，研究制订《银川海关“国门利剑2022”联合行动方案》，明确目标任务，突出打击重点。年内共立案侦办刑事案件3起，案件数量与2021年持平。其中，涉税案件1起，案值324.5万元、涉税39.6万元，已侦查终结。非涉税案件2起，均为毒品案件，查获1起疑似毒品伽马羟基丁酸15克，同时查获各类新型精神类致幻药物10余种，高压气枪散件5件，气枪铅弹537发，钢珠弹2853发，军用弩2支，弩用钢箭386支等，已移交地方公安；查获1起疑似毒品药品5包，共计1140粒，经初步筛查，该药品含多种违禁成分，已移交地方公安。办理行政案件18起，案值9529万元，涉税14.7万元，案件数量同比增长100%，案值同比增长1923%。办理协查案件15起，协查证据200余份。

2022年，银川海关深入推进夏季治安打击整治“百日行动”，重点加强缉枪线索研判。通过对涉枪线索的经营，在银川某地查获疑似走私美国SCAR制式步枪1支，国产军用子弹7发，该案移送地方公安侦办，对涉及有可能走私入境的国外枪支零部件线索，持续与地方公安一起进行深入分析研判。注重总结推广经验特色，研究形成的“互联网涉枪研判典型案例技战法经验”被海关总署缉私局确定为“国门利剑2022”专项行动第二批典型案例战法，在全国缉私部门推广；参加宁夏公安厅科技创新大赛，“互联网涉枪研判技战法”被评为公安厅科技创新应用大赛优秀奖，并在全区公安机关推广。

撰稿人

水雅妮

第三篇

大事记

2022年银川海关大事记

1月

4日　银川海关举行升国旗仪式。银川海关党委委员，总关机关、缉私局及各事业单位全体关警员参加，向国旗敬礼。各隶属海关分别在驻地同步举行升国旗仪式。

5日　银川海关副关长张大平参加自治区政府副主席刘可为主持召开的银川综合保税区绩效评估专题会。

7日　银川海关副关长张大平主持召开银川综合保税区海关综合监管中心专题工作会议。

银川海关副关长祁云海主持召开关区工作会议暨全面从严治党工作会议筹备会。

9日　银川海关副关长张大平、党委纪检组组长杨海主持召开关区各业务领域重大风险隐患梳理评估工作推进会。

10日　银川海关印发《银川海关"十四五"科技发展规划》（银关科发〔2022〕1号）。

11日　银川海关关长、党委书记刘世远调研银川河东机场海关执法一线科室。

12日　银川海关副关长祁云海与石嘴山海关全体干部职工逐一谈心谈话，指导基层联系点开展联学共建活动。

银川海关印发《银川海关党委开展捍卫"两个确立"、做到"两个维护"、强化政治机关建设专项教育活动方案》（银关党〔2022〕1号）。

13日　银川海关党委纪检组组长杨海调研指导执法一线科室联系点银川河东机场海关综合业务科工作。

14日　银川海关党委召开党史学习教育专题民主生活会。党委书记刘世远主持会议，全体班子成员参加。会议要求，不断深化思想认识、提高政治站位，忠诚拥护"两个确立"、坚决做到"两个维护"，进一步发扬斗争精神、担当作为，以优异成绩迎接党的二十大胜利召开。

18日　银川海关副关长张大平在银川河东机场海关听取处级领导干部考核述职，指导银川河东机场海关党委班子党史学习教育专题民主生活会，并调研基层联系科室。

银川海关副关长祁云海主持召开分管部门副处级以上人员述职述廉工作会议。

19日　银川海关副关长张大平主持召开保健中心处级领导干部述职述廉工作会议。

银川海关副关长张大平赴技术中心指导处级干部述职述廉工作。

银川海关副关长祁云海现场督导兴庆海关党委班子党史学习教育专题民主生活会。

19—22日 银川海关关党委委派机关党委、政工办、监察室对银川海关西吉县兴平乡王湾村驻村工作队和中宁县徐套乡原套村驻村工作队进行春节走访慰问。

24日 银川海关以视频方式参加2022年全国海关工作会议、全国海关全面从严治党工作会议。

25日 银川海关副关长张大平参加寄递渠道新冠疫情个人防护工作专题视频会议。

银川海关印发《银川海关公文处理工作办法》（银关办发〔2022〕8号）。

26日 银川海关召开2021年度隶属海关党委书记述责述廉述党建暨党支部书记述职评议考核会。

银川海关对2021年度考核优秀等次人员进行奖励、对事业单位2021年度考核优秀等次人员进行奖励、对2021年下半年工作中表现突出的集体和个人给予奖励。

银川海关举办2022年首次新闻发布会，银川海关副关长祁云海出席发布会，发布2021年宁夏外贸经济情况和宁夏企业抢抓RCEP对韩国生效新机遇情况。中国新闻社驻宁夏记者站、宁夏广播电视台、《新消息报》、《华兴时报》、《银川日报》等中央和自治区级新闻媒体参会。

27日 银川海关召开2022年关区工作会议，副关长、党委委员张大平主持。关长、党委书记刘世远作《坚持政治统领 全面履职尽责 奋进社会主义现代化海关建设新征程》主题报告，副关长、党委委员张大平受刘世远关长委托传达全国海关工作会议精神。

银川海关召开2022年全面从严治党工作会议，政治部主任、党委委员王珀主持会议。银川海关党委书记、关长刘世远作《深化政治机关建设 涵养清朗政治生态 坚持不懈把关区全面从严治党向纵深推进》主题报告，传达习近平总书记在十九届中央纪委六次全会上的重要讲话精神，传达全国海关全面从严治党工作会议精神，总结2021年银川海关全面从严治党、党风廉政建设和反腐败工作，对2022年工作任务进行部署。党委纪检组组长、党委委员王远光作《以自我革命精神纵深推进全面从严治党 为银川海关高质量发展提供坚强纪律保障》讲话，传达十九届中央纪委六次全会精神，传达海关总署纪检监察组组长王林在2022年全国海关全面从严治党工作会议和纪检监察工作会议上的讲话要点，并就学习贯彻落实全会精神提出要求。银川海关副关长、党委委员张大平对2022年关区工作会议、全面从严治党工作会议进行小结。

银川海关被评为“2021年度平安宁夏建设优秀部门”。

银川海关党委纪检组传达学习全国海关纪检监察工作会议精神。

28日 银川海关关长刘世远指导办公室党史学习教育专题民主生活会。

银川海关副关长杨海主持召开关区值班工作会议。

银川海关政治部主任王珀主持召开捍卫“两个确立”、做到“两个维护”、强化政治机关建设专项教育活动座谈会。

银川海关副关长张大平参加全国海关安全生产电视电话会议。

银川海关党委纪检组组长王远光主持召开

党委纪检组全体会议。

29 日　银川海关副关长祁云海带队通过“四不两直”方式实地检查技术中心、保健中心实验楼安全管理。

银川海关党委纪检组组长王远光检查指导技术中心、保健中心工作。

2 月

9 日　银川海关关长刘世远向自治区政府副主席刘可为汇报工作。专题汇报了全国海关工作会议和全面从严治党工作会议精神，以及银川海关 2021 年工作情况和贯彻落实会议精神的工作安排。副主席刘可为详细了解了上年度银川综合保税区绩效指标数据和自治区外贸增长等具体情况，对银川海关积极主动作为，充分发挥职能作用，力促自治区重点产业发展和对外开放给予肯定，希望银川海关继续加大政策指导力度，为自治区加快构建新发展格局和先行区建设作出新的更大贡献。

银川海关关长刘世远在银川海关会见银川市副市长邓瑞一行。副市长邓瑞代表银川市委市政府感谢银川海关一直以来在优化口岸营商环境、海关特殊监管区域发展、贸易新业态落地实施等方面给予的大力支持，并对申建银川市保税物流中心等事宜进行沟通交流。关长刘世远表示，银川海关将继续加强政策支持指导，助力银川市开放平台建设，拓展外向型经济发展新空间，共同努力为自治区高水平开放高质量发展作出新贡献。银川市政府副秘书长张海峰、商务局负责人，银川海关副关长张大平、办公室、综合业务二处、兴庆海关负责人共同参加会见。

银川海关缉私局局长颜宏伟对缉私局 2022 年度领导干部报告个人有关事项填报工作进行动员部署。

银川海关副关长杨海组织召开督审工作座谈会。

银川海关印发《银川海关开展捍卫“两个确立”、做到“两个维护”、强化政治机关建设专项教育活动具体推进措施》（银关党〔2022〕8 号）。

10 日　银川海关政治部主任王珀赴中卫海关调研指导工作。

11 日　银川海关副关长杨海参加海关总署加强知识产权海关保护工作视频会议。

银川海关政治部主任王珀赴中宁县徐套乡原套村实地调研指导定点帮扶工作。

14 日　银川海关党委书记、关长刘世远主持召开党委会。

银川海关印发《2022 年银川海关全面从严治党工作重点任务分工》（银关党发〔2022〕9 号）。

15 日　银川海关关长刘世远向自治区党委常委、银川市委书记张雨浦专题汇报全国海关工作会议和全面从严治党工作会议精神，以及银川海关 2021 年工作情况和贯彻落实会议精神的工作安排。张雨浦对银川海关工作予以肯定，并希望银川海关继续对银川市对外开放平台建设给予全力支持，助推银川市建设成为先行区示范区。

银川海关党委纪检组组长王远光带队向自治区纪委监委五室汇报工作，并就 2022 年纪检监察工作进行了沟通交流，自治区纪委监委五室表示将积极推动落实署地协作配合机制，全力支持配合相关工作。

17 日　银川海关召开捍卫“两个确立”、

做到“两个维护”、强化政治机关建设专项教育活动推进会。党委书记、关长刘世远作讲话，政治部主任王珀主持会议，政工办和银川河东机场海关主要负责人作经验交流发言。

18 日 银川海关印发《银川海关党委党史学习教育专题民主生活会整改清单》（银关党发〔2022〕10 号）。

银川海关印发《银川海关打击走私“国门利剑 2022”联合行动方案》（银关缉〔2022〕15 号）。

银川海关印发《2022 年银川海关知识产权保护专项行动方案》（银关综一发〔2022〕16 号）。

21 日 银川海关关长、党委书记刘世远主持召开银川海关第 46 次形势分析及工作督查例会。

银川海关召开保密工作会议暨保密委员会会议。关长刘世远就进一步强化关区保密工作提出要求，银川海关副关长杨海主持会议。

22 日 银川海关缉私局局长颜宏伟参加宁夏六部门常态化打击虚开骗税工作联席会议。

银川海关政治部主任王珀主持召开专项教育活动督导工作会。

银川海关印发《2022 年银川海关重点任务分工方案》（银关办发〔2022〕19 号）。

23 日 银川海关关长刘世远、副关长张大平参加 2022 年全国海关商品检验工作视频会议。

银川海关副关长杨海参加全国海关政策研究和统计工作视频会议。

银川海关副关长杨海调研石嘴山地区进出口企业。

24 日 银川海关副关长杨海在石嘴山海关开展座谈。

25 日 银川海关召开 2022 年关区缉私工作会议。全面回顾 2021 年关区打击走私工作，总结经验，分析形势，部署安排 2022 年关区打击走私工作。关长刘世远出席会议并讲话，缉私局局长颜宏伟主持会议。

3 月

2 日 银川海关召开关务会（扩大）安排部署全国“两会”期间关区工作。

银川海关副关长祁云海参加 2022 年全国海关进出口食品安全工作视频会议。

银川海关召开“海关重点项目和财物管理以权谋私”专项整治工作动员部署会。

3 日 银川海关副关长杨海赴兴庆海关开展调研，并采取“四不两直”方式督导检查兴庆海关疫情防控及保密工作情况。

银川海关党委纪检组组长王远光主持召开纪检组会议专题研究年度重点工作。

4 日 银川海关副关长张大平参加全区禁毒工作会议。

银川海关党委纪检组组长王远光赴银川河东机场海关调研指导工作。

银川海关政治部主任王珀赴银川河东机场海关调研指导专项教育活动。

银川海关组织开展“巾帼建功 魅力女神”花艺活动。通过花艺讲座、现场插花、分享心得、交流答疑等环节切实展现了银川海关女职工积极向上、充满活力的巾帼风采。

9 日 银川海关副关长张大平赴银川河东机场海关基层联系科室调研专项教育活动推进情况。

10 日 银川海关关长刘世远赴执法一线科

室联系点银川河东机场海关监管科调研指导工作。

银川海关副关长祁云海赴兴庆海关专题调研。

银川海关印发《2022年度银川海关党委持续深化巡视整改、巩固扩大整改成果的推进措施》（银关党〔2022〕15号）。

11日 银川海关关长刘世远赴银川河东机场海关调研指导专项教育活动，并参加基层党支部联系点旅检三科党支部主题党日活动。

银川海关缉私局局长颜宏伟主持召开缉私局政治督察动员部署会议。

银川海关党委纪检组组长王远光主持召开专项整治重点项目梳理排查工作会议。

13日 银川海关党委纪检组组长王远光赴保健中心督导检查疫情防控工作。

13—14日 银川海关党委纪检组组长王远光带领疫情防控专项督查小组对疫情防控工作开展督导检查。

15日 银川海关缉私局局长颜宏伟参加全国、全区公安机关专题视频会议。

银川海关政治部主任王珀与兴庆海关基层党支部联系点开展座谈。

16日 银川海关成立外事工作领导小组。

银川海关副关长张大平赴石嘴山海关开展疫情防控和安全生产工作专题调研。

17日 银川海关关长刘世远、副关长张大平参加2022年全国海关卫生检疫工作视频会议。

银川海关副关长张大平、党委纪检组组长王远光赴兴庆海关调研指导工作。

18日 银川海关缉私局召开2022年度全面从严管党工作会议。

21日 银川海关关长、党委书记刘世远主持召开银川海关第47次形势分析及工作督查例会。

银川海关关长刘世远主持召开关务会。会议审议通过《银川海关督促检查工作管理实施细则》。

银川海关召开安全生产工作领导小组会议。听取2021年度关区安全生产工作情况和2022年安全生产工作计划汇报，分析当前关区安全生产工作面临的形势，研究部署下一步工作。

银川海关印发《银川海关贯彻落实宁夏推进“一带一路”和内陆开放型经济试验区建设工作任务分工和细化措施》（银关综一发〔2022〕27号）。

22日 银川海关关长刘世远、党委纪检组组长王远光向自治区党委常委、纪委书记艾俊涛汇报工作。关长刘世远汇报了银川海关助力宁夏外向型经济发展总体情况，以及全面从严治党和纪检监察工作的主要成效、2022年重点工作任务。纪检组组长王远光简要汇报“海关重点项目和财物管理以权谋私”专项整治工作有关情况。

23日 银川海关副关长张大平、杨海组织召开银川海关统筹口岸疫情防控和促进外贸稳增长工作指挥部专题会议，对关区疫情内部防控工作进行部署。

银川海关所属银川河东机场海关首次查验出口汽车。奇瑞汽车股份有限公司生产的4辆汽车，货值58600美元，经银川河东机场海关查验合格后由综合保税区发往口岸出口。

24日 银川海关关长刘世远、副关长杨海参加全国海关企业管理和稽查工作视频会议。

银川海关副关长张大平参加自治区打击整治枪支爆炸物品违法犯罪部际联席会议第四次全体会议暨全国专项行动推进会。

25日 银川海关缉私局局长颜宏伟召开专题会议研究安排缉私局疫情防控工作。

银川海关副关长祁云海赴银川河东机场海关开展调研，并指导联系点基层党建工作。

银川海关副关长杨海组织召开银川海关入境人员卫生检疫岗位和进口冷链食品安全监管工作人员封闭管理工作方案桌面推演。

银川海关党委纪检组组长王远光对联系点党支部特色品牌创建工作进行具体指导。

28日 银川海关副关长祁云海参加银川至天津港“一单制”铁海联运班列首发仪式。

30日 银川海关党委纪检组组长王远光主持召开专项整治工作综合组工作会议。

31日 银川海关副关长张大平召开视频会议对“百名科长百日督查”口岸疫情防控工作进行部署，并开展新冠疫情防控视频抽查。

银川海关党委纪检组组长王远光主持召开专项整治工作综合组工作会议。

银川海关政治部主任王珀赴石嘴山海关开展巡视整改专题调研。

30—31日 银川海关副关长杨海参加海关总署企业管理和稽查司业务工作部署会。

4月

1日 银川海关副关长祁云海主持召开关办公会专题研究督查审计自查推进工作。

银川海关副关长杨海主持召开隶属海关、事业单位疫情内部防控专题视频会议。

2日 银川海关党委纪检组组长王远光主持召开专项整治“逐一谈话”安排部署暨培训工作会议。

银川海关印发《银川海关工作人员感染新冠内部应急处置预案》（银关办发〔2022〕31号）。

银川海关印发《落实〈关于建立保护关心爱护疫情防控一线人员长效机制的工作措施〉责任分工》（银关人发〔2022〕32号）。

7日 银川海关副关长张大平组织召开“百名科长百日督查”工作专班会议。

银川海关党委纪检组组长王远光开展疫情防控视频随机检查。

11日 银川海关政治部主任王珀主持召开关区青年干部座谈会。

银川海关印发《银川海关关于〈“十四五”海关人才发展规划〉贯彻落实意见》《银川海关关于〈“十四五”海关干部教育培训规划〉贯彻落实意见》（银关人发〔2022〕35号）。

12日 银川海关副关长杨海、银川海关政治部主任王珀检查总关疫情内部防控工作。

银川海关印发《中共银川海关委员会关于学习贯彻习近平总书记重要讲话精神全面加强人才队伍建设的意见和措施》（银关党〔2022〕17号）。

13日 银川海关关长刘世远、副关长杨海参加全国海关风险防控专项行动推进会议。

银川海关缉私局局长颜宏伟主持召开缉私局2022年第一季度廉政形势分析会议。

14日 银川海关副关长张大平参加自治区打击治理电信网络新型违法犯罪工作会议。

银川海关副关长张大平、杨海组织召开指挥部专题会议指导银川海关内部应急处置桌面推演。

银川海关副关长张大平参加 2022 年全国海关口岸监管工作会议。

15 日　银川海关关长刘世远、副关长张大平参加全国海关安全生产电视电话会议。

银川海关副关长张大平召开“百名科长百日督查”工作专班推进会议。

16 日　银川海关关长刘世远主持召开指挥部专题会议，研究部署疫情防控工作。

18 日　银川海关政治部主任王珀调研银川河东机场海关基层党建工作。

银川海关印发《银川海关属地查检业务部门间联系配合运行机制（试行）》（银关稽发〔2022〕38 号）。

19 日　银川海关副关长杨海主持召开人大政协建议提案办理工作会议。

20 日　银川海关关长、党委书记刘世远主持召开银川海关第 48 次形势分析及工作督查例会。

21 日　银川海关召开关区安全生产工作领导小组会议。银川海关副关长张大平传达学习习近平总书记关于安全生产工作的重要指示批示精神，同时传达了自治区和海关系统安全生产电视电话会议精神。关长刘世远就加强关区安全生产工作提出要求。

22 日　银川海关副关长张大平参加 2022 年自治区一季度经济形势分析会。

24 日　银川海关党委纪检组组长王远光组织召开专项整治工作专题会议。

银川海关印发《银川海关技术性贸易措施工作指引（试行）》（银关综一〔2022〕43 号）。

25 日　银川海关副关长张大平召开“百名科长百日督查”工作专班会议。

26 日　银川海关副关长杨海主持召开银川海关信访工作领导小组会议、银川海关密码工作领导小组会议。

27 日　银川海关组织开展内部防控应急处置演练。

银川海关印发《银川海关基层政务公开标准目录》（银关办公发〔2022〕17 号）。

28 日　银川海关召开“保密宣传教育月”专题警示教育活动。

银川海关副关长杨海参加自治区国家安全工作会议。

银川海关印发《银川海关安全生产大检查工作方案》（银关综二〔2022〕45 号）。

29 日　银川海关副关长张大平参加自治区党委全面依法治区委员会执法协调小组第三次全体（扩大）会议。

银川海关副关长祁云海带队检查银川海关疫情防控物资储备库。

5 月

5 日　银川海关举行升国旗仪式。银川海关党委委员、总关机关及事业单位关警员代表整齐列队，向国旗敬礼。

银川海关副关长张大平主持召开新冠疫情防控安全防护领导小组会议。

银川海关政治部主任王珀赴技术中心中卫实验室调研。

6 日　银川海关关长刘世远主持召开银川海关统筹口岸疫情防控和促进外贸稳增长工作指挥部会议。

银川海关政治部主任王珀赴中卫海关调研。

7 日　银川海关关长刘世远列席自治区党

委常委会议。

银川海关副关长祁云海参加关区危险化学品安全生产监管工作会议。

8日 银川海关关长刘世远参加2022年宁夏第二批重大项目集中开工现场推进会。

9日 银川海关关长刘世远参加全国促进外贸外资平稳发展电视电话会议。

银川海关副关长张大平参加全国新冠疫情防控工作电视电话会议。

自治区党委副秘书长文学林带队与银川海关开展调研座谈。双方就促进自治区外贸保稳提质进行深入探讨交流。银川海关副关长杨海介绍了银川海关机构设置和基本业务运行等情况，主要业务职能处室重点围绕各自职能分工详细介绍了银川海关服务自治区外贸发展的相关举措。文学林对银川海关支持自治区对外开放表示感谢，并对银川海关信息工作报送成效表示赞赏。

银川海关组织开展“讲政治见行动——青春逐梦新征程”青年理论学习成果交流展示活动。通报表扬了银川海关“青年学习标兵”，4名青年代表结合自身工作，就理论学习取得的收获作交流发言。

10日 银川海关关长刘世远参加自治区政府常务会议。

银川海关副关长张大平参加2022年自治区减灾委、抗震救灾指挥部全体会议暨全区自然灾害综合风险普查工作会议。

11日 银川海关召开“促进外贸保稳提质十条措施”部署推进会。受关长刘世远委托，副关长祁云海、副关长杨海主持召开会议，听取汇报关区相关工作推进落实情况，研究部署落实举措。

银川海关副关长祁云海前往保健中心检查新冠疫情防控工作。

12日 银川海关关长刘世远列席自治区第十八次常委会。

银川海关副关长张大平参加自治区应对新冠疫情工作指挥部第22次全体会议。

银川海关党委纪检组组长王远光主持召开专项整治工作推进会。

13日 海关总署署长俞建华通过视频方式听取了银川海关关长刘世远关于银川海关工作情况的汇报，并提出四点工作要求，特别强调要关心关爱一线干部职工，要把海关总署党委对一线干部职工的关心关爱传递下去。银川海关关长刘世远要求各单位各部门要认真组织学习贯彻署长俞建华的工作要求。

银川海关缉私局局长颜宏伟参加缉私局青年民警座谈会。

银川海关政治部主任王珀主持召开关区基层党建“书记项目”推进会。

16日 银川海关举办学习贯彻总体国家安全观专题辅导讲座。邀请北方民族大学马克思主义学院李红梅教授围绕“以总体国家安全观为指引 谱写国家安全的新篇章”为全体关警员作专题辅导。

银川海关印发《银川海关党委议事清单》（银关党发〔2022〕23号）。

银川海关印发《银川海关实验室仪器设备绩效考核实施细则（试行）》（银关科〔2022〕50号）。

17日 银川海关副关长张大平参加“百名科长百日督查”座谈会。

18日 银川海关副关长杨海主持召开专题会议组织研讨银川海关促进地方外贸保稳提质

举措。

17—18 日　银川海关党委纪检组组长王远光赴石嘴山海关、石嘴山保税物流中心开展专题调研。

19 日　银川海关缉私局局长颜宏伟以普通党员身份参加缉私局党支部“感悟新时代国家安全观 党建助力建设平安宁夏”联合主题党日活动。

银川海关政治部主任王珀参加银川海关“奋斗者·正青春”执法一线科长、隶属海关办公室主任交流座谈会。

20 日　银川海关副关长张大平参加海关总署关税征管司综合治税电视电话会议。

银川海关副关长祁云海赴兴庆海关调研指导促进外贸保稳提质相关工作，并与兴庆海关基层党支部联系点开展座谈。

银川海关印发《银川海关促进宁夏外贸保稳提质 15 条举措》（银关办发〔2022〕51 号）。

23 日　银川海关关长、党委书记刘世远主持召开银川海关第 49 次形势分析及工作督查例会。

银川海关关长刘世远主持召开关务会。会议审议通过《银川海关企业信用培育工作实施细则（试行）》《银川海关采购管理实施细则（试行）》和《银川海关机房管理办法（试行）》。

银川海关副关长杨海赴兴庆海关开展疫情防控督导检查。

银川海关党委纪检组组长王远光组织召开专项整治工作专题会议。

银川海关印发《2022 年银川海关减轻企业负担工作实施方案》（银关办公发〔2022〕20 号）。

24 日　银川海关副关长杨海赴自治区商务厅调研促进外贸保稳提质相关工作。与自治区商务厅主管副厅长及各相关部门围绕助企纾困保稳提质开展交流座谈。通报了海关总署及银川海关促进外贸保稳提质的若干措施，听取了商务部门收集反馈的企业需求。

25 日　银川海关关长刘世远带队赴宁东能源化工基地调研。先后到宁东会客厅、煤制油项目观礼台、晓星氨纶、五恒化学、现代煤化工中试基地开展实地调研，宁东基地党工委副书记、管委会主任陶少华陪同调研并全程讲解宁东发展建设情况。

银川海关副关长张大平参加 2022 年自治区食品药品安全委员会全体会议。

银川海关副关长祁云海带队赴外贸企业开展保稳提质专题调研。

银川海关副关长杨海参加 2022 年第一次口岸国家安全联合防控联席会议。

银川海关二级巡视员刘江参加自治区市场监管领域部门联合“双随机、一公开”监管工作联席会议和自治区知识产权战略实施工作部门联席会议。

26 日　银川海关关长刘世远主持召开专题会议传达贯彻全国稳住经济大盘电视电话会议及自治区稳经济、保增长、促发展电视电话会议精神。

27 日　银川海关副关长张大平参加自治区应对新冠疫情工作指挥部第 17 次周例会。

银川海关副关长张大平带队调研银川综合保税区。

银川海关副关长杨海带队赴银川经济技术开发区相关企业调研。

银川海关党委纪检组组长王远光到兴庆海关开展“扎实推动专项整治工作，夯实基础防范三大风险”专题调研。

29 日 银川海关关长刘世远参加中国共产党宁夏回族自治区直属机关代表会议。

银川海关副关长祁云海参加自治区政府专题会议。

30 日 银川海关党委书记、关长刘世远主持召开党委会。传达学习全国稳住经济大盘电视电话会议和自治区稳经济、保增长、促发展电视电话会议精神，听取各隶属海关和相关职能部门贯彻落实《海关总署关于银川海关印发促进外贸保稳提质十条措施的通知》《银川海关促进宁夏外贸保稳提质 15 条举措》工作情况汇报，安排部署下一步工作。

31 日 银川海关副关长杨海赴自治区发展改革委、市场监管厅调研促进外贸保稳提质相关工作。

银川海关印发《银川海关采购管理实施细则（试行）》（银关财〔2022〕54 号）。

6 月

1 日 银川海关副关长杨海组织对端午节前关区疫情内部防控、值班应急、安全管理等工作情况进行了检查。

5 月 31 日—6 月 1 日 银川海关党委纪检组组长王远光赴西吉县兴平乡王湾村调研指导定点帮扶工作。

7 日 银川海关关长刘世远陪同自治区党委书记梁言顺在银川调研全区经济运行情况。前往银川综合保税区，察看跨境 O2O 体验中心进出口产品展示，了解园区企业数量、通关服务、跨境电商交易等情况。前往银川公铁物流园了解陆路口岸功能和物流通道拓展情况，肯定了“多式联运、一单到底”的成效。其间，关长刘世远向书记梁言顺汇报了全区外贸形势和进出口贸易情况。

9 日 银川海关党委纪检组组长王远光对各单位各部门“一把手”开展集体廉政谈话。

10 日 银川海关组织全体党员干部职工通过电视、网络直播等形式集中收看自治区第十三次党代会开幕实况。

银川海关副关长杨海参加全国海关稽查协作区工作部署视频会议并提出工作要求。

13 日 银川海关党委纪检组组长王远光主持召开专项整治迎检工作动员部署会。

10—13 日 银川海关关长刘世远以代表身份参加自治区第十三次党代会。

银川海关副关长张大平走进口岸封管区参与疫情防控演练。

银川海关政治部主任王珀调研兴庆海关全面从严治党工作。

14 日 银川海关关长刘世远主持召开专项整治工作领导小组会议。

银川海关印发《银川海关生物安全体系建设方案》（银关卫发〔2022〕59 号）。

15 日 银川海关政治部主任王珀参加区直机关学习宣传贯彻自治区第十三次党代会精神宣讲报告会。

16 日 银川海关关长刘世远参加自治区政府第七次全体（扩大）会议。

银川海关副关长张大平参加科技发展司 2022 年网络攻防演习工作电视电话会议并提出要求。

银川海关缉私局局长颜宏伟参加缉私局第四党小组组织生活会。

17 日　银川海关副关长祁云海带队赴宁夏塞北雪有限公司助力进境粮食加工企业纾困解难。

银川海关政治部主任王珀组织召开驻村工作推进会。

18 日　银川海关副关长杨海参加自治区建设黄河流域生态保护和高质量发展先行区推进会。

19 日　银川海关关长刘世远主持召开党委（扩大）会议暨安全生产领导小组（扩大）会议。传达学习习近平总书记关于安全生产的重要指示批示精神，研究贯彻海关总署署长俞建华关于海关安全生产的有关批示要求，通报下阶段关区安全生产大检查工作计划，并对下一步工作进行安排部署。

20 日　银川海关关长刘世远主持召开银川海关第 50 次形势分析及工作督查例会。

银川海关关长刘世远主持召开关务会。会议审议通过《银川海关兼职督审人员库管理办法（试行）》。

21 日　海关总署专项整治第十五督导检查组与银川海关举行视频督导检查见面会。银川海关党委书记、关长、专项整治工作领导小组组长刘世远向第十五督导检查组全面汇报了银川海关专项整治工作动员部署和自查阶段工作情况，并要求“迎检”工作组要提高思想认识、积极支持配合督导检查工作组开展工作，摆正自身位置，虚心坦诚接受监督，全力以赴配合做好视频督导检查各项工作。第十五督导检查组组长刘光明充分肯定了银川海关专项整治工作推进情况，向大家介绍了此次专项整治工作视频督导检查的主要工作安排，并对做好督导检查工作提出了要求。

银川海关副关长祁云海调研技术中心中卫实验室。

银川海关印发《银川海关防范化解重大、系统性风险任务分工》（银关党〔2022〕27 号）。

22 日　银川海关副关长祁云海带队出席第五届枸杞产业博览会。

银川海关副关长祁云海带队检查技术中心中卫实验室安全生产工作。

银川海关印发《银川海关企业信用培育工作实施细则（试行）》（银关稽发〔2022〕63 号）。

23 日　银川海关关长刘世远赴中卫海关宣讲自治区第十二次党代会精神。

银川海关副关长张大平带队赴银川河东机场海关开展安全生产大检查工作。

银川海关副关长张大平赴银川河东机场海关基层联系点开展党代会精神专题宣讲。

银川海关副关长杨海走访调研宁东能源化工基地精细化工企业。

银川海关政治部主任王珀参加银川海关老干部“七一”活动。组织关区老干部前往宁东会客厅，开展“看宁东新发展 喜迎党的二十大”参观见学活动。

银川海关印发《银川海关兼职督审人员库管理办法（试行）》（银关督〔2022〕64 号）。

24 日　银川海关党委理论学习中心组开展集体学习和研讨交流。集中学习了习近平总书记关于安全生产工作的重要论述、在中央政治局第三十九次集体学习时的重要讲话精神、在中央政治局第四十次集体学习时的重要讲话精神，以及中央关于离退休干部党的建设相关文件。

宁夏首票跨境电商零售出口跨关区转关物

品在银川海关监管下，于银川综合保税区综合监管查验中心完成申报、查验，由海关监管车转运至杭州萧山国际机场，搭乘航班发往美国，标志着宁夏正式开通跨境电商零售出口跨关区转关监管模式。

25 日　银川海关关长刘世远参加自治区党委常委（扩大）会议。

28 日　银川海关副关长张大平在自治区参加全国疫情防控工作电视电话会议。

银川海关副关长杨海在自治区参加涉企违规收费专项整治行动全国电视电话会议。

29 日　银川海关副关长张大平参加自治区党委全面依法治区委员会办公室第七次（扩大）会议暨全区行政应诉突出问题专项治理部署会。

30 日　银川海关副关长张大平主持召开关区党的二十大网络安全保障暨 2022 年网络攻防实战演习动员部署会议。

7月

1—2 日　银川海关以视频形式参加全国海关年中工作会议。

4 日　银川海关党委纪检组组长王远光及全体纪检监察干部参加驻署纪检监察组专题党课。

5 日　银川海关召开关区年中工作会议。关长刘世远进行讲话，全面总结 2022 年上半年主要工作情况，分析当前工作面临的形势和存在的主要问题，安排布置下半年重点工作。银川海关副关长张大平主持会议，传达学习全国海关年中工作会议主要精神，并对贯彻落实海关总署及银川海关年中工作会议精神提出要求。银川海关副关长杨海对银川海关保稳提质前期主要工作情况和阶段性成效进行了总结，并就进一步推进促进外贸保稳提质进行安排布置。政工办、中卫海关、技术中心、综合业务二处围绕“守国门、促发展”，紧密结合自身工作职责进行交流发言。

银川海关开展学习贯彻自治区第十三次党代会精神参观见学活动。参观宁夏枸杞文化馆，详细了解宁夏枸杞知识、文化历史，听取现代枸杞产业高质量发展历程和“十四五”宁夏枸杞产业发展规划等内容。银川海关副关长张大平、纪检组组长王远光、政治部主任王珀及各单位各部门主要负责人参加活动。

银川海关副关长祁云海带队赴宁东调研助企纾困工作。

银川海关二级巡视员刘江在自治区参加 2022 年全国打击侵权假冒工作电视电话会议。

6 日　银川海关关长刘世远为关区全体党员干部作专题党课辅导。

银川海关副关长张大平参加自治区应对疫情工作指挥部第 23 次周例会暨整治疫情防控“层层加码”问题专班会议。

银川海关印发《关于加强党委对重要业务工作和重要改革事项政治把关的意见（试行）》（银关党发〔2022〕33 号）。

4—6 日　银川海关举办学习贯彻自治区第十三次党代会精神专题学习班。

7 日　银川海关副关长张大平参加防止口岸危险化学品积压问题视频会议。

银川海关副关长张大平参加海关总署“百名科长百日督查”工作总结会。

8 日　银川海关副关长张大平参加海关总署优化非冷链物品疫情防控措施专题视频会议。

银川海关政治部主任王珀前往银川河东机场海关调研指导“两个专项”工作。

7—8 日　银川海关副关长杨海在厦门参加全国海关政策研究工作专题会议。

14 日　银川海关政治部主任王珀前往石嘴山海关实地调研。

银川海关印发《银川海关新型冠状病毒口岸防控技术方案（第九版）》（银关卫〔2022〕73 号）。

15 日　银川海关政治部主任王珀走访自治区乡村振兴局。

银川海关所属石嘴山海关保障宁夏米伴侣首次输港。由中粮米业（宁夏）有限公司生产加工的 334 箱金盈十二谷米伴侣经石嘴山海关检验监管后放行发往香港地区，这是宁夏米伴侣首次输港。

19 日　银川海关副关长张大平参加自治区党委常委（扩大）会议。

20 日　银川海关政治部主任王珀参加自治区上半年经济形势分析会。

银川海关召开关党委会研究部署“口岸危险品综合治理”百日专项行动。

21 日　银川海关副关长张大平参加自治区应对疫情工作指挥部第 25 次周例会。

区直机关工委督查银川海关党建工作开展情况。银川海关政治部主任王珀带队与督查组同志进行座谈交流。银川海关部署开展“口岸危险品综合治理”百日专项行动。

银川海关所属兴庆海关保障宁夏乙酸乙烯酯首次出口。由中国石化长城能源化工（宁夏）有限公司生产的 3 坦克罐、66 吨乙酸乙烯酯经过兴庆海关检验合格，顺利发车前往口岸，出口至泰国和越南，这是宁夏首次出口此类产品。

27 日　银川海关副关长张大平在自治区党委宣传部参加全国“扫黄打非”督查迎检工作动员部署会。

28 日　银川海关副关长杨海检查督导兴庆海关促进外贸保稳提质工作。

银川海关副关长杨海在自治区政府参加“全国成品油行业专项整治”视频会。

银川海关党委纪检组组长王远光赴中宁县原套村驻村工作队调研指导工作。

银川海关所属兴庆海关完成宁夏首家出口西甜瓜果园与包装厂备案现场考核工作，审核组在申报材料审核合格的情况下，赴企业果园生产基地及包装厂进行符合性评审。

29 日　银川海关关长、党委书记刘世远主持召开外贸形势分析和工作督查例会。

银川海关副关长张大平参加自治区应对疫情工作指挥部第 26 次周例会暨联合应对“7 · 19”输入性鼠疫突发疫情、整治疫情防控“层层加码”问题专班会议。

30 日　银川海关关长刘世远参加自治区党委理论学习中心组（扩大）学习。

31 日　银川海关副关长杨海检查节假日应急值守、安全保障和疫情内部防控等工作。

8 月

1 日　银川海关关长刘世远陪同自治区政府副主席王道席调研银川综合保税区。先后调研综合保税区跨境电商产业园、炬翼跨境电商分拨中心和如意纺织厂，随后召开座谈会，听取银川综合保税区、银川市政府、自治区商务厅和银川海关有关工作汇报。关长刘世远就海关支持银川综合保税区建设工作情况进行了汇报。副主席王道席对海关支持银川综合保税区建设给予了充分肯定并表示感谢，并要求银川海关要继续发挥好职能作用，积极支持银川综合保税区高质量发展。

2日 银川海关印发《2022年银川海关年中工作会议重点任务分工》（银关办发〔2022〕81号）。

3日 银川海关副关长杨海在自治区政府参加12345热线受理全区企业投诉工作（试运行）专题会。

5日 银川海关副关长张大平参加自治区工业园区等功能区安全专项整治三年行动领导小组会议暨化工园区建设认定专题会议。

8日 银川海关关长刘世远参加自治区应对疫情工作指挥部第23次全体（扩大）会议。

银川海关关长刘世远主持召开统筹口岸疫情防控和促进外贸稳增长工作指挥部会议。

银川海关开设政策法规“云课堂”，各职能部门和隶属关的业务专家就减免税业务、RCEP原产地政策、企业信用培育、出口枸杞检疫监管要求进行详细解读，关区80余家企业代表参加宣讲活动。

银川海关印发《银川海关开展习近平总书记视察宁夏重要讲话和重要指示批示精神“大学习、大讨论、大宣传、大实践”活动实施方案》（银关党发〔2022〕34号）。

9日 银川海关副关长张大平参加2022年全区冷凉蔬菜产业高质量发展专题会。

10日 银川海关关长刘世远参加自治区推进“一带一路”暨宁夏内陆开放型经济试验区建设领导小组会议。

银川海关党委纪检组组长王远光走访自治区纪委监委。向第五监督检查室通报了银川海关党委纪检组主要工作和“海关重点项目和财物管理以权谋私”专项整治工作整改情况。双方就信访举报受理处置中的有关问题进行交流。

12日 银川海关副关长张大平陪同自治区“扫黄打非”工作领导小组调研银川河东机场海关“扫黄打非”工作。

银川海关副关长杨海通过视频会议主持召开关办公会，研究隶属海关机要档案室建设相关事宜。

银川海关组织开展保密教育轮训暨“共铸保密之盾”主题党日活动。

银川海关党委纪检组组长王远光主持召开“海关重点项目和财物管理以权谋私”专项整治工作问题整改推进会。

13日 银川海关关长刘世远在宁夏悦海会议中心参加2022年全区重大项目建设观摩推进会。

15日 银川海关政治部主任王珀主持召开巡察“回头看”工作动员部署会。

16日 银川海关副关长张大平参加自治区应对疫情工作指挥部第28次周例会暨整治疫情防控“层层加码”问题专班会议。

17日 银川海关关长刘世远在自治区参加全国稳外贸稳外资扩消费电视电话会议。

银川海关副关长张大平参加海关总署疫情防控政策解读视频会议。

18日 银川海关副关长张大平参加“2022跨国公司高管及驻华外交官宁夏行”投资推介会。

19日 银川海关关长刘世远参加自治区党委常委（扩大）会议。

银川海关缉私局局长颜宏伟主持召开缉私

局上半年廉政形势分析暨反腐败工作会议。

17—19日　海关总署巡视办主任刘卫带队现场督导检查银川海关党委巡视整改工作。检查组一行听取了总关党委的工作汇报、查看了巡视整改台账、开展了群众满意度测评，并先后前往中卫海关、银川河东机场海关进行延伸调研检查。

22日　银川海关党委纪检组组长王远光主持召开会议研究部署2022年巡视整改专项监督工作。

23日　银川海关缉私局局长颜宏伟参加海关总署缉私局打击整治“百日行动”第二次视频推进会。

24日　银川海关副关长张大平参加自治区应对疫情工作指挥部第29次周例会暨整治疫情防控“层层加码”问题专班会议。

银川海关副关长张大平参加自治区“扫黄打非”工作领导小组第二次会议。

银川海关副关长杨海参加全区文化旅游产业高质量发展工作推进会。

25日　银川海关副关长张大平参加自治区人民政府第131次常务会议。

银川海关副关长祁云海、银川海关副关长杨海主持召开关办公会研究检验检疫单证工作。

26日　银川海关副关长张大平参加全区会展博览产业高质量发展工作推进会、全区电子商务产业高质量发展工作推进会。

银川海关副关长祁云海参加2022年中央驻宁预算单位部门预算监管工作会议。

银川海关印发《银川海关外贸形势分析会议制度（试行）》（银关综一发〔2022〕89号）。

银川海关举办“学习强国”达人挑战赛选拔赛。

29日　银川海关召开加强新时代廉洁文化建设暨警示教育大会。

银川海关关长刘世远在自治区参加全国深化“放管服”改革持续优化营商环境电视电话会议。

银川海关副关长祁云海带队赴技术中心开展实验室安全检查。

银川海关副关长杨海参加全区打击侵犯知识产权和制售假冒伪劣商品工作领导小组会议。

银川海关副关长杨海主持召开业务风险跨部门联合研判工作会议。

银川海关成立银川海关关心爱护疫情防控一线人员工作领导小组。

银川海关印发《银川海关业务风险跨部门联合研判机制工作方案》（银关综一发〔2022〕92号）。

30日　银川海关副关长张大平参加自治区应对疫情工作指挥部第30次周例会暨整治疫情防控“层层加码”问题专班会议。

银川海关副关长祁云海参加银川市园区“保牌进位”专题会议。

银川海关副关长杨海带队开展助企纾困百日回访。

银川海关印发《银川海关保护关心爱护疫情防控一线人员工作方案》（银关人发〔2022〕91号）。

31日　银川海关副关长杨海前往石嘴山海关实地调研，并对石嘴山相关外贸企业开展助企纾困百日回访。

9月

1日 银川海关副关长张大平主持召开“口岸危险品综合治理”百日专项行动阶段性工作会议。

银川海关缉私局召开政治督察动员会。督察组组长王向荣就全力做好政治督察作动员讲话，缉私局党组书记、局长颜宏伟代表党组作表态发言。政治督察组听取缉私局党组全面工作汇报。

银川海关副关长杨海参加全区“六权”改革推进会。

银川海关党委纪检组组长王远光检查督导技术中心、保健中心专项整治整改和警示教育工作。

2日 银川海关党委纪检组组长王远光督导检查财务处、科技处、后勤管理中心专项整治整改工作。

5日 银川海关副关长祁云海在自治区参加“共创食安新发展 共创美好新生活”2022年宁夏食品安全宣传周启动仪式。

6日 银川海关缉私局局长颜宏伟陪同国家林草局调研组一行在银川海关开展调研。

7日 银川海关召开党务干部培训班开班式暨关区党建工作高质量发展推进会。银川海关政治部主任王珀出席会议。

银川海关副关长杨海带队赴宁东开展促进外贸保稳提质助企纾困百日回访专项调研。

8日 银川海关副关长张大平参加全区深化“放管服”改革持续优化营商环境电视电话会议。

9日 银川海关关长刘世远主持召开统筹口岸疫情防控和促进外贸稳增长工作指挥部会议。传达学习全国海关疫情防控工作专题视频会议和自治区新冠疫情防控工作会议精神，安排部署关区疫情防控工作。

银川海关副关长张大平在自治区参加全国新冠疫情防控工作电视电话会议。

13日 银川海关副关长张大平参加全区党的二十大网络安全保障工作推进会。

14日 银川海关副关长张大平参加自治区应对疫情工作指挥部第31次周例会暨整治疫情防控“层层加码”问题专班会议。

银川海关二级巡视员刘江参加自治区党委全面依法治区委员会办公室第八次会议。

15日 银川海关副关长祁云海视频参加海关总署2022年“全国海关食品安全宣传周”主题日活动。

16日 银川海关副关长张大平参加自治区人民政府第134次常务会议。

19日 银川海关副关长张大平参加全区国庆假期及前后新冠疫情防控工作实施方案培训会。

银川海关副关长杨海参加自治区党委常委会议暨统一战线工作领导小组第2次会议。

20日 银川海关召开统筹口岸疫情防控和促进外贸稳增长工作指挥部会议。传达自治区党委疫情防控领导小组紧急会议精神，听取各成员单位、部门应对中宁县突发疫情情况汇报，研究部署处置应对工作。

银川海关副关长张大平参加自治区党委疫情防控领导小组紧急会议。

银川海关副关长杨海对兴庆海关稽查工作进行现场督导并通过“四不两直”方式检查相关工作。

银川海关政治部主任王珀参加全区学习

《习近平谈治国理政》第四卷理论研讨会暨党委（党组）理论学习中心组学习经验交流会。

21日 银川海关召开统筹口岸疫情防控和促进外贸稳增长工作指挥部会议。通报自治区最新疫情防控工作情况，听取各成员单位、部门处置应对疫情工作情况汇报，研究部署进一步疫情防控举措。

银川海关副关长张大平参加自治区人民政府第135次常务会议。

26日 银川海关副关长杨海参加全国海关企业管理和稽查系统信息新闻宣传工作视频会议并对稽查处工作提出要求。

27日 银川海关召开关务会（扩大）安排布置国庆期间和党的二十大召开期间有关工作。会议通报了关区近期疫情内部防控工作情况，审议通过《银川海关财务管理办法》《银川海关采购档案管理规程（试行）》《银川海关基本建设管理办法》，安排部署国庆期间和党的二十大召开期间有关工作。

银川海关副关长张大平向自治区副主席王道席作专题汇报。

银川海关副关长杨海主持召开银川海关业务风险跨部门联合研判会议。

银川海关党委纪检组组长王远光督导检查廉政档案工作。

29日 银川海关副关长张大平主持召开关区党的二十大网络安全保障工作推进会。

银川海关副关长杨海主持召开值班工作会议安排布置国庆假期和党的二十大召开期间值班工作。

10月

3日 银川海关首批赴厦门海关对口帮扶队员圆满完成跟班学习任务。

9日 银川海关召开统筹口岸疫情防控和促进外贸稳增长工作指挥部会议。通报自治区最新疫情防控工作情况，听取各成员单位、部门处置应对疫情工作情况汇报，研究部署进一步疫情防控举措。

10日 银川海关党委纪检组组长王远光视频督导检查隶属海关疫情防控工作。

11日 银川海关印发《银川海关"跨境电商寄递'异宠'综合治理"专项行动方案》（银关综三发〔2022〕98号）。

13日 银川海关参加海关系统"全力以赴做好党的二十大召开期间安全生产工作"电视电话会议。

16日 银川海关党委书记、关长邹峰及各党委委员在总关集中收听收看党的二十大开幕会直播盛况。

17日 海关总署党委委员、银川海关政治部主任许大纯出席关长邹峰的任职仪式。银川海关政治部主任许大纯宣读任免职文件，新任关长邹峰、关长刘世远分别作表态发言。任职仪式通过视频方式举行，总关党委委员，二级巡视员，总关机关各部门负责人参加任职仪式。

银川海关党委书记、关长邹峰主持召开党委会。围绕习近平总书记所作的党的二十大报告进行专题学习，交流心得体会，并对抓好近期学习宣传贯彻党的二十大精神作出安排；传达学习海关总署署长俞建华、银川海关政治部主任许大纯的指示要求，安排贯彻落实工作；学习《党委会的工作方法》。

银川海关印发《银川海关财务管理办法》《银川海关采购档案管理规程（试行）》《银

川海关基本建设管理办法》（银关财发〔2022〕101 号）。

18 日 银川海关副关长张大平通过二级监控指挥中心对各隶属海关报关大厅、各监管作业场所开展疫情内部防控、安全防护视频检查。

银川海关党委纪检组组长王远光线上指导基层联系党支部学习党的二十大报告。

自治区政府副主席刘可为对银川海关所属石嘴山海关积极配合建立惠农车辆临时接驳站提出肯定和表扬。

21 日 银川海关副关长张大平视频检查指导石嘴山保税物流中心用作惠农区高速临时接驳站运行情况。

23 日 银川海关党委书记、关长邹峰及各党委委员在总关集中收看新一届中央政治局常委同中外记者见面会。

24 日 银川海关组织参加全国海关学习宣传贯彻党的二十大精神视频会议。海关总署党委书记、署长俞建华出席会议，传达党的二十大主要精神并对全国海关学习宣传贯彻党的二十大精神提出具体要求，出席和列席党的二十大的署领导作宣讲交流讲话。

银川海关政治部主任王珀在专用通信局参加自治区传达贯彻党的二十大精神会议。

25 日 银川海关领导对银川海关政务信息工作批示肯定。关长邹峰、副关长杨海分别在《自治区人民政府办公厅关于 2022 年第三季度政务信息报送采用情况的通报》（宁政办信息函〔2022〕9 号）上作出批示。

银川海关党委纪检组组长王远光为全体纪检干部作专题党课辅导。

26 日 银川海关副关长祁云海指导财务处党支部学习贯彻党的二十大精神。

银川海关副关长祁云海视频检查指导保健中心安全生产和收费管理工作。

银川海关副关长杨海检查关区值班工作并提出要求。

27 日 银川海关召开学习宣传贯彻党的二十大精神视频会议。银川海关党委书记、关长邹峰传达党的二十大精神要点和海关总署党委、自治区党委有关要求，银川海关副关长祁云海、纪检组组长王远光作学习交流发言。会议以视频形式召开，在家关领导、总关机关副处级以上干部在主会场参会，其他人员在各分会场参会。

银川海关关长邹峰主持召开关区外贸形势分析会。

28 日 自治区政府副主席王道席听取银川海关关长邹峰的工作汇报。副主席王道席充分肯定银川海关主动作为，积极助力自治区外贸提速增效，为宁夏高水平开放高质量发展所作的贡献；希望银川海关深入学习贯彻党的二十大精神，结合自治区第十三次党代会部署，在提升对外开放通道平台建设、申建银川国际公铁物流港保税物流中心（B 型）、优化各地市海关特殊监管区域功能作用发挥、推动自治区外贸高质量发展、向自贸试验区升级等方面积极建言献策，给予全力支持。关长邹峰表示，银川海关将按照自治区党委政府的工作部署和总体要求，更加积极主动融入自治区经济社会发展大局，加强政策深度研究，支持做优开放平台布局，不断优化监管服务模式，助力企业保稳提质增效，在更广范围、更深层次、以更实举措为建设美丽新宁夏贡献海关力量。

银川海关关长邹峰参加中共宁夏回族自治

区第十三届委员会第二次全体会议。

银川海关副关长祁云海在自治区专用通信局参加全国今冬明春保暖保供工作电视电话会议。

银川海关党委纪检组组长王远光主持召开纪检组会议，学习十九届中央纪律检查委员会工作报告。

银川海关政治部主任王珀为人事教育处党支部讲授学习宣传贯彻党的二十大精神专题党课。

31 日 银川海关关长邹峰以视频方式参加海关总署党委理论学习中心组（扩大）学习暨司局级主要负责同志学习贯彻党的二十大精神培训班。海关总署党委书记、署长俞建华作全国海关学习宣传贯彻党的二十大精神开班动员讲话。总关党委委员，二级巡视员，各单位各部门主要负责人和党员干部代表参加。

银川海关政治部主任王珀参加区直机关传达贯彻党的二十大精神会议。

11 月

1 日 银川海关党委书记、关长邹峰主持召开党委理论学习中心组学习。会上学习了习近平总书记在中共中央政治局第一次集体学习时发表的重要讲话精神、《中共中央关于认真学习宣传贯彻党的二十大精神的决定》，传达学习海关总署署长俞建华在海关总署党委理论学习中心组（扩大）学习暨司局级主要负责同志学习贯彻党的二十大精神专题培训班上的讲话精神、区直机关工委关于学习宣传贯彻党的二十大精神有关要求。党委委员围绕学习贯彻党的二十大精神，聚焦海关总署指定的研讨题目，结合思想实际和分管工作，进行了深入的研讨交流。

银川海关副关长张大平参加自治区应对疫情工作指挥部第 33 次周例会（扩大）会议暨整治疫情防控“层层加码”问题专班会议。

银川海关印发《银川海关工作秘密事项清单》（银关办发〔2022〕105 号）。

2 日 银川海关关长邹峰以视频形式参加海关总署举行的学习党的二十大精神宣讲报告会。

银川海关缉私局局长颜宏伟参加缉私局第三季度廉政形势分析暨反腐败工作会议。

3 日 银川海关党委书记、关长、巡察工作领导小组组长邹峰主持召开巡察工作领导小组会议。

银川海关关长邹峰以视频形式参加海关总署“口岸危险品综合治理”百日专项行动总结暨常态化工作部署会。

4 日 银川海关关长邹峰以视频形式参加海关总署举行的学习贯彻党的二十大精神宣讲报告会。中央宣讲团成员、十三届全国政协常委、经济委员会副主任谢伏瞻作宣讲报告。总关党委委员，二级巡视员，各单位各部门主要负责同志和党员代表参加。

7 日 自治区政府主席张雨浦听取银川海关关长邹峰的工作汇报。深入了解银川海关在推动跨境电商等贸易新业态创新发展、支持中建银川国际公铁物流港保税物流中心（B 型）、深化 AEO 国际合作、RCEP 政策应用等工作，充分肯定了银川海关主动作为，积极助力自治区外贸提速增效，为宁夏高水平开放高质量发展所作的贡献；希望银川海关深入学习贯彻党的二十大精神，结合自治区第十三次党代会部署，进一步发挥身处对外开放前沿优势和贸易统计分析优势，在拓展对外开放通道，培育贸易新业态，优化海关特殊监管区域布局，发挥会展经济带动效应，推动自治区外贸高质量发展等方面多提建议多出主意，支持做实做强对外贸易。银川海关关长邹峰表示，银川海关将按照自治区党委政府的工作部署和总体要求，更加积极主动融入自治区经济社会发展大局，加强政策深度研究，支持做优开放平台布局，不断优化监管服务模式，助力企业保稳提质增效，在更广范围、更深层次、以更实举措为建设美丽新宁夏贡献海关力量。当日，关长邹峰按照主席张雨浦的工作要求，立即进行传达布置，银川海关副关长张大平组织办公室、综合业务一处、综合业务二处、综合业务三处、稽查处等相关部门围绕自治区领导关注的重点和要求，迅速开展政策收集梳理和研究，结合宁夏现状和实际，提出工作意见建议。

银川海关二级巡视员刘江参加自治区国有资产管理改革专项小组会议暨社会信用体系建设领导小组会议。

8日　自治区党委常委、副主席陈春平听取银川海关关长邹峰的工作汇报。充分肯定银川海关一直以来对支持宁夏高水平对外开放所作的贡献，希望进一步在银川综合保税区的新业态发展和项目引进等方面提供政策指导，通过物流交汇带动产业集聚发展；同时，对于需要自治区扶持支持的发展事项，积极提出建议措施，共同推动各类海关特殊监管区域充分发挥出平台功能优势，促进自治区对外贸易质量的提升。关长邹峰表示，银川海关将继续紧密结合自治区对外开放发展规划部署，在支持自治区做优口岸平台、畅通贸易通道、优化产业布局等方面，主动思考研究，积极建言献策，着力帮助自治区和外贸企业用足用好各类海关政策，以更实举措推动自治区高水平开放高质量发展。

银川海关印发《银川海关学习宣传贯彻党的二十大精神工作方案》（银关党发〔2022〕43号）。

9日　银川海关举办关党委理论学习中心组（扩大）学习暨各部门单位主要负责同志学习贯彻党的二十大精神培训班。

银川海关党委纪检组组长王远光指导基层联系点党支部深入学习贯彻党的二十大精神。

10日　一批由宁夏西鸽酒庄有限公司生产，货值约12.4万英镑的葡萄酒经银川海关所属兴庆海关查验合格后，起运发往英国，此为宁夏2022年以来单批次葡萄酒出口额最高纪录。

银川海关缉私局查获一批非法入境违禁药品，查获涉案药品5包，共计1140粒。经初步筛查，该药品含多种违禁成分。

11日　银川海关关长邹峰参加自治区学习贯彻党的二十大精神中央宣讲团报告会。

银川海关关长邹峰在自治区参加全国新冠疫情防控工作电视电话会议。

银川海关党委理论学习中心组（扩大）学习暨各部门单位主要负责同志学习贯彻党的二十大精神培训班圆满结束。总关党委委员分别作交流发言，受关长邹峰委托，银川海关副关长张大平作培训班小结讲话。在家关领导、二级巡视员，总关机关处级以上干部在主会场参会；各隶属海关、各事业单位班子成员通过视频在分会场参会。

银川海关党委纪检组组长王远光在监察室党支部宣讲党的二十大精神。

12 日　银川海关关长邹峰参加全国海关疫情防控工作专题视频会议。

14 日　银川海关政治部主任王珀出席巡察银川河东机场海关党委情况反馈会议。

16 日　银川海关关长邹峰走访财政部宁夏监管局。与局长王国航进行座谈，对财政部宁夏监管局长期以来给予银川海关的支持和帮助表示感谢。财政部宁夏监管局二级巡视员袁克发、银川海关副关长祁云海，办公室、财务处主要负责人参加座谈交流。

银川海关关长邹峰、政治部主任王珀参加自治区党委统战工作会议和全区宗教工作会议。

17 日　银川海关关长邹峰主持召开关区统筹口岸疫情防控和促进外贸稳增长工作指挥部月度例会。

银川海关关长邹峰参加自治区人民政府第 139 次常务会议。

银川海关副关长张大平在自治区参加全国新冠疫情防控工作视频会商会议和自治区应对疫情工作指挥部第 35 次周例会（扩大）会议暨整治疫情防控“层层加码”问题专班会议。

银川海关缉私局局长颜宏伟为缉私局党员干部讲授学习宣传贯彻党的二十大精神主题党课。

18 日　银川海关党委书记、关长邹峰赴银川河东机场海关宣讲党的二十大精神。

银川海关缉私局局长颜宏伟参加平安宁夏建设协调小组办公室 2022 年第 4 次主任会议。

银川海关印发《中共银川海关委员会关于加强新时代离退休干部党的建设工作的实施意见》（银关党发〔2022〕45 号）。

银川海关印发《银川海关关于进一步优化新冠疫情防控措施 科学精准做好疫情防控工作的通知》（银关卫发〔2022〕112 号）。

21 日　银川海关副关长祁云海对保健中心疫情防控工作进行视频督导。

来自哈萨克斯坦的 1066 吨小麦顺利运抵银川南站货场，在银川海关现场监管下转运至定点加工厂。这是疫情影响下宁夏进口粮食重回正轨的良好开端。

22 日　银川海关副关长张大平赴银川河东机场海关旅检一科宣讲党的二十大精神。

银川海关政治部主任王珀赴兴庆海关业务二科党支部宣讲党的二十大精神，并以“四不两直”方式对兴庆海关开展内务督查。

24 日　银川海关关长邹峰参加十三届自治区党委 2022 年第 24 次常委会会议暨应对新冠疫情工作领导小组第 37 次会议。

银川海关关长邹峰参加自治区应对新冠疫情工作指挥部第 24 次全体会议。

银川海关副关长张大平组织召开专题会议，研究支持自治区外贸通道和口岸平台建设的具体措施和相关意见建议。

29 日　银川海关副关长张大平在总关监控指挥中心参加海关总署进口危险化学品检验模式改革试点工作说明会。

银川海关副关长张大平主持召开银川海关安全生产工作领导小组办公室会议。

30 日　银川海关关长邹峰主持召开 11 月关区外贸形势分析会。

银川海关党委纪检组组长王远光对内部疫情防控工作进行监督检查。

银川海关政治部主任王珀参加自治区政府副主席赵永清主持召开的专题会议，会议研究《关于提升全区监管能力和水平促进对外开放的实施意见（送审稿）》。

12月

1日　银川海关党委纪检组组长王远光带队开展学习贯彻党的二十大精神监督检查。

5日　银川海关举行2022年新任职领导干部和人员宪法宣誓仪式。

7日　银川海关关长邹峰调研指导兴庆海关工作，与兴庆海关青年干部代表开展座谈，推动学习贯彻党的二十大精神在基层走深走实。

8日　银川海关副关长张大平检查指导银川河东机场海关学习宣传贯彻党的二十大精神情况。

银川海关副关长祁云海参加自治区集中打击整治危害药品安全违法犯罪工作领导小组第一次会议。

7—8日　银川海关举办2022年纪检委员培训班。

9日　银川海关关长邹峰参加自治区《政府工作报告》征求意见座谈会。

银川海关关长邹峰和银川市委常委、副市长王向豫调研银川市外贸发展情况。实地了解宁夏塞北雪面粉有限公司和宁夏共享铸钢有限公司生产经营和外贸业务状况，以及银川国际公铁物流港海关监管作业场所运营和后续建设发展，并与银川市相关主管部门、公铁物流企业等进行座谈交流，听取对海关工作的意见建议，并就企业诉求现场给予答复。关长邹峰与副市长王向豫就促进支持银川市外向型经济发展工作进行了座谈交流。

12日　银川海关副关长祁云海深入兴庆海关开展党的二十大精神专题宣讲。

13日　银川海关关长邹峰、副关长祁云海赴宁东能源化工基地开展调研。

14日　银川海关副关长张大平参加自治区应对疫情工作指挥部第38次周例会（扩大）会议。

银川海关召开内控工作领导小组（扩大）会议。

15日　银川海关副关长张大平参加全区质量标准暨知识产权保护工作会议。

银川海关党委纪检组组长王远光带队赴银川河东机场海关监督检查学习宣传贯彻党的二十大精神工作情况。

19日　银川海关关长邹峰主持召开关区统筹口岸疫情防控和促进外贸稳增长工作指挥部月度例会。

银川海关关长邹峰主持召开关务会。会议审议通过《银川海关案件审理委员会工作规程》《银川海关行政互助协查工作实施细则》《银川海关信访工作实施细则》《银川海关风险管理委员会运行机制实施细则》《银川海关涉案财物管理实施细则》《银川海关公有住房管理实施细则》《银川海关廉政档案管理暂行规定》。

银川海关召开2022年法治建设领导小组会议。会议听取了法治建设领导小组办公室对关区2022年法治建设工作的总结汇报。关长邹峰充分肯定了一年来关区法治建设工作取得的成绩，并就学习贯彻好习近平法治思想，进一步推进关区法治建设提出要求。

银川海关召开网信领导小组会议。网信领导小组办公室汇报了关区 2022 年网信工作情况，相关责任人签订了《银川海关领导干部网络安全工作责任书》。关长邹峰充分肯定了关区 2022 年网信工作，并提出工作意见。

20 日　银川海关副关长张大平指导开展口岸入境航班疫情防控应急处置演练。

27 日　银川海关党委传达学习全国新冠疫情防控工作电视电话会议精神。

银川海关党委传达学习自治区党委十三届三次全会和经济工作会议精神。关长邹峰指出，会议召开前期，银川海关提出的工作建议被材料起草组吸收采纳，体现了自治区党委对构建对外开放新格局和高水平开放高质量发展的高度重视。关长邹峰要求，各部门单位要持续深入贯彻落实党的二十大精神和中央经济工作会议精神，结合海关总署党委工作要求，认真学习把握自治区明年经济工作重点，特别是与海关职责紧密相关的部署安排，深入思考谋划明年工作重点，提出具体落实措施，主动作为，积极开拓，全力支持自治区以高水平开放促进高质量发展。

银川海关党委结合近期属地疫情对到岗情况影响，强调各部门单位要妥善应对减员影响，加强岁末年初安全生产管理，须臾不可放松，安排人员重点加强工作区域用电用气用水等巡检，防患于未然；要加强值班应急管理，杜绝脱岗漏岗情形；各隶属海关要加强人员统筹调度，做好业务大厅值守安排，确保业务工作不断，及时回应企业诉求。

银川海关副关长祁云海调研指导银川河东机场海关旅检二科党的二十大精神学习宣传贯彻和支部党建工作。

28 日　银川海关关长邹峰参加全国海关新冠病毒感染疫情防控工作专题视频会议。

30 日　银川海关关长邹峰参加全国海关全面加强审计问题整改工作专题视频会议。会议通报 2022 年国家审计有关情况，并就做好审计整改工作进行专题部署。

第四篇

党的建设

党建工作

【概况】2022年，银川海关深入学习宣传贯彻党的二十大精神，认真落实新时代党的建设总要求，纵深推进全面从严治党各项工作，深入实施青年理论学习提升工程，评选青年理论学习标兵，统筹开展政治机关建设专项教育活动和“学、查、改”专项工作，持续深化“强基提质工程”，全面加强“智慧党建”系统应用，积极开展基层党建“双提升”行动，推动实施“书记项目”攻坚，着力发挥群团组织桥梁纽带作用，为关区事业发展提供了坚强有力的政治引领和政治保证。

【强化思想引领】2022年，银川海关强化思想引领，深入学习宣传贯彻党的二十大精神。在入脑入心上下功夫。关区干部职工坚决拥护、衷心拥戴习近平同志当选中共中央总书记，坚决维护习近平同志党中央的核心、全党的核心地位。将学习宣传贯彻党的二十大精神作为当前和今后一个时期的首要政治任务。党的二十大召开期间，银川海关党委和全体干部职工采取多种形式收看了开幕会盛况等直播。会后第一时间召开党委会、中心组学习会、关区视频会议等进行专题学习并交流体会。两级党委和各党支部利用“三会一课”、主题党日活动等形式，开展学习交流83次，撰写心得体会128篇。

年内，银川海关在走深走实上下功夫。两级党委委员深入基层党建联系点和一线开展宣讲，形成“三级”学习包抓示范效应。举办为期3.5天的学习宣传贯彻党的二十大精神培训班，邀请自治区宣讲团成员作专题辅导，党委书记带头宣讲领学促学，各党支部比学互学，干部职工热学热议，推动了学习宣传贯彻向基层延伸、向全员覆盖。青年理论学习小组学习运用“青年大学习”等平台开展线上线下学习。积极利用网站和新媒体推送学习指引，刊载好经验好做法，发布学习动态120余篇。

年内，银川海关在见行见效上下功夫。扎实开展“五学五比”活动，对照海关总署党委、自治区党委学习宣传贯彻党的二十大精神部署要求，研究制定24条关区学习宣传贯彻党的二十大精神举措，梳理出82项工作任务，进行台账化管理、清单式推进，一项一项抓落实。将学习宣传贯彻党的二十大精神情况纳入年度隶属海关党委书记述责述廉述党建以及各支部书记述职评议考核的重要内容。强化政工、纪检部门政治监督责任，督促关区各部门单位不折不扣抓好落实。

【政治建关】2022年，银川海关坚持政治建关，走好“两个维护”的第一方阵。持续深化理论武装。把学习贯彻习近平新时代中国特色社会主义思想作为第一任务，坚持不懈用党的创新理论武装头脑、指导实践、推动工作。抓好“关键少数”和青年干部两个重点，充分发挥两级党委理论学习中心组领学促学作用，建立党委理论学习中心组带青年理论学习小组的导学机制，组织开展“讲政治 见行动——青春逐梦新征程”青年理论学习成果交流展示活动。组织开展学习党的十九届六中全会精神全员轮训，以“随机抽点发言、随机抽点回答”学习交流机制，推动深化研讨，举办“学习强国达人挑战赛”，检验学习质效。

年内，银川海关不断强化政治机关意识。坚持以党的政治建设为统领，持续推动政治机关意识教育向机关处室、基层单位延伸，认真开展强化政治机关建设专项教育活动和“学、查、改”专项工作，共对303个岗位梳理出具体政治要求1026项，排查相关问题和风险隐患241个，制定整改措施340项。着眼破解“宁夏开放程度不高”最大短板，制定《银川海关贯彻落实自治区十三次党代会报告主要任务分工》，破解难点工作、落实重点任务、提高工作质量。建立加强党委对重要业务工作和重要改革事项政治把关、深化机关带基层、增强基层党组织政治功能、干部政治素质日常表现档案管理4项机制，切实把讲政治从外部要求转化为内在主动、有力举措，落实到海关工作各领域、全过程。

年内，银川海关持续加强“五型”模范机关创建。深化模范机关创建工作，推动各部门单位当好“三个表率”。深入开展党的二十大和习近平总书记视察宁夏重要讲话和重要指示批示精神“大学习、大讨论、大宣传、大实践”活动，引导党员干部不折不扣贯彻落实习近平总书记重要指示批示精神，把对党忠诚体现在贯彻党中央决策部署的行动上，体现在履职尽责、做好本职工作的实效上，体现在日常言行上。

【基层组织建设】2022年，银川海关持续深化“强基提质工程”，巩固拓展基层党建工作成果。开展党建工作专题评估。结合中央和国家机关工委关于做好基层党组织建设质量提升三年行动计划实施情况总结的部署要求，对关区党建工作情况进行全面梳理，召开关区党建工作高质量发展推进会，深入提炼夯实基础工作、强化支部政治功能、提高组织生活质量、落实党建工作责任等方面的有效举措。在全关区范围内推动隶属海关党委书记、支部书记探索实施“书记项目”，确立7个项目、10个课题组，召开推进会深入研究分析制约党建高质量发展的突出问题，找准着力点和突破口，推动党建与业务深度融合。

年内，银川海关持续夯实组织建设基础。制定《银川海关政治部2022年工作要点》、支部工作标准化手册，细化工作任务，明确责任分工。以党支部换届选举为契机，优化基层组织建设，配齐配强党务干部，规范组织设置。坚持每季度党建督查、半年互观互检、年底述职评议制度，“对点对”做好答疑反馈，提升支部党建工作规范化水平。开展“抓基础、强能力、练本领”党务干部能力提升行动，组织4名支部书记参加工委支部书记培训班，举办为期3天的关区党务干部培训班，推动党务干部加强理论学习、掌握制度规定、提高抓党建的实操能力。进一步加强对“智慧党建”系统的运用能力，不断提高党建工作智能化信息化水平。按照“双学双悟”要求，加大党员发展对象、预备党员的教育培养考察，吸收3名同志为预备党员，7名同志按期转为正式党员。

年内，银川海关充分发挥引领示范作用。选树基层党建示范点，组织“四强”党支部和基层党建品牌复核评选，开展创建工作经验交流，推动党支部在服务中心工作、落实重大任务、推动经济社会发展中的政治引领、督促落实、监督保障作用。积极参加海关总署基层党建“双提升”行动，推广典型经验做法，1名党务干部获评海关系统“党务之星”，1名同志参评区直机关“最美党务工作者”。4个党支部获评全国海关示范（培育）品牌，1个支部获评自治区“五星级党支部”，2个党建示范典型被纳入区直机关党建工作示范名录，机关党委继续获评自治区“五星级党组织”。

【党风廉政工作】2022年，银川海关深化清廉海关建设，扎实推动全面从严治党向纵深发展，不断巩固关区良好政治生态，为促进中心工作高质量发展提供政治和纪律保证。落实全面从严治党主体责任。制定《直属海关党委落实全面从严治党主体责任检查考核实施办法》，统筹开展全面从严治党法规制度执行情况监督检查，党委会每半年专题研究全面从严治党工作。坚持严的主基调不动摇，完善运用“第一种形态”工作机制。统筹抓好“海关重点项目和财物管理以权谋私”专项整治学习教育，深入开展警示教育月活动，通报典型案例，深化以案促改。加强廉洁文化建设，开展“书记组长谈责任”系列访谈、“清风国门”创意作品征集活动。加强对关区“一把手”和领导班子的监督，在关区各部门单位“一把手”和领导班子其他成员中开展重点事项监督自查报告工作。加强家庭家教家风建设，持续规范领导干部配偶、子女及其配偶从业行为。组织开展提高一体推进“三不腐”能力和水平课题研究，形成6篇研究报告。

年内，银川海关强化队伍纪律作风建设。强化日常养成，开展内务规范强化月活动，重点纠治工作纪律、办公秩序、仪容着装、服务基层等方面存在的问题。根据常态化疫情防控形势和要求，集中开展队列训练，达到内强素质，外树形象的要求。每季度开展内务规范督察，切实增强全体关员的纪律意识、规矩意识。加强对辅助海关工作人员的管理，建立关区协管员入职介绍人登记和个人基本情况备案机制。扎实开展窗口作风提升行动，推进政务服务“好差评”，发挥好特约监督员作用，向办事企业、群众展现海关良好的精神风貌。年内关区共办理评价事项44起，评价率和好评率均为100%。

年内，银川海关推动巡

视巡察工作高质量发展。聚焦习近平总书记对海关工作重要指示批示精神和党中央重大决策部署，深化政治巡视巡察，完成巡视巡察5年全覆盖，优化巡视巡察工作流程，深化组办会商，强化与纪检监察、人事政工、督察审计贯通协同。持续推动巡视巡察上下联动，探索创新方式方法，加强工作指导督导，着力提升巡视巡察工作质效。在完成巡察全覆盖的基础上，对2个隶属海关党委进行巡察“回头看”，同时“以下看上”查找机关职能部门的问题，并督导做好“后半篇”文章。完善整改监督工作机制，对党的十九大以来巡视巡察整改事项进行清查，推动整改落实到位。

撰稿人

王米佳

群团工作

【概况】2022年，银川海关搭建学习、活动、服务三个平台，着力发挥群团组织桥梁纽带作用，进一步加强机关作风建设，丰富职工文化生活，增强干部职工的凝聚力和向心力，激励广大关员争先创优，推动银川海关事业发展新局面。

【工会工作】2022年，银川海关工会坚持“以党建带工建、以工建保党建”，完善工会组织机构，召开2次会员代表大会，8次工会委员会会议，成立23个工会小组。以基层工会规范化建设为抓手，落实基层工会规范化建设的各项要求，完善工会财务管理制度，研究完善《银川海关工会经费收支管理办法》，做好工会经费收缴管理使用。

年内，银川海关开展劳动竞赛活动。举办“改进工作作风、提升公文质量”公文处理技能竞赛活动；举办“学史力行强党性，提升能力办实事”一线执法岗位技能竞赛活动，并授予“技能竞赛标兵”6名。推动文化体育活动开展，组织专家进行健康、艺术等方面的知识讲座，开展健康教育。积极参与“文明建康、有你有我”公益宣传行动。组织参加了2022年海关文化建设西北协作区“喜迎二十大，奋进新征程”文化交流活动。参与“清风国门”廉洁文化创意作品征集活动，参与全国海关“奋进新征程 建功新时代 青春献国门”微视频征集活动，其中3幅作品获奖，2幅作品获十佳微视频。加强对干部职工关心关爱，工会坚持“五必访”，及时开展生病住院慰问、抗疫一线慰问、职工退休慰问、夏送清凉慰问，组织135名职工参加了“职工医疗互助保障活动”，办好职工福利，把组织的温暖及时送到职工的心上。加大对篮球馆、健身房、职工书屋等文化场所的建设和改造力度，因地制宜巩固完善各类文化场所，配备文体器材。为各基层单位配齐健身室、文娱室等各类文化场所，创建“职工之家”。发挥示范引领，推荐1个集体获得自治区“工人先锋号”。

【妇女工作】开展好女职工活动，提高女职工特殊疾病互助保障活动参与率，做好困难女职工特别是单亲女职工的帮扶救助工作；组织女会员开展“巾帼展风采”交流、结合“三八”国际劳动妇女节，组织开展“巾帼建功 魅力女神”花艺活动，充分展现女职工积极向上、充满活力的巾帼风采。进行“关爱女性、呵护健康”两癌筛查工作，107名女职工参加并受益。

【共青团工作】2022 年，银川海关团委深入学习宣传贯彻党的二十大精神、习近平总书记在庆祝中国共产主义青年团成立 100 周年大会上的重要讲话精神，围绕凝聚团员青年、服务中心大局、当好桥梁纽带这条主线，聚焦政治铸魂、青春建功、强基固本，多措并举推动关区青年工作高质量发展。

年内，银川海关持续深化青年理论学习提升工程，成立 7 个青年理论学习小组，实现关区 40 岁以下青年干部全覆盖。建立党委理论学习中心组带青年理论学习小组的导学机制，邀请青年学习标兵列席党委理论学习中心组学习，带动青年学习质效提升。抓好“三会两制一课”，落实组织化学习。围绕“读《新时代的中国青年》感悟使命担当”“青年跟党走、建功新时代——强化政治机关建设”等主题开展交流研讨，分享“微体会”“微感悟”，进一步引领青年增进对党的思想认同、政治认同、情感认同。以主题团日为依托，组织开展“青年朗读者——我是青年我来说”沙龙，让有信仰的人讲信仰，将讲政治的要求具象化、实践化，推动长期感性认知后的理性飞跃。

年内，银川海关立足岗位青春建功，开展“青春心向党 建功新时代”活动。制定“我为群众办实事”常态长效机制，青年业务骨干多种方式开展进口税收优惠、知识产权政策保护、跨境电商等政策宣传贯彻，指导企业充分享受海关便利惠企政策红利。成立“青年突击队”，密切关注国内外疫情形势变化，定期开展口岸卫生检疫人员技能培训和实操演练，组织一线青年党团员赴厦门口岸跟班作业，全力做好银川空港口岸复航准备工作。加强口岸危险品综合治理，加大对旅检、国际快件等渠道走私违法行为的查处，严厉打击“洋垃圾”、象牙等濒危物种及其制品走私。广泛发动青年成立“银川海关志愿者服务队”，组织青年干部在疫情防控、志愿服务中冲锋陷阵，奋勇争先，圆满完成了 3 个社区、12 个封控点、2000 多名居民的封控志愿服务任务。认真落实“双报到、双报告”制度，每月开展结对共建活动，选派 104 名青年党团员干部到共建社区参与环境整治、文明交通等志愿服务活动。

年内，银川海关落实党建带团建工作机制，组织开展“对标学习自查提升”，推动落实“第一议题”学习机制、团组织“对标定级”工作、“三会两制一课”制度等工作。结合海关准军事化纪律部队建设要求，强化各级团干部的制度意识、规矩意识，推进从严治团。突出优中选优，坚持有为有才有位，用成绩单说话，加强对青年干部多岗位锻炼，开展岗位交流。分级分类建立关区“业务能手”人才库，培养“一专多能”执法人才队伍，逐步形成合理的业务骨干人才梯队。结合廉政警示教育周活动，组织开展“青年谈廉政”活动，分享学廉思廉践廉感悟，扣好人生“第一粒扣子”。

撰稿人

王米佳　李　文

巡视巡察

【概况】2022年，银川海关深入贯彻落实习近平总书记关于巡视工作的重要论述，扎实推进关区巡视整改和巡察工作高质量发展。持续深化巡视整改，建立台账动态完善机制，认真开展集中清查，实现整改事项全落实，抓好巡视共性问题整改，相关工作受到海关总署巡视办的肯定。在完成巡察全覆盖的基础上，对2个隶属海关党委进行巡察“回头看”，同时“以下看上”查找机关职能部门的问题，不断巩固和扩大巡视巡察工作成果。

【党的建设】2022年，银川海关夯实基层基础，开展基层党建“双提升”行动，党委每年至少研究一次基层党建品牌创建工作，按照规定步骤评选关区基层党建品牌评选，每年组织开展一次支部品牌交流展示活动，以点带面深入推动党建品牌创建，4个党支部被树立为全国海关“示范品牌支部”和“培育品牌支部”。组织关区党务干部专题培训，提高基层党组织书记抓党建的实操能力，1名同志被评为海关系统“党务之星”。加强对各支部运用“智慧党建”平台运用情况的监督检查，完善支部工作标准化手册，提高党建规范化、制度化建设水平。明确事业单位班子至少每半年研究一次全面从严治党、党建、意识形态工作，做到党建与业务同安排、同落实。完善关区党建工作高质量发展机制，围绕7个课题开展基层党建“书记项目”，引导机关党委、隶属海关党委、党支部等各级书记同题共答、同向发力，以小切口破解“老大难”问题。

【巡视工作】2022年，银川海关党委坚决扛牢主体责任，研究制订整改方案、健全完善机制、解决重点问题、推动任务落实。召开巡视整改专题民主生活会，查找突出问题、深入剖析根源、主动认领责任。突出问题导向，组织制修订相关制度11项，建立完善相关工作机制20多个，对具有普遍性、倾向性的问题开展了“2+4”专项整治，存在的政治敏感度不高、理论学习不扎实、主体责任未压紧压实、基层党组织建设较薄弱等问题得以初步解决，执法领域与非执法领域的风险隐患得到及时化解，93项整改措施全部销号，巡视移交的信访件反映问题全部办理、处置完毕，选人用人巡视检查发现问题全部销号，实现了整改事项的全落实，推进巡视发现的共性问题整改。

年内，银川海关巡视整改的主要做法是，盯紧巡视整改工作台账，与“学查改”专项工作、政治机关专项教育活动、“海关重点项目和财物管理以权谋私”专项整治工作贯通推进，健全完善定期汇总研究机制、整改销号机制、开门抓整改机制、上下联动机制、常态长效机制，以严肃严谨严格的态度和作风抓好巡视整改工作。

年内，银川海关巡视整改主要进展情况如下。政治机关意识持续强化，党中央决策部署及海关总署党委工作要求进一步落地落实。党委理论学习中心组开展“切实提高政治敏感度”专题学习，班子成员带头掌握规范表述的有关要求，履行政治把关职责。对文件、信息、门户网站、微信公众号发布的内容以及党支部“三会一课”记录开展全面自查，就不准确表述问题，开展了责任分析和责任追究。修订《银川海关公文处理工作办法》，完善文稿审核把关机制，重点强化规范表述审核。调整门户网站和微信公众号等对外发布的内容审核报送权限，建立错情通报机制并纳入效能考核。抓住党委、机关部门、基层单位在政治机关建设中的责任和要求，研究提出党委对重要业务工作政治把关、机关带基层政治建设、强化基层党组织政治功能、干部政治素质日常表现档案4项长效机制。切实强化政治理论学习，建立政治理论学习督查机制，定期通报学习进度。制订关区学习宣传贯彻党的二十大精神工作方案，明确24项具体任务清单。落实党委理论学习中心组的各项制度，中心组专题交流研讨7次，班子成员交流发言42人次。党委委员按照“包抓”机制，加强对基层的指导，每年对联系的隶属海关党委理论学习中心组至少开展1次巡听。抓好重点任务落实。细化落实海关总署促进外贸保稳提质十条措施，制订出台15条举措，指导企业抢抓RCEP实施机遇，深化黄河流域生态保护和高质量发展、西部陆海新通道建设等区域关际一体协同机制。保障首列宁夏西部陆海新通道南向班列和“银川—布达佩斯”中欧班列开行。加强海关正面监管。加强智慧海关建设，加大对走私违法行为的研判，共查获禁限类物品7批次，首次查获伪瞒报锂电池组798个。开展“国门绿盾2022”专项行动，完成2次外来物种普查工作，采集动植物标本2300余个。开展“国门利剑2022”联合专项行动，严厉打击毒品、“洋垃圾”、象牙等濒危物种及其制品走私。

年内，银川海关把“两个责任”持续扛牢，全面从严治党工作各项要求进一步落地落实。压紧压实主体责任，落实全国海关全面从严治党工作会议部署，将年度全面从严治党重点任务细化为7个方面、64项具体措施，定期对落实情况开展督导检查、汇总梳理。专题研究清廉海关暨党风廉政建设工作，专题听取党委委员落实主体责任情况汇报，对隶属海关党委落实全面从严治党主体责任情况的监督考核，听取事业单位全面从严治党工作汇报。制定了《银川海关运用监督执纪“第一种形态”实施细则（试行）》，对审批程序、组织实施等环节进行了细化，指导隶属海关党委和党的部门常态化运用监督执纪“第一种形态”，2022年以来关区共对2个隶属海关党委班子、10人次名党员干部运用“第一种形态”进行批评教育帮助。着力加强监督工作的导向作用和办理质量，制发监督建议书8份，监督意见书2份。细化关区加强新时代海关廉洁文化建设、深化以案促改的措施，开展“警示教育月”“警示教育周”活动，深化警示教育效果。强化监督执纪问责。组织推动“海关重点项目和财物管理以权谋私”专项整治，结合关区实际，确定了“小基数、大范围”“小关区、大财务”“小切口、大目标”的“三小三大”总体思路，共排查出问题和风险63个、确定高风险项目共10项；对2012年以来涉及非执法领域问题线索进行筛查，确定3件问题线索补充核查，专项整治工作期间立案2起；修订完善制度9项，新制定制度3项，新制定规程1项，对2个隶属海关党委进行巡察“回头看”，同时“以下看上”查找机关职能部门的问题。防范化解风险。制订防范化解“7+21”项重大、系统性风险专项考核工作方案以及正面清单、负面清单和责任清单，通过考核倒逼责任落实。组织开展安全生产专项整治，进行安全生产大检查7次，动态更新21项问题隐患和6项制度措施，建立“安全监督员”和安全隐患“吹哨人”预警机制。运用“制度+科技”，对关区拟出台的11项制度进行前置审核，推动HLS2017内控平台应用，强化对权力运行监督制约。加强对辅助海关工作人员的管理，建立关区协管员入职介绍人登记和个人基本情况备案机制。

年内，银川海关两级党委自身建设持续改进，推动关区队伍建设全面进步、全面过硬。强化班子建设，严格执行政治纪律和政治规矩，修订党委议事清单、“三重一大”决策制度实施办法，建立党委班子年度重点工作事项清单，逐项推进落实。开展推动关区新发展重点课题调研，找准加强和改进工作的着力点，科学谋划推动关区事业改革发展的新思路、新举措。党委班子成员通过谈心谈话、参加主题党日活动、开展党的二十大精神宣讲等方式，掌握联系点支部党建工作、科室建设开展情况，共同研究、及时解决相关问题。抓好干部队伍建设。树立鲜明用人导向，突出政治标准选人用人，加强队伍建设整体谋划，建立科级领导干部选拔任用人才库，制订《银川海关科级干部人才库动态管理实施办法》，探索建立“政治素质表现档案”。综合运用考核考察、巡视巡察、审计等结果，动态掌握干部现实表现情况，建立优秀干部储备库并持续做好动态调整。通过考核对干部情况进行总体把握和分析研判，将考核结果统筹运用于评先选优、职级晋升、选拔任用等工作。加强干部管理，严格规范执行“两项法规”，强化“凡提四必”工作原则，在关区各部门单位“一把手”和班子其他成员中开展重点事项监督自查报告工作，支持纪检组开展加强对“一把手”和领导班子监督工作专项监督检查，“点对点”反馈落实管党治党政治责任工作建议66条。严格执行处、科级领导干部节日书面廉政提醒报告制度，开展领导干部配偶、子女及其配偶从业行为自查，各支部通过经常性谈心谈话，加强对干部管理监督。

年内，银川海关工作作风持续向好，人民海关为人民的价值理念进一步树立树牢。巩固深化中央巡视及上一轮海关总署巡视整改成果，坚持上下联动，统筹推进中央巡视整改与海关总署巡视整改，将中央巡视和海关总署巡视点出的问题纳入关区巡察的重点监督内容。开展窗口作风提升行动。组织关区各窗口单位对首问负责制、服务承诺制、限时办结制、仪容仪表等制度规范落实情况认真自查。加强准军事化纪律部队建设，组织开展内务规范强化月和纪律作风强化活动。认真执行海关内务督察办法相关要求，成立内务督察小组，采用明察暗访、视频监督等方式强化内务督察，对督察发现的问题及时点名、督促整改，强化日常纪律作风养成。各隶属海关工作现场设置信息公示栏，完整公开机构职责、关员姓名、工号、职务等信息。各业务部门单位对长期或超期未办业务开展排查、起底、整改，逐一推进、及时清零。即时响应自治区疫情防控需求，选派干部职工 57 人次下沉社区驻守帮扶。严格履行“双报到、双报告”政治责任，党员干部参加社区志愿服务活动 104 人次。年内，1 个单位被评为全国海关先进集体，1 个单位获评自治区“工人先锋号”，机关党委继续获评自治区“五星级党组织”。持续深化纠治形式主义。建立精文减会量化管理机制、督检考负面清单机制、基层周期性数据材料动态监测机制等。年内发文发函数量同比下降 15%以上，整体实际发函数量同比下降 15.2%。持续完善基层业务数据报送动态监测、办公移动应用备案管理、精文简会量化管理、负面清单管理等机制，推动基层减负机制化、长效化。各部门合计缩减需基层报送的周期性数据材料 3 项，列入监测正面清单的数据表格、文字材料由 86 项减少至 83 项。开展全关办公用房管理自查，定期对处级以上领导干部办公用房使用情况、公务用车辆使用进行公示，接受干部群众监督。严格落实“过紧日子”要求，缩减不必要的经费支出，厉行勤俭节约。年内，结合关区实际，两级党委均制定了“我为群众办实事”实践活动重点民生项目清单，建立了 22 项“我为群众办实事”常态长效机制。聚焦“三项工程”，扎扎实实解决一批群众最急最忧最盼的问题，“多措并举破解枸杞出口壁垒”的做法入选全国海关我为群众办实事“百佳项目”。

【巡察工作】2022 年，银川海关党委深入学习贯彻党的二十大精神和习近平总书记关于巡视工作的重要论述，认真落实海关总署党委关于开展巡察工作的部署要求，牢牢把握政治巡察定位，认真开展政治监督，为推动关区全面从严治党、事业发展提供了有力保障。

年内，银川海关认真学习领会党中央精神。通过党委会、党委理论学习中心组学习、巡察工作领导小组会议等方式，4 次集中学习习近平总书记关于巡视工作的重要论述、中央《关于加强巡视整改和成果运用的意见》，学习海关总署党委巡视工作领导小组有关文件、海关总署巡视办有关要求。通过学习，进一步统一思想、深化认识、把握要求，切实提高政治站位、强化政治自觉，增强了抓好巡察工作的使命感和责任感。

年内，银川海关坚守政治巡察定位。党委坚决扛牢主体责任，全面贯彻巡视工作方针，把“两个维护”作为巡察的根本任务，把所有问题聚焦到“四个落实”的本质上来。关长、党委书记认真履行第一责任人的责任，定期谋划巡察工作，研究解决具体问题，听取巡察汇报、点人点事，加强对巡察工作的组织推动。将政治机关建设专项教育活动相关内容纳入巡察监督重点，督促推动关区基层党组织和党员领导干部切实强化政治机关意识。

年内，银川海关持续提升巡察工作规范化水平。根据海关总署党委巡视工作领导小组《关于进一步强化巡察整改责任的通知》要求，细化整改责任，优化工作流程。围绕巡察自上而下政治监督的特点，注重程序规范，年初巡察工作领导小组研究制订年度巡察工作计划，严格落实问题底稿制度。在巡察过程中，银川海关政治部主任组织巡察组与巡察工作领导小组办公室人员，就精准发现问题、提高巡察报告质量进行会商。巡察结束后，严格按照时限要求，向海关总署巡视办报备巡察相关情况。

年内，银川海关增强巡察整改成效。坚持把“四个融入”作为巡察整改工作的根本遵循，压紧压实被巡察党组织主体责任。认真开展巡察整改清查工作，党的十九大以来巡察发现的 136 个问题均已整改落实，建立相关制度机制 33 项。紧密配合“海关重点项目和财物管理以权谋私”专项整治工作，梳理出 2012 年以来总关及下属单位在接受巡视巡察中涉及重点项目和财物管理领域方面的 19 个问题，查找背后存在的廉政风险，与纪检监察部门形成监督合力。在完成巡察全覆盖的基础上，采取“一拖二”的方式对两个隶属海关党委开展巡察“回头看”，评估整改质效。汇总梳理党的十九大以来巡察发现的共性问题 12 个，推动整改工作往深里走。党委纪检组开展巡视巡察整改专项监督检查，并在关区范围内通报监督检查情况。

年内，银川海关深入推进上下联动。认真落实海关总署党委关于加强巡视巡察上下联动的实施意见及关区相关措施，把巡视反馈问题作为关区巡察的重点内容，认真抓好巡视整改落实情况专项巡察整改工作，推动巡视整改向纵深发展。坚持“以下看上”，通过发现基层的问题找到机关的差距和不足，职能部门改进情况一并纳入巡察整改监督范围，通过上下联动、同题共答，不断拓展巡察成果。

年内，银川海关进一步提升巡察干部能力。认真落实关区《巡察干部选派管理考核办法》，动态补充完善巡察组长库和干部队伍库，将符合条件的二级巡视员纳入组长库。围绕政治巡察实际操作流程，制作各类巡察文本、操作手册。选派 1 名同志参与海关总署党委巡视工作，抽调 6 名同志参加关区巡察，以干代训提升政治能力和业务素质。

撰稿人

沈永建

纪检监察

【概况】2022 年，银川海关党委纪检组坚持以习近平新时代中国特色社会主义思想为指导，坚决扛起管党治党政治责任，发挥监督保障执行、促进完善发展作用，推进全面从严治党、党风廉政建设和反腐败斗争向纵深发展，推动政治生态持续向好。年内，党委纪检组认真落实驻署纪检监察组、自治区纪委监委工作部署，在关党委的领导下，忠诚履行协助职责和监督专责，做好贯彻落实习近平总书记重要指示批示精神和党中央重大决策部署情况监督，推动银川海关党委落实全面从严治党政治责任。从严正风肃纪，精准开展监督执纪问责工作，首次自主查发违纪案件。持续加强作风建设，推动关党委和各单位部门运用监督执纪“第一种形态”，严肃通报违纪案件。认真开展以案促改工作，深入剖析原因，压紧压实各单位部门以案促改责任，用身边事教育身边人。深化“组地关”协作配合机制，主动上门加强沟通，探索开展联合办案。加强纪检机构自身建设，深挖内潜，完善权力运行和内控管理制度，全面提升纪检队伍履职能力和水平，推动纪检监察工作规范化、法治化、正规化水平。年内，与关党委开展“海关重点项目和财物管理以权谋私”专项整治，协助关党委对银川海关防范化解腐败风险重点任务进行分工，协同政工部门梳理分析关区各领域存在的问题和风险。

【监督检查】2022 年，银川海关党委纪检组聚焦“国之大者”强化政治监督。在自身

▲2022 年 9 月 1 日，银川海关党委纪检组对保健中心、技术中心“海关重点项目和财物管理以权谋私”专项整治整改情况开展监督检查　（银川海关党委纪检组　供图）

深入开展“学查改”专项工作和政治机关专项教育活动的同时，强化对各单位部门的监督。围绕口岸疫情防控、内部疫情防控、促进外贸保稳提质、安全生产等重点工作开展政治监督。聚焦关键时间点，严查违反中央八项规定精神问题，驰而不息纠“四风”树新风。开展巡视整改“回头看”专项监督。加强对“一把手”和领导班子监督。扎实推进“海关重点项目和财物管理以权谋私”专项整治，严肃通报2起违纪案件。做实以案促改和廉洁文化建设，一体推进不敢腐、不能腐、不想腐，推进全面从严治党向纵深发展。

【政治机关建设专项教育活动监督】2022年，银川海关党委纪检组以有力监督落实海关政治机关建设。1月，党委纪检组督促关党委制订《银川海关党委开展捍卫“两个确立”、做到“两个维护”、强化政治机关建设专项教育活动方案》，推动各级党组织和广大党员干部牢固树立政治意识，把讲政治要求落实到实际工作中。2月，党委纪检组督促关党委印发《银川海关开展捍卫“两个确立”、做到“两个维护”、强化政治机关建设专项教育活动具体推进措施》，明确将政治机关建设专项教育活动纳入政治监督内容；同月联合政工部门对各单位部门开展政治机关专项教育活动开展监督。4月，党委纪检组督促关党委报送政治机关建设专项教育活动暨“学查改”专项工作查摆问题情况和整改方案的报告，将各单位部门整改情况作为监督重点内容，严格督办推动落实。4—6月，党委纪检组对总关机关、事业单位各党支部开展“学查改”专项工作、深化政治机关建设专项教育活动以及各单位部门整改进展情况开展监督，强化督办问效。

【疫情防控监督】2022年，银川海关党委纪检组把握好疫情防控“监督的再监督”定位，统筹做好口岸疫情防控和内部疫情防控工作的政治监督，共开展疫情防控专项监督60次，报送监督周报50份，发现问题41个，提出整改建议31条，制发整改建议书11份。3月，党委纪检组组长对银川河东机场海关、保健中心开展督导检查疫情防控工作。4月，党委纪检组组长对4个隶属海关疫情防控措施落实情况开展视频督导检查。10月，党委纪检组组长对4个隶属海关疫情防控工作开展视频督导检查，提出工作建议12条，进一步压实各隶属海关疫情防控主体责任。11月，党委纪检组组长带领监察室对总关机关内部疫情防控工作落实情况进行现场督查，对4个隶属海关及保健中心、技术中心进行视频检查，确保常态化疫情防控各项措施落实落细。

【促进外贸保稳提质监督】2022年，银川海关党委纪检组紧盯促进外贸保稳提质工作，督促银川海关出台15条举措，跟踪海关总署促进外贸保稳提质十条措施和银川海关15条举措的落实情况，督促业务职能部门发挥条线监督作用、隶属海关抓好落实执行工作，开展专项监督检查2次，推动形成工作合力。

【安全生产工作监督】2022年，银川海关党委纪检组加强安全生产工作监督检查。年内，党委纪检组下发《关于进一步做好安全生产领域各项工作的通知》，督促两级党委和各单位部门落实安全生产主体责任，确保安全生

▲2022 年 11 月 2 日，银川海关党委派驻纪检组视频检查各隶属海关业务现场（银川海关党委纪检组　供图）

产各项措施落地。党委纪检组列席关党委会和安全生产专题会议 15 次，推动建立以主要负责人为组长的安全生产工作领导小组机制。党委纪检组联合相关职能部门开展安全生产监督检查 9 次，发现问题 3 项，制发监督建议书 1 份，对安全生产监督检查反映问题涉及的相关人员督促提醒 22 人次。党委纪检组对“口岸危险品综合治理”百日专项行动跟进监督，现场督导 6 次、视频检查 4 次，制发安全生产自查情况通报 1 份。

【巡视整改工作监督】 2022 年，银川海关党委纪检组把巡视整改作为政治监督重点内容，坚持巡视巡察上下联动，发挥好纪检监察巡视整改日常监督责任。年内，党委纪检组按照开展巡视整改日常专项监督检查方案，对各单位部门履行巡视整改主体责任、部署巡视整改任务、落实巡视整改措施、综合运用巡视成果、巡视整改落实 5 个重点内容开展监督，联合人事部门对 5 个机关处室开展巡视整改专项巡察监督，对两个隶属海关开展巡察“回头看”监督，及时指出并纠正整改中存在的偏差，制发监督建议书 2 份、纪律检查建议书 2 份。督促各单位部门深入查找问题产生根源，排查体制机制存在漏洞和薄弱环节，健全完善切实管用制度，推动建立关党委对重要业务工作进行政治把关等 4 项长效机制，提升巡视整改质效。

【“一把手”和领导班子监督】 2022 年，银川海关党委纪检组加强对各级“一把手”和领导班子的监督，督促两级党委落实管党治党政治责任。年内，党委纪检组组长对关区各单位部门“一把手”进行集体廉政谈话，压实各级“一把手”的监督责任。党委纪检组组长对各单位部门主要负责人开展“一对一”谈话调研、相关部门单位和科室实地调研，了解掌握关区各级“一把手”和领导班子落实全面从严治党主体责任和监督责任情况。党委纪检组组长围绕 5 个主体开展书面调研，综合评估各单位部门的工作特点和队伍建设情况，分别向关党委班子成员通报其分管部门和联系单位领导干部情况，提出落实管党治党政治责任工作建议 66 条，推动党委班子成员抓好党风廉政建设工作，加强对下级“一把手”落实主体责任和监督责任的指导和监督。党委纪检组细化 11 项“一把手”重点事项监督自查清单和9项领导班子成员重点事项监督自查清单，对关区20个单位部门开展专项检查，提出8个方面工作建议，实现监督全覆盖。严把党风廉政建设意见回复关，出具党风廉政建设意见32批、127人次。

【扶贫领域监督】2022年，银川海关党委纪检组加强对驻村扶贫领域的监督，以有力监督助力乡村振兴。年内，党委纪检组组长带队赴2个帮扶点调研指导定点帮扶工作2次，对驻村第一书记和工作队员纪律作风和在岗履职情况详细了解。查处1起驻村干部虚报出勤天数、多领驻村补助的违纪问题，立案1起，处分3人。督促政工部门进一步规范驻村工作人员补贴报销审核流程，严格驻村工作人员管理。

【执纪问责】2022年，银川海关从严正风肃纪，精准监督执纪问责。年内，党委纪检组受理信访举报21件，处置问题线索7件，其中立案2件，处分2人次。深化“组地关”协作配合机制，5次主动上门加强沟通，共同研究线索起底问题，探索开展联合办案，形成组地合力。督促关党委对2个隶属海关党委班子进行提醒谈话各1次，推动各单位、各部门运用监督执纪“第一种形态”15人次。严肃通报查发的2起违纪案件，用身边事教育身边人多为正向。

【立案实现“零”的突破】2022年，银川海关党委纪检组实现机构改革以来立案“零”的突破。年内，党委纪检组坚持查办案件“以上为主”，加强向驻署纪检监察组请示汇报，当面汇报问题线索处置情况，受到驻署纪检监察组领导的充分肯定。在2022年海关系统纪检机构工作考核中，银川海关党委纪检组位列第三类第5名、总排位第23名。

【打私反腐“一案双查”工作】2022年，银川海关党委纪检组坚决落实海关总署党委“正风肃纪反腐攻坚战持久战必打赢”重要课题，着力加强打私反腐“一案双查”工作，与海关缉私部门形成同向发力、同时发力、综合发力的新局面。缉私部门对年内所立的4起刑事案件、1起行政案件按要求启动打私反腐“一案双查”工作。召开联席工作会议，明确将打私反腐“一案双查”工作作为各级党组织落实管党治党政治责任的重要内容，将推进打私反腐“一案双查”工作列入领导班子建设、支部党的建设、科室内控建设的重要内容。

【作风建设】2022年，银川海关党委纪检组紧盯节假日正风肃纪，对节日期间纠“四风”树新风工作情况开展监督检查33次、暗访6次；在重要节日节点提醒警示，共发放《银川海关节假日廉洁自律提醒及执行报告单》881份。紧盯酒驾醉驾问题，建立有驾驶证、有车辆、有饮酒习惯人员“三张清单”，在重要节点推送纠治酒驾醉驾提醒通知，联合属地公安部门对全体关员酒驾醉驾问题开展集中核查。深入纠治形式主义、官僚主义，结合为基层减负工作要求，开展形式主义、官僚主义新表现新动向调研工作，对关区层面、单位部门层面可能存在的问题表现形式进行精准“画像”。

【以案促改】2022年，银川海关督促加强以案促改制度建设，用身边事教育身边人。联合关党委出台《银川海关落实以案促改推进清廉海关建设的措施》，明确以案促改责任分工和以案促改成效评估和考核问责要求。在银川海关警示教育大会上通报“海关重点项目和财物管理以权谋私”专项整治工作期间查处的2起非执法领域违纪案件，对2起案件进行深入分析，抓好学习教育向完善机制的成果转化，推动新制定制度3项、规程1项，修订完善制度9项。发挥违纪违法典型案例的警示震慑作用，组织学习海关总署专项整治工作领导小组通报的10起非执法领域典型案例和关区2起非执法领域违纪案件，用身边事教育身边人。结合关区35岁以下年轻干部职工占比较大和查发的2起违纪案件涉及35岁以下人员的实际，党委纪检组组长面向关区基层年轻干部开展“以基层视角看如何提高海关一体推进‘三不腐’能力和水平”书面调研，形成调研报告5篇，开展“警示教育专题党课”，加强年轻干部教育管理监督。推动关党委制定加强新时代海关廉洁文化建设的16条措施，开展廉政警示教育周、警示教育月活动，用好自治区纪委监委工程建设领域专题警示教育片《交易之警》，开展警示教育。

【纪检监察队伍建设】2022年，银川海关党委纪检组共设2个机构，分别为监察室和党委派驻纪检组。监察室主要承担银川海关机关部门的监督工作，党委派驻纪检组主要承担4个隶属海关和4个事业单位的监督工作。党委纪检组全面梳理派驻监督工作现状，提出加强对事业单位监督工作的建议，推动关党委明确由1名署管二级巡视员协助党委主抓4个事业单位的监督工作，协调推动召开事业单位全面从严治党工作会议。关党委持续优化纪检干部队伍配置，6名纪检干部全部为共产党员，平均年龄45.8岁。党委纪检组抓严抓实纪检干部队伍建设，打造“清风”学习品牌，坚持用习近平新时代中国特色社会主义思想武装头脑，常态化开展学习研讨交流。党委纪检组持续优化纪检工作机制，立足队伍小、人员少、复杂问题遇见度低的实际，在“深挖内潜、一岗多能”上持续加力，统筹监察室和党委派驻纪检组人员使用，实行“大统一、小分工”的工作机制，建立部门主要负责人工作日志、纪检干部工作周报制度，制定岗位责任清单，健全内控机制建设，推动纪检工作高质量发展。大力度开展全员培训，开设“纪法讲堂”，依托中国海关管理干部学院等教育培训优势资源，开展关区纪检委员培训班。年内，2名同志因连续3年年度考核优秀，被银川海关授予个人三等功；监察室党支部晋升银川海关四星级党支部，持续擦亮“清风国门”党建品牌，全面提升支部党建质量。

【“海关重点项目和财物管理以权谋私”专项整治】2022年，银川海关党委纪检组牵头抓总开展关区“海关重点项目和财物管理以权谋私”专项整治，聚焦海关非执法领域，围绕工程建设、信息化建设、实验室建设、装备构建、疫情防控保障5类重点项目和财物管理领域，结合关区实际确定“小基数、大范围”“小关区、大财务”“小切口、大目标”的总体思路，在专项整治工作期间，对2012年以来关本级及下属单位在接受巡视、巡察、督察审计中被指出的问题进行梳理，筛选出涉及重点项目和财物管理领域问题，并开展分析研判。调取领导干部个人事项报告66人，排查领导干部亲属从业情况66人，排查干部离岗离职后就业情况7人。排查2012年以来问题线索70件，对其中涉及非执法领域问题线索37件进行筛查，确定3件问题线索补充核查。组织168名领导干部开展个人违规事项申报、91名领导干部撰写个人剖析材料，开展6场座谈研讨会，征求意见建议85条，排查问题和风险63个，确定高风险项目10项，确立59个具体整改问题。建立整改销号报告单制度、问题整改双周报制度，整改期间共开展实地检查23次，制发督办单13份、监督建议书2份，运用监督执纪“第一种形态”9人次。

撰稿人

卜军亮　左新龙　索爱锋

队伍管理

【概况】2022年，银川海关聚焦强化政治建关、着力抓好专项教育活动，聚焦推进党建高质量发展、着力抓好巩固拓展提升，聚焦建设高素质专业化干部队伍、着力抓好人才队伍发展，聚焦深化全面从严治党，着力抓好准军事化纪律部队建设。

【机构编制管理】2022年，银川海关严格执行海关总署在“三定”及相关批复中明确的机构设置、人员编制规定，机关正处级机构13个，下设正处级隶属海关4个，直属事业单位4个，设党委派驻纪检组1个，与“三定”批复一致；行政编制共188名，事业编制共40名，在职行政编制人员180人，在职事业编制人员29人，不存在超编制配备干部情况。为进一步规范机构编制工作，严肃机构编制纪律，认真梳理工作权限、程序及监督问责相关规定，形成权责清单，促进机构编制具体工作权限进一步清晰、程序进一步明晰、责任进一步明确，确保相关工作规定扎实落实。

【干部人事管理】2022年，银川海关严格按照干部人事管理工作相关要求，结合关区工作重点，严格开展干部管理各项工作。

年内，银川海关紧密围绕疫情防控工作大局，结合银川海关各项工作和干部队伍情况，及时做好疫情防控应急、支援梯队人员动态调整，积极参与地方疫情防控，协调安排干部职工下沉社区支援防疫，公务员招录注重向医学专业倾斜，已录用的医学专业公务员全部充实到疫情防控一线，在干部日常奖励、评先选优工作中向疫情防控任务较重的部门倾斜。

年内，银川海关在干部监督工作方面，共组织66名干部填报个人有关事项，其中正处级干部19人，副处级干部27人，事业单位领导班子成员10人，二级调研员及以上层次职级公务员10人。年内开展重点查核、随机抽查、查核验证工作5批次，查核干部29人次。年内银川海关的如实报告率继续保持100%。

年内，银川海关在干部考核工作方面，制定了《银川海关关于强化考核结果运用全面提升关区工作质量的意见》，强调要加强考核结果的应用。充分发挥考核的催化剂作用，彰显“以实绩论英雄”的导向，让真干假干不一样、干多干少不一样、干好干坏不一样，让干部有压力、更有奔头，考核结果在领导干部选拔、职级晋升、评先评优等方面全方位应用。

年内，银川海关在干部正向激励、关心关爱工作方面，按照《海关工作人员奖励规定（试行）》，结合关区实际，对在业务工作中大胆创新、锐意改革，工作成绩显著的干部，给予及时奖励，鼓励干部担当作为、干事创业，营造比学赶超的良好氛围。

年内，银川海关在工资福利方面，积极协调、联系地方社保及相关部门，及时跟进了解福利待遇相关政策规定。按照宁夏回族自治区公务员津贴补贴实施方案，进一步规范银川海关公务员工资津贴补贴，按照属地政策实施宁夏公务员绩效奖金，对2021年度和2022年度的奖励性补贴进行清算。对调入、新录用、职务职级晋升以及调整工作岗位的干部及时兑现待遇。

【人才队伍建设】2022年，银川海关党委认真贯彻落实新时代党的组织路线，始终把政治建设放在首位，坚持党管干部，突出政治标准，按照相关要求，注重德才兼备、以德为先，将好干部“二十字”标准融入干部育、选、管、用全过程，凝聚干事创业力量，为中心工作提供了有力组织保障。年内共调任处级领导1名、执法一线科长进隶属海关党委1名，开展职级晋升13人次，交流调整干部岗位1人次。优先选拔任用、优先配齐配强，确保一线战斗力；制订执法一线科长集中调训和跟班作业计划并组织实施；1名执法一线科长获评海关总署百名优秀执法一线科长。进一步优化了干部队伍结构，为银川海关各项事业发展提供了坚强的组织保证。

【教育培训】2022年，银川海关系统开展政治、业务、执法能力培训，提高年轻干部“七种能力”，举办集中调训班4期，处级领导专业化能力提升班1期，举办各类专题讲座40场，“线上+线下”培训班52场，开展了两轮10余人次互派交流。组织开展动植物检疫岗位资质考核，极大缓解了基层海关专业执法资质人员不足的问题。精心打磨1堂特色课程，在全国海关申报的54门课程中被海关总署选为5个海关总署优秀课程库的课程之一。紧盯量化指标要求，继续强化“小教员”工作机制，科学配置好各种培训资源，平衡好工学矛盾，规范做好相关课程的评估和总结，全面提升培训的质与效。

撰稿人

李兴昊　郝若阳

离退休干部管理

【概况】2022年，银川海关以习近平新时代中国特色社会主义思想为统领，深入贯彻落实习近平总书记关于做好老干部工作的重要指示批示精神，围绕银川海关重点工作任务，加强离退休干部党建工作，用心用情服务老同志，不断丰富老年文化生活，引导退休干部为银川海关事业及地方建设贡献智慧和力量。

【离退休干部党建工作】2022年，银川海关落实海关总署党委对离退休干部工作部署的新任务，银川海关印发《中共银川海关党委关于加强新时代离退休干部党的建设的实施意见》，“七一”前夕组织关区老干部前往宁东会客厅，开展“看宁东新发展 喜迎党的二十大”参观见学活动。组织“建言二十大”老干部座谈会，听取了老干部对推进海关事业发展的意见建议，向老干部传达海关总署署长关于海关老干部工作的批示，宣讲自治区第十三次党代会会议精神。2022年12月完成退休老干部党支部换届选举工作。

▲2022年6月23日，人事教育处组织关区老干部前往宁东会客厅，开展“看宁东新发展 喜迎党的二十大”参观见学活动 （银川海关人事教育处供图）

【老同志服务管理】2022年，银川海关加强对退休干部的关心，努力做好服务工作。春节前组织开展走访慰问部分退休老干部活动；帮助、督促退休人员做好年度社会保险待遇资格认证。根据海关总署及关区统一部署，在疫情期间，认真落实相关要求，积极做好退休老同志的疫情防控相关工作，向老同志发放爱心健康包。

【老年文化教育】2022 年，银川海关按照《离退局关于在全国海关离退休干部中组织开展“建言二十大”和“我看中国特色社会主义新时代”调研活动的通知》要求，认真组织开展两项调研活动，并按时上报调研活动的情况报告。积极参加“喜迎二十大，奋进新征程”线上文艺汇演，银川海关原创的诗朗诵作品入选优秀作品，并在海关总署离退休干部局微信公众号“鑫海桑榆”中展播。

撰稿人

刘 姝 郝若阳

第五篇

业务建设

法治建设

【概况】2022年，银川海关以习近平新时代中国特色社会主义思想为指引，深入学习宣传贯彻党的二十大精神，贯彻落实习近平法治思想，围绕“12个必”重点工作和“1+1+6”重点任务，全力配合开展立法工作，对《中华人民共和国海关法（修订草案征求意见稿）》等7项法律法规规章提出有效立法意见和建议。对43项海关规章进行立法后评估；推进依法行政，进一步明确行政执法“三项制度”有关要求，开展《中华人民共和国行政处罚法》专题培训，提升执法人员能力水平；提升普法效果，制订《2022年银川海关法治宣传教育工作方案》，深入推进“谁执法谁普法”普法责任制，不断推进关区法治建设取得新成效。

【政治引领】2022年，银川海关推进学习宣传贯彻习近平法治思想走深走实。坚持抓住领导干部这个“关键少数”，把习近平法治思想作为两级党委理论学习中心组学习重点内容，通过主要领导讲法、交流研讨、专家辅导等形式，关党委7次学习习近平总书记关于全面依法治国的重要论述以及《中华人民共和国宪法》《中华人民共和国民法典》《中华人民共和国安全生产法》等重要内容。全体干部持续学，把习近平法治思想作为理论学习和教育培训的必修课，通过读书研讨、学习测试、“三会一课”等多种形式，提升运用法治思维和法治方式深化业务改革和解决疑难问题的能力。

年内，银川海关始终坚持把学习领会、贯彻落实习近平总书记重要指示批示精神作为各级党委会、工作例会的“第一议题”，确保党的路线方针政策在法治海关建设中得到贯彻落实。深入开展强化政治机关专项教育、“学查改”专项活动，正确认识处理政治与业务关系，全面检视党建和法治工作，梳理法规岗位政治要求清单，把讲政治落实在法治业务中，在法治建设中坚持党建引领。

年内，银川海关主要负责同志带头研究部署、推动落实法治建设工作，制定年度法治建设工作要点，定期听取法治建设工作情况汇报。严格落实集体学法、领导讲法、年终述法等制度，两级党委主要负责人按照《党政主要负责人履行推进法治建设第一责任人职责情况列入年终述职内容工作方案》，将履行推进法治建设第一责任人职责情况列入个人年度述职报告，作为报告的重要组成部分。

【法规管理】2022年，银川海关全力配合开展立法工作。围绕海关总署、地方立法机关立法征求意见，结合关区实际认真组织研究，2022年共对《中华人民共和国海关法（修订草案征求意见稿）》《宁夏回族自治区固体废物污染环境防治条例》等7项法律法规提出有效立法意见和建议。

年内，银川海关结合执法实践，从是否与上位法抵触、是否适应改革要求、内容是否过时等4个方面对43项海关规章进行立法后评估，向海关总署提出“立改废释”的意见和建议。首次与上海海关联合开展《国境口岸突发公共卫生事件出入境检验检疫应急处理规定》立法后评估工作，形成评估报告。

年内，银川海关发挥协调联动和把关审核作用，组织实施常态化的制度“立改废”，3月组织各部门对制度执行情况进行评估，集中立项制定2项，修订7项，印发关区制度制修订计划。加强跟踪督导和服务保障，畅通追加和调整立项的渠道，后单独立项制度9项。加强制度合法性审核，实施动态维护管理。

【规范执法】2022年，银川海关持续推进严格规范公正文明执法。规范行政执法证件管理，坚持关区行政执法人员全部“持证上岗”。将一线执法人员作为重点宣传贯彻对象，开设《中华人民共和国行政处罚法》网上培训班，组织线上旁听庭审活动，通过旁听三金公司进口磷虾归类错误不服海关处罚决定行政诉讼案，进一步增强执法人员依法行政的意识和能力，为严格规范公正文明执法打下坚实基础。

年内，银川海关持续落实行政执法“三项制度”，优化调整门户网站“行政执法公示”专栏，结合前期对各业务执法部门的调研督导情况，印发《银川海关关于进一步明确行政执法“三项制度”有关要求的通知》，明确行政执法公示、全过程音像记录、重大执法决定法制审核事项清单，编制行政执法“三项制度”流程示意图，为基层海关提供切实有效的帮助和指引。按要求编制报送行政执法统计年报。

年内，银川海关积极参与海关系统权责清单编制工作，完成《海关系统权责清单》2轮征求意见及有关调研工作；参加海关总署组织的线下集中工作1次，系统梳理权责事项，对权责清单草

▲2022年9月22日，全国海关行政执法人员执法资格考试在银川海关考区顺利进行　（银川海关法规处　供图）

案进行逐项审核。

【复议应诉】2022 年，银川海关加强行政复议应诉能力建设。配合完成“海关行政复议诉讼案件管理系统”验证测试，正式上线运行。组织学习海关总署关于 2021 年全国海关行政复议诉讼案件有关情况的通报，对普遍性、典型性执法问题进行分析，强化法治思维。与海关法治工作第三协作区协作应对行政复议案件 3 起，开展疑难法律问题研究 5 项、线上模拟法庭活动 1 次、“枫桥经验”工作交流 1 次。年内未发生行政复议、行政诉讼案件。

【法治宣传】2022 年，银川海关落实国家工作人员学法用法制度，在管理网开设“学法用法”专栏，建立“1+3+X”为自选内容的领导干部应知应会法律法规清单体系，按要求完成习近平新时代中国特色社会主义思想、政治能力、业务能力和执法能力 4 个能力模块共计 100 学分的课程，推进干部职工学法的经常化、制度化和规范化。

▲2022 年 8 月 8 日，银川海关开展政策法规“云课堂”活动 （银川海关法规处 供图）

年内，银川海关印发《2022 年银川海关法治宣传教育工作方案》，制定普法责任制“四个清单”，明确普法责任，细化普法措施，形成普法工作合力。认真落实“谁执法谁普法”普法责任制，业务职能部门和隶属海关广泛开展“嵌入式”普法，了解企业生产经营实际，对接企业个性化法治需求，精准投放普法资源，及时解答行政相对人的疑问。

年内，银川海关扎实开展重要节点普法宣传，组织开展“美好生活·民法典相伴”、“8·8”海关法治宣传日、宪法宣传周等主题活动。开设法治讲堂，邀请法律专家面向全体关警员开展《中华人民共和国民法典》专题讲座，强化各部门在合同订立履行过程中的风险防范意识。充分利用“关企面对面”普法宣传品牌，以辖区企业实际需求为导向，利用“腾讯会议”App 开设海关政策法规“云课堂”。通过横幅悬挂、宣传板报展示、现场咨询、发放宣传资料等形式，利用微信公众号、新闻媒体等平台解读相关法律法规，提高群众自觉守法意识和依法维权能力。

年内，银川海关将法治元素嵌入海关工作场地，利用活动室、办公场所、业务现场因地制宜建设普法“微景观、微场地、微角落”，使海关法治文化真正走到群众身边、走进群众心里。创建和传播海关法治微视频、微动漫、微电影以及海关法治文学、书画、摄影等法治文化作品，进一步培育良好法治文化氛围。

【法治保障】2022年，银川海关全面实行行政许可事项清单管理。按照审批权限编制《银川海关行政许可事项清单》，及时在门户网站公开，并纳入自治区行政许可事项清单管理，持续提升海关行政许可标准化、规范化、便利化水平。

年内，银川海关持续优化法治化营商环境，以深化“放管服”改革为牵引，持续推进“多证合一”“多报合一”和注销便利化改革落地，精简进出口环节监管证件和随附单证，推进通关便利化；不断深化跨境电商改革创新，实现跨境电商新业态落地；加强RCEP等政策宣传引导，指导企业抢抓RCEP实施机遇，确保企业政策享惠；加强企业培育，落实关企协调员制度，为AEO企业提供“全口径”通关便利服务；参与自治区行政备案规范管理改革工作，梳理关区行政备案事项，形成银川海关行政备案事项清单。

年内，银川海关务实高效解决关区法律纠纷，对某绒业股份有限公司税款滞纳金征收、关区聘用人员劳动争议、涉案财物二次拍卖差额追缴等法律事务提供全过程专业法律指导和监督，3起法律纠纷均得到妥善解决。强化法制审核，防范和化解合同的法律风险，年内审核各类合同、协议共81份。

【开展推动高质量法治主题普法】2022年，银川海关充分依托“8·8”海关法治宣传日这一品牌，围绕“强化法治保障作用，服务口岸疫情防控，促进外贸保稳提质”主题开展服务大局普法行活动。“日常普法”上走在前。坚持以需求为导向，与地方主管部门建立配合联系机制，到各县市区宣讲海关法律法规及海关政策30余次。积极开展“嵌入式”普法，组织送法进企业活动，把普法融入外勤执法过程，关员“零距离”解读《中华人民共和国海关法》《中华人民共和国安全生产法》《中华人民共和国进出境动植物检疫法》《中华人民共和国食品安全法》等法律法规，加大对海关出台促进外贸保稳提质、助企纾困降成本等各项措施的宣传力度，不断强化“谁执法谁普法”责任制。在“多样普法”上动脑筋，结合新媒体开展“云”普法活动，通过“菜单式服务”，对减免税管理、主动披露、税收征管、RCEP相关政策规定进行详细解读，帮助企业守法经营；各业务大厅LED大屏现场播放“守好国门安全”动漫小视频、“食品安全知多少”小课件，结合关企微信群发送法治知识、海关政策文件链接，现场发放法治宣传材料，进一步增强受众的参与感、体验感、获得感，推动法治宣传教育深入人心；“关企座谈”上求实效，与辖区企业开展座谈，把以案释法、答疑解惑作为重点精准普法，上好普法“公开课”，开展进口哈萨克斯坦亚麻籽业务技术和政策法规指导，通过实际案例解读海关查验执法要求，运用具体条文回应解答企业关注、群众关心的海关法律问题，推动形成“守法便利、违法惩戒”的共识。

【全面深化“放管服”改革】2022年，银川海关积极支持自治区贸易新业态发展。支持传统外贸企业开展跨境电商业务，支持跨境电商海外仓建设和发展。积极开展政策宣讲和解读，对关区跨境电商企业宣讲出口商品退货监管工作流程，在前期走访调研的基础上，重点介绍了退货企业资质、退货商品管理、退货监管等工作要求，提醒跨境电商企业严格遵守“自出口放行之日起1年退回”的时限要求，提前准备涉税证明材料，向海关开放境外仓储、销售、物流派送等信息，确保零售出口退货包裹具有可验核的标识。前往银川综合保税区宣传介绍《海关指定监管场地管理规范》，讲解“指定监管场地”评审、立项、验收等工作流程；介绍《国际公路运输公约》（TIR公约）、海关“铁路快速通关”模式的优势，人力支持银川综合保税区新业态、新模式创新。

年内，银川海关落实进口关税配额通关无纸化，稳步推进各类关税配额证的电子数据与报关单数据的联网核查工作，严格落实海关总署进口关税配额通关无纸化。实现了农产品进口关税配额证、化肥进口关税配额证、关税配额外优惠关税税率、进口棉花配额证的电子数据与报关单电子数据的联网核查。开展进口货物“船边直提”和出口货物“抵港直运”政策宣讲，通过线上推送、深入企业调研、政策宣讲会等形式积极开展进口货物“船边直提”和出口货物“抵港直运”政策宣传，引导具备条件的企业灵活预约抵港作业，助力企业高效通关。

年内，银川海关持续提升贸易便利化水平，推进“五个两”改革落地实施，年内组织了关区60余家企业进行“提前申报”“两步申报”“两段准入”政策宣介培训，提升关区企业相关改革举措应用水平。

年内，银川海关持续扩大RCEP政策的宣传贯彻培训力度和覆盖面，以“线上+线下”相结合方式组织开展RCEP专题宣传及培训，为企业提供RCEP关税减让、原产地规则、最新政策等方面的咨询服务，指导企业择优适用协定税率，推广应用原产地证书智能审核和自助打印。一方面，坚持问题导向，积极落实促进宁夏外贸保稳提质15条措施，加强RCEP实施效果跟踪，建立企业享惠受阻问题收集机制，通过微信调研、电话随访、入企宣传指导等多种方式主动了解企业RCEP运用情况，有针对性引导企业做好享惠规划，准确指导企业进口享惠。另一方面，通过“银川海关12360”微信公众号推送文章、对外发布新闻宣传稿件、参加新闻发布会、举办培训讲座等方式开展RCEP专题宣传及培训，积极宣传贯彻经核准出口商制度、RCEP原产地规则和关税减让政策等，共组织各类政策宣传及培训讲座近30轮次；联合自治区商务厅、宁夏贸促会等相关单位开展RCEP专题宣传贯彻培训，积极引导企业依法合规享受优惠关税政策。年内，政策宣传贯彻培训惠及银川海关关区200余家企业、覆盖关区各地市商务部门和中国国际贸易促进委员会分支机构等，累计1000余人次通过线上线下方式参与了海关政策培训和业务指导。

年内，银川海关推进报关单位备案“多证合一”改革，多次赴自治区市场监督管理厅进行沟通座谈，就推进报关单位备案“多证合一”改革建立工作机制，优化信息采集共享技术方案及系统业务流程，定期核对备案数据传递及时性和有效性。企业办理市场监管部门市场主体登记时，需要同步办理报关单位备案的，在网页直接勾选报关单位备案，并补充填写相关备案信息，海关即可收到企业备案申请。

年内，银川海关加大企业信用培育力度，对符合条件和有意向的企业，统筹关区认证人力资源，优先开展信用培育，采取“线上+线下”相结合方式开展“普适性”培育，确保海关信用管理要求传达到每个企业；支持企业打造外贸“金字招牌”，聚焦“专精特新”“中小微”“新行业新业态”企业信用培育，将 4 家企业列入高级认证企业重点培育名单，“一企一策”“一企一课”，实施量体裁衣式精准培育。

年内，银川海关加大重点产业知识产权海关保护，制订《2022 年银川海关知识产权保护专项行动方案》，在宁夏地区开展“龙腾行动 2022”和“蓝网行动 2022”专项行动，强化对输往北美洲、欧洲、南美洲、非洲、RCEP 成员方侵权货物的监管，重点打击通过中欧班列输往“一带一路”共建国家和地区的侵权贸易。

撰稿人

汤寿武

业务改革与发展

【概况】2022年，银川海关认真落实海关总署业务改革与发展各项部署，积极将“响应、呼应、反应”意识和机制融入业务改革协调、通关运行管理、贸易管制与技术规范、知识产权海关保护工作中，主动作为、多措并举，有序推动各项工作扎实开展。

【业务改革协调】2022年，银川海关积极落实海关总署关于保稳提质相关工作要求，研究出台《银川海关保稳提质15项举措》，编制12期《银川海关促进外贸保稳提质工作简报》，走访自治区相关部门、深入企业开展调研交流、听取企业需求，确保各项保稳提质措施取得实效。持续推进“五个两”改革落地实施，在尊重企业意愿的基础上，继续推广“提前申报”“两步申报”“两段准入”等海关通关便利化措施，组织关区60余家企业进行政策宣介培训，提升关区企业相关改革举措应用水平。围绕“拓围、提质、增效”目标，强化业务协调配合，坚持“问题清零”机制，解决企业困难。组织开展“如何深化改革融合”课题研究，形成“整合出口申报，优化出口货物通关流程”课题研究成果。

【通关运行管理】2022年，银川海关积极参与海关总署业务运行专项工作组工作，处置关区业务运行疑难问题。加强业务运行监控，进一步压缩进出口整体通关时间。年内，银川海关进口整体通关时间12.75小时，位居全国第8名；出口整体通关时间0.55小时，位居全国第19名。优化明确关区检验检疫证书出具工作流程，开展证书出具规范性检查，明确检验检疫证书拟证出证相关问题。配合海关总署做好《报关单修撤管理办法》《报关单申报管理规定》等通关管理制度修订工作。

【贸易管制与技术规范】2022年，银川海关扎实做好海关技术性贸易措施工作。加强国外技术贸易措施信息收集、分析工作，更新相关平台信息，建立健全关区技术性贸易工作相关机制，开展2022年技术性贸易措施影响调查工作，组织完成对涉及中药材产品、木制品、葡萄酒和纺织产品的141家企业的技术性贸易调查工作。持续跟进中宁枸杞技术性贸易措施研究评议基地协议续签工作，顺利通过海关总署2021年度评议基地考核。

年内，银川海关不断提升关区贸易管制水平能力。加强与主管司局、兄弟海关、濒管部门的沟通联系，梳理排查关区稀土类产品进出口现状，形成专题报告。及时解答进出口企业贸易管制疑问，宣讲云南枸杞、黑果枸杞出口政策的变化。

【知识产权海关保护】2022年，银川海关组织开展2022年知识产权保护周活动，与西安、武汉、济南、兰州、西宁海关开展知识产权海关保护执法培训、交流。开展跨关区执法协作，与贵阳、深圳、兰州、重庆、西宁海关对跨境电商等多类商品侵权风险、执法经验进行沟通交流。做好关区知识产权海关保护工作，培塑完成关区首例知识产权海关保护海关总署备案。加强与自治区知识产权保护部门联系配合，充分发挥知识产权海关保护职能，助力地方营造良好营商环境，支持经济高质量发展。

撰稿人

唐莉丽

特殊监管区域管理

【概况】2022年，银川海关始终坚持以习近平新时代中国特色社会主义思想为指导，贯彻落实习近平总书记重要指示批示精神，积极促进海关特殊监管区域高水平开放高质量发展。

【非贸新业态】2022年，银川海关指导银川综合保税区建设“快件、跨境电商海关综合监管中心”，预留“国际邮件交换局”功能区，实现了多种业务“同一场地作业、同一时间清关”。用好优惠政策，提供“海关方案”，为2家企业办理了简化申报备案，顺利完成“6·18”“双11”保障。针对难点痛点，提供“海关支持”，加强与口岸海关沟通协作，联合制定跨关区转关作业流程，货物运输时间较海运缩短了20天；建设跨境电商退货中心仓，理顺通关流程，解决跨境电商出口商品“退货难”问题。

【综合保税区发展】2022年，银川海关复制推广“企业集团加工贸易保税监管模式”，提高银川综合保税区通关便利化水平；积极建言献策，专报信息得到地方党政领导批示；跟进做好综合保税区绩效评估工作。与自治区商务厅、银川市政府、银川综合保税区管委会建立常态化联系配合机制，强化与海关总署自贸区和特殊区域发展司联系沟通，年内银川综合保税区成功实现保牌晋位。

撰稿人

杨　姣

风险管理

【概况】2022年，银川海关风险管理工作坚决贯彻落实习近平总书记重要指示批示精神，立足新发展阶段，贯彻新发展理念，推动构建新发展格局，推动高质量发展。坚持系统观念，全面践行总体国家安全观，统筹发展与安全，统筹疫情防控和促进外贸稳增长，强化监管优化服务，深化风险全要素防控，推进一体化、精准化、智能化建设。

【风险信息情报】2022年，银川海关完善风险情报信息工作机制，强化收集、报送、交换、合作工作，提升情报信息的及时性、准确性、目的性和有效性。加强风险态势分析，聚焦安全准入风险，做好重点领域、重点渠道、重点商品风险态势分析，强化态势分析后续成果转化。

【风险预警】2022年，银川海关聚焦重点领域安全准入风险、案值较大税收风险、虚假贸易风险开展专题风险态势分析，推动预警成果转化。完善态势分析向预警转化、布控转化、移交处置机制。畅通与其他业务部门风险预警联系配合，发挥风险防控协同机制作用，有效统筹各业务部门需求，突出风险预警整体效能。

年内，银川海关制订《银川海关风险管理委员会运行机制实施细则》《银川海关风控部门与业务现场联动工作机制》《银川海关业务风险跨部门联合研判机制工作方案》，基本形成“横向协作”“纵向联动”“上下贯通”的高效机制运行模式。

年内，银川海关制订《银川海关关于加强重点领域风险防控 防范化解监管风险工作方案》，立足重点领域风险防控，建立风险防控长效机制。

【风险分析处置】2022年，银川海关持续做好“洋垃圾”、危险品、出口化肥风险防控工作，成立“危险品伪瞒报”“出口化肥伪瞒报”风险防控专班，建立完善工作台账。围绕象牙、穿山甲、犀牛角等濒危物种及其制品走私风险，开展涉濒危动植物及其制品专项风险防控工作，在进口跨境渠道查获涉嫌濒危野生植物风险情事订单7单。

年内，银川海关聚焦涉检风险防控，实现关区首家涉嫌危险化学品逃漏检违规后续查发，涉案金额44万余元。首次在通关环节查获某公司798个锂电池违反危险货物临客相关规定案。查发代理公司申报不实影响海关监管案，漏报发动机零件等货物涉案金额132.08万元。

【大数据应用】2022年，银川海关深化关区大数据应用，建立虚假贸易防控、查获率、通关时间等数据模型，加强对核心指标监控。通过大数据应用分析，组织开展关区加工贸易企业羊绒加工企业高报单耗、违规内销风险分析，查发组织开展关区加工贸易企业羊绒加工企业高报单耗、违规内销风险分析。查发3家羊绒企业申报不实，并补征税款、滞纳金和缓税利息。

【口岸风险联合防控】2022年，银川海关按照《宁夏口岸安全风险联合防控合作备忘录》协定内容，强化口岸联防联控工作，开展风险信息共享、强化联合研判、密切协同配合，构建常态化的宁夏口岸安全风险联合防控机制，形成口岸安全风险联合防控合力，精准、高效地处置口岸安全风险。联合国税部门开展虚假贸易风险防控，将10家企业列入风险纳税人名单；开展违规出口骗取出口退税分析，将案件线索移交国税局办理后追回已退出口环节增值税；与国家安全部门进行数据分析和情报信息交换千余条。

撰稿人

崔啸天

关税征管

【概况】2022年，银川海关始终坚持以习近平新时代中国特色社会主义思想为指导，坚决贯彻落实习近平总书记重要指示批示精神，不断提高政治站位，强化政治担当，全面履职尽责，推进业务改革，提升征管水平，进一步推动关税业务工作再上新台阶。

银川海关不断强化税收征管水平，年内累计税收入库3.9亿元，同比增长69.6%，超额完成税收入库目标。积极推进属地纳税人管理，完成30家重点税源企业、6家报关企业底账设立，4家“双特”企业台账设立；不断完善税收风险防控制度，持续释放原产地证书优惠政策红利，年内共签发各类原产地证书5370份，签证金额9.32亿美元。

【税则税政】2022年，银川海关着眼自治区九大产业发展需求，立足海关职能优势，主动参与税政调研工作。参与海关总署清洁能源和动力电池两项专项行业调研，完成《关于氢能行业的税政调研报告》；参与海关总署“质子交换膜”税政调研和《RCEP关税政策对黄河流域与日韩经贸合作影响研究》；积极参与青岛、太原、郑州等12个海关成立的服务黄河流域高质量发展原产地技术服务队工作。

【税收征管】2022年，银川海关认真贯彻落实海关总署税收工作部署，不断强化税收征管水平，为实现关区“依法征税、科学征管、量质并举、持续发展”的综合治税工作目标提供保障。年内，银川海关对症施策，做好保稳提质工作。做好减免税政

▲2022年6月2日，银川海关召开2022年综合治税工作会议　（银川海关综合业务二处　供图）

策宣介。指导银川海关关区高等院校、科研院所和重点企业充分享受国家进口税收优惠，年内银川海关共办理减免税免表266份，涉及进口货物货值8818万美元，审批减免关税3082万元，审批减免增值税1559万元。加强进口税收优惠政策宣传介绍，持续推进“汇总征税”、“一保多用”、自报自缴等措施落地见效。年内共为关区企业办理“一保多用”担保备案3128万元，确实帮助企业减负增效。自主签发预裁定证书2份，解决商品归类难题，助力宁夏特色农产品走出国门。

【税收风险防控】2022年，银川海关不断完善税收风险防控制度，进一步提升税收征管管理效能，加强涉税查验工作。从企业维度出发，对企业进行合规引导，积极推动降本增效新举措，帮助企业实现高质量发展。更新关区税收前30位重点税源企业及4家“双特”企业台账，6家报关企业台账，针对关区重点税源企业，通过多种方式加强与关企之间的联系，推进建立新型税收征纳关系。

【原产地管理】2022年，银川海关持续推广原产地证书“智能审核+自助打印”智慧审签模式，共引导企业自助打印证书2590份，自助打印签证金额5.26亿美元。关区自助打印利用率（份数和金额）分别达到53.5%和60.06%。做好原产地证书签发工作，银川海关共为关区166家企业签发各种类原产地证书5370份，签证金额9.32亿美元。通过“线上+线下”方式开展RCEP政策宣传贯彻培训，共签发RCEP原产地证书652份（45家企业），签证金额1.04亿美元；证书签发量和签证金额分别占关区自贸协定原产地证书签发量和签证货值的22.51%和25.58%。坚持问题导向，积极落实银川海关促进宁夏外贸保稳提质15条措施，结合“助企纾困百日回访+问题清零”活动，加强RCEP实施效果跟踪，建立企业享惠受阻问题收集机制，通过微信调研、电话随访、入企宣传指导等主动了解企业RCEP运用情况，准确指导企业进口享惠。

撰稿人

徐蓓蓓

卫生检疫

【概况】2022年，银川海关以习近平新时代中国特色社会主义思想为指导，贯彻落实习近平总书记重要指示批示精神，在银川海关党委领导下，坚持口岸疫情防控海关必坚守，统筹推进常态化口岸疫情防控，根据疫情变化实时跟进海关总署最新疫情防控政策，及时优化调整各类方案预案，不断优化口岸检疫措施，筑牢口岸检疫防线；加强一线工作人员安全防护管理，不断完善安全防护制度，积极推进新冠病毒疫苗接种，筑牢安全底线；强化督导检查，防微杜渐查堵漏洞，顺利完成“百名科长百日督查”“海关总署疫情防控专项督查”；制订完善国境口岸卫生监督方案，保障口岸公共卫生及食品安全；积极沟通协调，做好承接国际航班准备工作；加强培训演练，推进疫情防控常态化和规范化。

【检疫管理】2022年，银川海关组织召开疫情防控组专题会议12次，及时传达疫情防控要求，研究部署具体工作措施，推动疫情防控各项工作有序、高效落实。及时优化调整各类方案预案，年内制修订各类方案预案16个，细化疫情防控现场作业规范和操作手册2次。不断加强风险监测，共完成331期6国疫情与风险研判评估报告。制订口岸卫生监督各类方案，保障口岸公共卫生及食品安全。制发生物安全体系建设方案，提高生物安全的治理能力。不断完善安全防护制度，修订完善安全防护工作方案，调整银川海关“挑毛病”专家组成员，每季度开展安全防护实操培训，每季度联合多部门以多种形式开展安全防护专项督查。积极推进新冠病毒疫苗接种。坚持问题导向，制订常态化疫情防控监督检查工作方案。顺利完成“百名科长百日督查”“海关总署疫情防控专项督查”。积极沟通协调，做好承接国际航班准备工作，细化完善入境航班保障场地设置，调试现场系统设施设备，深化属地联防联控协作。推进疫情防控常态化和规范化，选派工作业务骨干前往厦门海关跟班作业学习。年内累计开展新冠疫情常态化防控培训等各类培训考核500余人次，开展人员卫生检疫突发事件应急处置桌面推演、实战演练等共4次，开展职业暴露应急处置演练3次。

【生物安全】2022年，银川海关制订并下发《银川海关生物安全体系建设方案》，成立银川海关生物安全工作领导小组，逐步形成上下联动、齐抓共管的格局，持续加强银川海关生物安全风险防控和治理体系建设，提高生物安全的治理能力。按照海关总署安排部署，推进关区“海关出入境特殊物品卫生检疫审批与分析系统”上线运行，组织提交授权信息，制订出入境特殊物品卫生检疫监管业务培训计划，为新冠疫苗和检测试剂快速通关提供便利。

【疾病监测】2022年，银川海关加强实验室能力建设，不断提升实验室技术支撑保障。严格落实国务院关于新冠病毒核酸检测能力建设工作方案的通知要求和精神，综合考虑关区内口岸技术保障需求，采取有力措施提升实验室核酸检测能力；严格实验室分区操作，加强检测前预防性消毒，做好检测后空气消毒、通风，防止实验室环境污染。

【卫生监督】2022年，银川海关加强卫生监督工作。结合银川海关口岸卫生监督工作实际，制订银川海关口岸食品安全抽检实施方案、国境口岸卫生监督工作实施方案及“双随机、一公开”抽查方案，严格按照方案开展相关工作，保障口岸公共卫生及食品安全。年内银川河东机场口岸辖区内现有公共场所等4家单位，其中食品流通企业1家，二次供水单位1家，存储场地1家，公共场所1家。开展日常卫生监督26次。开展公共场所微小气候监测4次。受理卫生许可企业2家，逾期办结0家。制订银川河东机场口岸病媒生物的监测方案，按计划开展鼠及体表寄生虫、成蚊、蜚蠊等病媒生物的监测工作。对鼠类及其体表寄生虫进行监测4次，捕获鼠2只，均为子午沙鼠，梳检出蜱1只，鼠类及鼠体携带的寄生虫检测结果均为阴性，鼠密度低于《国境口岸医学媒介生物控制标准》（SN/T 1415－2004）中的相关标准；开展成蚊密度监测12次，捕获成蚊546只（雌性），经鉴定，主要为刺扰伊蚊、淡色库蚊、背点伊蚊，未检测出登革热等8种主要传染病病原体；开展游离蜱监测6次，捕获0只。

撰稿人

盛婷婷

动植物检疫

【综述】2022 年，银川海关坚持以习近平新时代中国特色社会主义思想为指导，深入学习贯彻党的二十大精神，在海关总署正确领导下，按照动植检司工作部署，提高政治站位，强化基础保障，持续提升自身履职能力，筑牢口岸检疫防线，主动服务自治区经济社会发展，进出境动植检工作在地方经济社会发展中的作用进一步提升。

【进出境动物检疫】2022 年，银川海关积极应对，严防非洲猪瘟、高致病性禽流感等重大疫情疫病传入传出。一是加强学习，统筹安排。动植检工作职能处室及时组织学习总署发布的防止重大动物疫情疫病传入的警示通报等文件，并对相关工作第一时间进行安排。二是认真落实总署关于有效应对美国高致病性禽流感疫情工作部署，指导企业对进境种鸡隔离检疫场地进行整改完善并取得隔离场使用证。三是密切关注、快速反应。密切跟踪境内外重大动植物疫情动态，及时采取预警和快速反应措施，严防非洲猪瘟、高致病性禽流感、牛结节性皮肤病、沙漠蝗、马铃薯甲虫、番茄褐色皱果病毒等重大动植物疫情疫病传入传出，防止疫情叠加。

年内，银川海关全力服务国家种业振兴，支持地方优良动植物种质资源引进。深入现场指导企业对进境种鸡隔离检疫场地进行整改完善并取得隔离场使用证，帮扶灵武市进境种畜隔离场顺利通过海关总署动植检司专家组远程审核。做好进境动植物检疫审批工作，助力区内企业引进优质种质资源，办理完成进境动植物检疫审批申请 14 批，其中种牛冻精 7 批，动物源性饲料 3 批，种羊 2 批，种鸡 2 批。

年内，银川海关保障供港食用农产品安全。开展 2022 年供港活牛疫病风险监测，全年采样 120 头份，检测项次共计 160 项，针对监测出现的布氏杆菌阳性结果的情况，严格按照工作方案要求做好后续处置工作。完成 2022 年供港活牛安全风险监测工作，全年共开展重点物质监控 4 次，一般物质和污染物监控 1 次，抽检样品结果全部合格，有效保障了供港活牛质量安全。

【进出境植物检疫】2022 年，银川海关按照国门生物安全监测计划认真开展监测工作，加强外来入侵物种普查和口岸防控工作。制发银川海关《入境口岸外来入侵物种普查方案》，成立了由动植检工作职能处室、各隶属海关、技术中心业务骨干及实验室技术专家组成的银川海关外来入侵物种普查工作领导小组，普查对象包括植物、昆虫、植物病原体、线虫等多种类型；深入开展“国门绿盾2022”专项行动，强化外来入侵物种监测和防控。结合关区旅检现场、国际快件等非贸渠道工作实际情况，制订实施《银川海关2022年度国门生物安全监测实施方案》《银川海关打击非法引进外来物种和种子苗木“国门绿盾2022”行动方案》，明确工作重点，进一步加大外来入侵物种口岸防控力度。完成入境口岸监测调查、检疫性实蝇、外来有害杂草、植物病菌、种子病毒和红火蚁监测调查工作；开展外来入侵物种普查工作，发现外来有害生物19种，其中，长芒苋、菟丝子、匍匐矢车菊、刺萼龙葵、马铃薯纺锤块茎类病毒、苹果蠹蛾6种为检疫性外来有害生物；提升监管水平，加强应急演练。修订完善机场口岸应对进出境重大动物疫情应急处置预案和应对进出境重大植物疫情应急处置预案，开展银川机场口岸红火蚁疫情专项防控应急处置桌面推演，及时进行演练总结，强化口岸一线人员应急处置能力。

年内，银川海关积极促进优势特色产业高质量发展。支持小麦、亚麻籽安全进口，保障农产品供应链安全稳定。及时对接口岸海关，开展进口小麦后续监管，确保进境小麦第一时间投入生产。向海关总署进出口食品安全局、动植物检疫司反映进口亚麻籽检疫监管工作存在的困难和进口企业反映的口岸海关执法统一性问题，并提出相关工作建议。面对关区粮食进口企业对进口粮食原料快速通关、顺畅运抵、快速投产的迫切需求，积极对接口岸海关，第一时间深入企业了解生产和进口计划，为企业节约运输成本近60万元，同时，灵活采用信息化监管和实地监管等方式监督铁路场站卸货及粮食抵厂情况，切实提升监管效能，确保进境粮食第一时间投入生产。年内完成4800吨进口小麦后续监管工作开展情况，批准调运亚麻籽近3万吨。

年内，银川海关夯实基础，进一步提升关区动植检能力。组织动植检高级签证官培训和考核，9名参训人员均通过总署组织的考试；针对隶属海关动植检岗位资质工作人员不足的情况，研究建立银川海关动植检业务应急工作机制；结合现场实操针对各隶属海关开展检疫监管等业务培训；进一步提升了业务一线工作能力。关区取得植物检疫岗位资质人员共计38人；取得动物检疫岗位资质人员共计29人。持续推进动植物检疫能力提升工程。按期完成2022年动植物检疫能力提升工程设备采购，深入一线基层调研，研究制订银川海关2023年动植检能力提升工程实施方案，大力推进银川河东机场口岸有害生物和外来物种初筛鉴定室建设。

年内，银川海关全面提升动植检实验室检测技术能力。银川海关动植检实验室通过CNAS扩项复评审，动检领域新扩23项、维持83项，植物检疫领域新扩18项、维持202项，微生物领域维持69项；CMA扩项评审，微生物领域新扩6项。全面完善实验室各环节要素，提高检测实验能力，基本满足辖区动植物进出境检疫技术保障需求。

年内，银川海关推动多元共治，营造国门生物安全社会共治良好氛围。扎实开展“4·15”全民国家安全教育日活动，加强国门生物安全宣传教育，通过发放宣传手册、举办线上讲座、开展知识竞赛、送知识“进校园、进社区、进企业”等方式，普及国门生物安全知识。一是开展国门生物安全知识宣传进机关、进校园、进企业、进学校、进旅行社系列活动，累计宣传国门生物安全和疫情防控知识4场次，发放宣传单200余份，受众3000余人。二是开展“生物安全我知道，争做国门小卫士”知识大讲堂，采取现场授课、问答互动、实物展示、播放微视频等方式向学生们科普防范外来有害生物、维护国门安全等相关知识，培养广大师生国门安全意识，引导少年儿童自觉维护国家安全。三是组织开展“维护国门生物安全 共建美丽和谐家园”主题党日活动。

【外来入侵物种普查】 2022年，银川海关深入贯彻落实习近平总书记重要批示精神，切实加强外来物种入侵口岸防控，于2022年5月到2023年6月在银川海关机场口岸、进口货物加工、存放、种植点等生境开展外来入侵物种普查工作。一是成立银川海关外来入侵物种普查工作领导小组，强化普查工作组织领导。二是制订《银川海关入境口岸外来入侵物种普查方案》及《银川海关口岸普查入侵物种重点名单》，确定普查重点名单39种，明确监测各环节工作职责，细化工作步骤，强化技术保障，确保普查工作有序推进。三是成立了由银川海关技术中心动植检实验室、银川海关综合业务三处、各隶属海关相关技术骨干组成的普查联合工作小组，并邀请中国检验检疫科学研究院、宁夏植保所等相关领域专家现场指导并参与调查，专家包含长期从事病虫草等相关研究的工作人员，在理论和经验上保障了工作的稳步推进，大大提升了普查的专业技术能力，实现资源共享，提升了银川海关口岸外来有害生物普查工作效率，确保普查工作顺利完成。四是建立了外来有害生物风险分析研究团队并开展了相关研究。根据普查结果，银川海关技术中心开展了有害生物风险分析和扩散生态机理研究，形成了以生物学鉴定、定殖风险分析、扩散生态规律研究为主要方向的研究团队，通过相应的积累，以期形成有害生物风险分析领域大量的创新性的成果。五是开展了全面普查。普查对象包括但不限于植物、昆虫、植物病原体（真菌、细菌、病毒）等39种类型。普查区域包括机场、进口货物存放点、外繁种子制种基地、出口注册登记果园、枸杞基地、进口葡萄苗种植园等多种生境，覆盖银川海关口岸各个场所，做到了普查种类和场所全覆盖。

年内，银川海关普查共发现外来入侵物种19种，分别为长芒苋、反枝苋、菟丝子、粗毛牛膝菊、无瓣繁缕、匍匐矢车菊、曼陀罗、野西瓜苗、白苋、杂配藜、苘麻、刺萼龙葵、欧洲千里光、匍匐大戟、马铃薯纺锤块茎类病毒、美洲斑潜蝇、西花蓟马，烟粉虱、苹果蠹蛾。其中，长芒苋、菟丝子、匍匐矢车菊、刺萼龙葵、马铃薯纺锤块茎类病毒、苹果蠹蛾6种为检疫性有害生物。苹果蠹蛾、马铃薯纺锤块茎类病毒在宁夏地区已多次检出。反枝苋、野西瓜苗、曼陀罗、美洲斑潜蝇、西花蓟马、烟粉虱在宁夏地区已普遍存在。进一步摸清了银川海关口岸外来有害生物的种类、分布等情况。

【国门生物安全监测】 2022年，银川海关根据《海关总署印发〈国门生物安全监测方案（植物检疫部分）〉》（署动植函〔2021〕62号）和《农业农村部 海关总署 国家林草局关于印发〈沙漠蝗及国内蝗虫监测防控预案〉的通知》（农农发〔2020〕2号）相关要求，制订植物检疫部分监测实施方案，组织实施入境口岸有害生物、检疫性实蝇、外来杂草、红火蚁、植物病毒、梨火疫、木质难养菌、马铃薯斑纹病菌、沙漠蝗等外来有害生物监测工作。联合技术中心、中国检验检疫科学研究院、地方植保总站等单位，开展野外踏查、物种鉴定、标本制作、数据整理和总结报告等工作。共采集植物标本300余个，昆虫标本2000余个，完成影像拍摄200余张。2022年首次在宁夏发现豚草、加拿大一

▲2022年8月，银川海关在进境粮食铁路运输沿线开展杂草监测（银川海关卫生检疫处 供图）

外来杂草，枝黄花等在制种基地监测到马铃薯纺锤块茎类病毒，在进口粮食加工厂监测到豚草、白苋等外来物种。

【“跨境电商寄递‘异宠’综合治理”专项行动】 2022年，银川海关深入开展“跨境电商寄递‘异宠’综合治理”专项行动。开展对企宣传，科普“异宠”进口的危害和风险，督促辖区跨境电商平台和寄递运营企业落实生态安全和生物安全主体责任；对关区进口跨境电商企业2021年7月以来的业务种类和商品品类进行了全面梳理，共筛查2609项共计32058件商品；对关区非贸渠道历史数据进行分析，同时通过自媒体平台，筛查本区域“异宠”类博主视频，收集相关信息；加大宣传力度，撰写4期工作动态被总署专项行动工作简报编发；制作3期关于异宠危害及工作动态微信，相关信息被中新网、宁夏新闻网、《中国食品报》转发、报道。

撰稿人

胡诗瑶

食品检验检疫

【概况】2022年，银川海关坚持以习近平新时代中国特色社会主义思想为指导，深入学习贯彻习近平总书记视察宁夏重要讲话精神，认真落实自治区党委、政府决策部署，提高政治站位，严格落实习近平总书记关于食品安全“四个最严”重要指示要求，制定关区食品安全工作要点，开展重点食品风险监测，积极推进优势特色产业高质量发展。

【进口检验检疫】2022年，银川海关严格监管进口检验工作，落实进口监管责任。认真落实境外输华食品准入制度和生产加工企业注册制度，对未获得准入的国家（地区）的产品一律不准进口，对应获得注册而未获得注册的境外生产加工企业的产品一律不准进口。加强进出口环节的抽样检验和风险监测。严禁疫区产品进口，严防非洲猪瘟、禽流感等重大疫病疫情传入风险，严厉打击食品走私行为。年内关区未发生进口食品业务，共完成进口食品进口商备案8家。

年内，银川海关坚持依法把关，严守食品安全底线。完成关区进口金箔酒及备案出口方便面生产企业是否使用“3·15”曝光酸菜问题风险隐患排查工作。成立《中华人民共和国进出口食品安全管理办法》和《中华人民共和国进口食品境外生产企业注册管理规定》宣传贯彻工作专班；组织一线执法监管人员认真学习并开展线上线下宣传，推送学习材料14余篇，编发微信宣传稿1篇，涉及200余人次，为规章的实施营造良好氛围。

年内，银川海关强化食品安全工作宣传。结合“全民国家安全教育日”普法宣传活动，各隶属海关多种新式开展进出口食品安全宣传活动。

【出口检验检疫】2022年，银川海关严格把控出口检验工作。在破解“六特”产业技术壁垒上下功夫。深入研究欧盟等地区和国家的食品安全法规，针对澳大利亚、美国实施紧急管控措施等情况，开展技术指导，对关区107家企业开展国外技术性贸易措施影响调查，及时向出口葡萄酒、枸杞等企业发布预警通报，指导出口企业合理应对技术性贸易措施。针对枸杞干果农药残留限量标准问题，持续关注欧盟、美国等地区和国家食品农药残留法规的变化，强化风险分析和预警，指导出口企业合理应对进口商及国外官方提出的技术性贸易措施，同时为海关总署进出口食品安全局下一步开展的对外磋商做好技术储备。

年内，银川海关在为“六特”产业提供技术保障上下功夫。积极推进国家枸杞、葡萄及葡萄酒检测重点实验室建设。银川海关技术中心检测能力CNAS认可项目达到4597项，新增国家资质认定（CMA）认可项目4638项，宁夏资质认定（CMA）认可项目1935项，满足出口枸杞、葡萄酒、供港蔬菜、供港羊肉等特色食品农产品质量安全控制需求。技术中心中卫实验室通过新增资质认定项目24项，扩项后检测能力达到888项。为中卫市执法监管及出口枸杞企业检测枸杞及其制品、土壤、水、肥料共计1769批。承担宁夏枸杞产业包抓机制组织的《中国枸杞产业蓝皮书》编纂工作，为自治区优势特色产业高质量发展提供技术支撑。

年内，银川海关在“六特”产业风险监测上下功夫。完成宁夏、青海等枸杞主产区200批次枸杞样品中的农药残留摸底调查工作，涉及400余项指标，共检测80000余项；开展贺兰山东麓葡萄酒主产区风险监测，完成葡萄酒和酿酒葡萄各100批次取样，检测项目共计8000项；开展绿色食品（牛肉）40批次安全风险监测工作，涉及兽药残留、污染物等4000余项次，总计取样600余批，检测项目10万余项；同时撰写有毒有害物质分析评价报告，为优势特色食品农产品安全出口及执法监管提供了有力的技术支撑。

年内，银川海关在守住“六特”产业安全底线上下功夫。制订《银川海关2022年出口动物源性食品安全风险监测工作方案》和《银川海关2022年供港蔬菜专项检查工作方案》，在人力、物力、财力上充分保证风险监控工作的有效开展。出口食品安全风险监测工作主要包括动物源性食品和供港蔬菜专项检查。其中动物源性食品包括羊肉、羊肾、羊肝共11个样品，蜂蜜30个样品，肠衣8个样品，供港蔬菜60个样品。严格按照相关要求针对监控中发现的阳性样品开展追溯调查。

年内，银川海关在帮扶“六特”产业拓展海外市场上下功夫。积极落实海关总署促进外贸保稳提质十条措施，迅速出台实施《促进宁夏外贸保稳提质15条举措》，实施“关长直通服务制”“问题清零制”“首问负责制”，加大对重点枸杞、葡萄酒企业的信用培育力度，推动AEO互认落实落地，持续深化“放管服”改革释放改革红利，畅通新鲜易腐农食产品“绿色通道”，全力推动RCEP等自贸协定优惠政策，引导企业依法合规享受关税减让优惠等政策红利。截至2022年，全区出口食品生产备案企业250家，其中出口枸杞及其制品食品生产备案企业90家，出口葡萄酒生产备案企业39家。年内，宁夏出口枸杞2.1亿元，出口量值均位居全国第1；出口蔬菜2亿元，同比增长43.8%。

撰稿人

柳丽娟

商品检验

【概况】2022年，银川海关针对银川关区业务实际，依据海关总署工作要求制定《2022年银川海关商品检验工作要点》。银川海关党委定期听取进出口危险化学品和危险货物检验监管工作汇报。针对高风险重点进出口商品业务，分管关领导定期组织开展专题研究。职能处室与隶属海关建立“一对一沟通直通车”机制，总结工作亮点，解决工作难题，规范监管要求，进一步压紧压实进出口危险化学品监管责任。贯彻落实“口岸危险品综合治理”百日专项行动要求，成立进出口危险品检验监管业务指导工作专班，推进进口危险化学品改革模式顺利实施。加大对隶属海关危险化学品及其包装检验监管工作的督导，定期开展风险分析排查，积极报送检验监管发现不合格典型案例。贯彻落实海关总署对重点敏感商品如出口化肥的政策要求，每周按时报送出口化肥信息。与市场监督管理部门积极进行沟通协调，对检验鉴定机构进行监督管理。组织隶属海关学习海关总署旧机电产品检验新规、再生金属原料检验监管要求，加强出口危险货物包装检验新标准的学习，参加危险货物及其包装检验监管岗位培训。推进进出口商品质量风险预警监管体系建设。指定专人及时收集进出口商品质量安全信息。从风险类型、危害源等方面入手，分析研判进出口商品质量安全不合格案例，及时将发现的进出口质量安全信息录入系统，防范质量安全风险。

【出口商品检验】2022年，银川海关检验监管出口危险化学品1708批，重量61630.5吨，金额1.29亿美元。与2021年相比检验批增长2%，出口量增长20%，货值增长6.46%。年内共监管62种危险化学品，其中出口批次超过3000吨的有8种，分别是戊二醛、乙酸乙烯酯、四水硝酸钙（钙盐）、偶氮二甲酰胺、反式-1，2-二氯乙烯、多聚甲醛、氯乙酰氯、乌洛托品。贸易国家（地区）有82个，出口批次超过100批的有4个，分别为印度、韩国、日本、美国，共占出口总批次的54%，其中出口印度580批、占总批次的31%。年内检验监管出口化肥51批，货值179.68万美元，重量2528.2吨。其中涉危化肥氰氨化钙43批次，货值162.32万美元，重量2265.2吨；非危化肥腐植酸钾8批，货值17.36万美元，重量

263吨。

【出口危险货物包装性能检验】2022年，银川海关狠抓出口危险货物包装质量安全监管工作，严格按照危险货物包装监管法律法规及2021版最新SN/T0370系列标准开展检验监管工作。严格包装生产企业代码管理，不断提升监督管理水平。及时跟踪、研究出口危险货物包装国内外最新法规和前沿技术；向出口企业广泛宣传相关技术法规的新要求，并督查企业对政策法规的落实情况。严格对出口危险货物标记、标签的包装情况等安全项目实施批批检验，整体情况良好。性能检验涉及的包装类别包括13H2、13H4、1H1、3H1、5H3、58H4、1A1、1A2、1G、4G共10种，其中钢桶、塑料编织袋、纸板桶、集装袋、纸箱等包装位居性能检验前5位。经实验室检测，共检出5批次不合格，按照检验标准，对不合格企业进行了处置。

【进口商品检验】2022年，银川海关共完成检验进口医疗器械2批，货值为56.27万美元。进口医疗器械来源国家为美国、荷兰。进口旧机电目的地事中查验29批次，货物主要为数控龙门铣床(旧)、押出机(旧)、积管器(旧)、旧自走式青储饲料收获机等，无不合格检验批次。

【“口岸危险品综合治理”百日专项行动】2022年，银川海关梳理排查危险化学品生产企业36家、危险化学品51种；危险货物包装生产企业15家，包装8种；累计查发42起危险货物包装不合格情事，避免了危险化学品在运输途中发生因泄漏导致的燃烧、爆炸等隐患；首次查获夹藏8箱、798块规格型号不等的锂离子电池组（属于第9类危险货物），货值10.46万元。

【探索危险化学品监管经验】2022年，银川海关成立进出口危险品检验监管业务指导工作专班，以习近平新时代中国特色社会主义思想为指导，坚定履行“管行业必须管安全、管业务必须管安全、管生产经营必须管安全”的政治责任。聚焦危险化学品监管重点、难点，推动部门间实时联动、集体研判，推进危险品安全监管更加精准高效，推进进口危险化学品改革模式顺利实施。运用“点线结合”工作法防“危”杜渐，坚决筑牢危险品安全防线，全力为危险品出口安全保驾护航。全链条构建以风险管理为基础的危险品立体化监管体系，针对关区对关区56家出口危险化学品生产企业、96种危险化学品进行风险分析和包装使用鉴定的全面排查，形成危险品风险点分析及防控措施信息库，通过筛查危险品风险点，制定严密的检验监管措施，构筑监管防线。

【危险化学品专题工作会议】2022年5月，银川海关召开危险化学品专题工作会议，传达习近平总书记关于安全生产的重要批示指示精神；学习海关总署安全生产工作要求；针对各隶属海关危险化学品检验监管工作中遇到的难题进行研讨交流，对各关工作亮点进行总结，进一步规范监管要求。关党委高度重视危险化学品安全生产工作，分管副关长听取工作汇报。明确把危险化学品安全作为安全生产的重中之重。以捍卫“两个确立”、做到“两个维护”的政治自觉，压紧压实危险化学品安全生产责任。建立健全风险防控机制，筑牢监管防线。强化监

▲2022 年 5 月，银川海关副关长祁云海主持召开银川海关危险化学品专题工作会议（银川海关综合业务三处　供图）

管基础，推动危险化学品安全监管工作走实走深，在实践中学习，在实践中发现问题、解决问题，切实将危险化学品安全管理要求落到实处。

【岗位资质管理】2022 年，银川海关组织参加海关总署举办的进出口危险货物及其包装检验监管岗位资质考核 3 次，共计 20 人参加考核，19 人合格，及格率为 95%。截至 2022 年年底，全关区共有 52 人具备资质，占全关区公务员（不含缉私局）总数的 29%，满足各隶属海关监管一线双人执法要求。

【危险化学品专项调研】2022 年，银川海关立足关区危险化学品实际，深入基层，了解基层难题和需求，组织隶属海关针对调研发现问题全面逐一排查各关区所有出口危险化学品和危险货物是否按照 SN/T0370. 3—2021 开展了使用鉴定；是否符合标准第 4 章节条款要求；排查关区出口危险化学品和危险货物在联合国《关于危险货物运输的建议书 规章范本》、《国际海运危险货物规则》、《危险物品安全航空运输技术细则》、《国际铁路运输危险货物规则》等法规中是否有运输包装、特殊规定、限量免除等特别要求；各关出具的出口危险化学品及危险货物使用鉴定证书是否与产品本身危险特性相适应；性能检验报告单是否符合该产品危险特性；是否适用于盛装该产品。

【“双随机、一公开”监管】2022 年，银川海关制定《银川海关关于加强进出口商品检验检测机构“双随机、一公开”监管工作的通知》，对关区 2 家进出口商品检验鉴定机构开展“双随机、一公开”监管检查并向社会公开检查结果。针对检查出的问题，向机构做了通报，协助机构向市场监管部门咨询办理换证事宜。

【商检业务书面调研工作】2022 年，银川海关积极落实海关总署要求，针对《进口汽车检验管理办法》《出口烟花爆竹检验管理办法》《进出口商品抽查检验管理办法》组织征求修订意见，开展维修/再制造用途入境机电料件质量安全管理情况书面调研。

【商品检验工作督查】2022 年，银川海关加强商品检验监管监督管理职能，定期对业务现场执法情况开展监督检查，对隶属海关安全生产要求执行情况、岗位资质配备情况、现场双人执法情况、危险化学品检验监管工作记录、进出口商品检验监管情况进行现场和书面督查，针对发现的问题及时提出整改建议，进一步提升检验监管效能。

【风险预警与风险监测体系建设】 2022 年，银川海关检验不合格禁止出口商品 9 批，货值 804274.83 美元。进出口危险化学品及其包装检验监管发现不合格批次 42 批，录入进出口商品质量安全风险管理系统，摘选了 5 个典型案例报送海关总署，其中 1 个案例被海关总署转发。制订《银川海关法定检验目录外商品风险监测工作方案》，对关区出口法检目录外商品进行风险监测。抽取羊绒制品 10 批次、检测项目 600 项次，抽取食品接触塑料包装材料 12 批次、检测项目 432 项次，无不合格批次。组织专人关注进出口商品国内外政策动态，及时将工作动态、政策动态、不合格案例报送海关总署进出口质量安全信息载体。

撰稿人

李慧芳

口岸监管

【概况】2022年，银川海关以习近平新时代中国特色社会主义思想为指导，坚决贯彻落实党中央决策部署，立足新发展阶段，完整、准确、全面贯彻新发展理念，不断强化正面监管，统筹口岸疫情防控和促进外贸稳增长，全面落实总体国家安全观，主动作为、多措并举，强化监管、优化服务，着力提升口岸监管制度创新和治理水平，围绕"疫情要防住、经济要稳住、发展要安全"的总体要求，统筹推进口岸监管工作。

【口岸危险品综合治理】2022年，银川海关突出4个特点，扎紧危险品综合治理"安全阀"。"拉网式"摸清企业底数，建立关区危险化学品生产企业、危险货物包装生产企业台账，累计排查危险化学品生产企业36家、危险化学品51种；危包生产企业15家，包装8种；全面梳理进出口危险品特性，严查伪瞒报等行为。"立体式"搭建监管体系，加强内部各条线协同配合，推动建立了监管、风险、商检、稽查、财务、科技等多部门分兵把口、协调联动的监管机制。实施"靶向式"精准查验，围绕内陆海关业务特点，重点加强对"百杂货"的监管查验；重点加强对"高危低报""包装不合格"等问题的监管查验，在百日专项行动期间，累计查发5起包装不合格情事，避免了危险化学品在运输途中发生因泄漏导致的燃烧、爆炸等隐患。

【口岸监管】2022年，银川海关围绕5个方面，持续强化正面监管。在监管查验方面，年内关区口岸监管查验138票，同比增长78.5%；查发异常报关单20票，同比增长42.9%；对6票报关单实施罚款处理。在反恐方面，组织开展关区化学物质泄漏突发事件应急处置演练，在机场跨境电商监管作业场所开展实操演练。在"扫黄打非"方面，向自治区"扫黄打非"办移交违禁物品；陪同自治区宣传部调研银川河东机场海关"扫黄打非"工作。在提升智慧化监管方面，协调海关总署为关区调配了2台大型CT机检设备和2台门户式辐射探测设备；为旅检现场配置3台旅客健康申报验核一体机；统筹调配关区执法记录仪，开展辐射探测设备校准，提升CT及智能审图系统使用效率。在完善监控指挥方面，加强二、三级监控指挥日常运行管理，监控摄像头在线率提升至95%以上，常态化开展疫情防控视频监督检查。

撰稿人

杨 姣

统计分析及政策研究

【概况】 2022年，银川海关以统计分析研究职能发挥为着力点，深入贯彻习近平总书记对统计分析研究报告的重要批示精神，切实捍卫“两个确立”，做到“两个维护”，从关心“国之大者”的立场出发，全面落实海关总署党委对分析研究工作要求，围绕“数据+研究”，思考和分析外贸运行，在服务宏观决策、服务经济发展、服务中心工作、服务事业发展等方面取得新成效。

【统计调查】 2022年，银川海关扎实履行统计调查职能，按照海关总署部署，坚持每月对关区出口先导指数样本企业开展线上问卷调研工作，及时通过系统向海关总署反馈问卷调查结果，年内共组织关区样本企业完成12期出口先导指数调查和5期贸易景气（进口）试点调查，为海关总署掌握第一手企业进出口情况提供可靠信息支撑；根据海关总署安排，按时、高质量完成跨境电商统计调查、企业受新型冠状病毒影响情况市场主体调研、境外订单产能转入调研等调查调研，为海关总署决策提供翔实数据支持；注重统计调查工作规范性和调查结果运用，认真梳理企业问卷调查中反映调出的企业进出口问题和困难，在报署、报自治区专报中被吸纳采用。

【贸易统计】 2022年，银川海关加大贸易数据检控、审核、报送工作，加强关区各层面数据审核力度，实现职能部门—各隶属海关统计条线“一盘棋”。多维度筛查贸易异常数据，进行重点分析比对，及时开展核查印证，年内开展数据核查20余次，核查有效率为65.8%。积极参与海关总署月报数据审核专项任务，年内未出现数据报送延迟、缺漏、差错等情况。

【业务统计】 2022年，银川海关加大业务统计系统数据检控、审核、报送工作，积极参与海关总署月报数据核查专项任务，年内未出现数据报送延迟、缺漏、差错等情况。强化业务统计指标监控，对关区业务运行情况进行监控评估。强化业务数据、贸易数据和相关数据的综合比对分析，深入开展业务指标研究，开展货运量、钢材出口统计数据质量调研，年内撰写业务分析材料12篇。

【统计监督】 2022年，银川海关大力开展数据质量审核，充分利用系统平台坚持每日开展报关单数据审核，每月开展报关单数据质量监控分析系统数据比对，年内完成23起核查、协查事项。加大业务运行监测力度，每月开展关区报关单、货运量、货值等业务数据梳理分析，开展关区业务运行态势分析，为业务运行监测提供依据、为关领导全面掌握业务运行情况、科学合理决策提供信息参考。

【统计数据运用和管理】2022年，银川海关重视加强海关统计工作，不断提高政治站位，持续深化对统计工作重要性的认识，积极落实总体国家安全观，严格落实《中华人民共和国数据安全法》，把安全可控放在首位，持续绷紧数据安全这根弦，不断强化数据安全管理大局意识、红线意识和责任意识。进一步完善数据导出“三专”场所日常运转机制，实现关区数据导出事前有审批、事中可视化、事后能追溯，从源头上确保数据安全管理零差错、无纰漏，年内共办理数据导出事项40余项，为关区各部门提供统计数据240余次。

【统计新闻宣传和服务】2022年，银川海关充分发挥海关进出口货物贸易统计职能，做好统计新闻发布工作，用好外贸数据“晴雨表”，正向引导预期，为外贸量稳质升提供有力舆论支持，年内组织关区新闻发布会2次，在各类新闻媒体发布稿件30余篇次。加大对外提供统计服务审核把关力度，完善提供统计数据的流程和程序控制，规范对地方政府部门的数据服务，依申请提供数据150余次，与8家单位签署《海关数据保密承诺书》。

【政策研究】2022年，银川海关围绕党中央、国务院重大决策部署和中央经济工作会议确定的年度重点工作任务，立足新发展阶段、贯彻新发展理念、构建新发展格局，紧扣海关处在改革开放最前沿和国内国际双循环“交汇枢纽”的定位，组织参与署级课题2项；立足海关职能发挥促宁夏开放建设，围绕海关总署重大决策部署事项、地方开放型经济发展需求，聚焦自治区“六新六特六优”产业，分别与自治区发展改革委、银川市商务局座谈，为提供精准进出口统计服务，为促进产业发展做好支持保障。

【监测预警】2022年，银川海关坚持外贸分析服务宏观经济运行的结果导向，增强对外贸发展面临诸多因素的统筹思考，对与国际政治及经济贸易关系密切相关的特定国家（地区）、特定产品、特定时期、特定条件下的贸易情况保持高度敏锐性，聚焦中央关切，加大进出口监测预警力度，报送统计监测预警信息16篇；加强外贸统计分析服务、宏观经济研究和外贸形势分析，提供海关统计支持，深度挖掘利用进出口数据信息，按月撰写贸易统计分析报告，报自治区党委、政府分析报告28篇，获自治区领导批示2次。

撰稿人

吴文涛

企业管理和稽查

【概况】2022年，银川海关企业管理和稽查处在关党委的正确领导下，坚决贯彻落实习近平总书记重要指示批示精神和党中央重大决策部署，围绕全国海关年度企业管理和稽查工作要点以及关区重点工作任务，主动作为。

【企业管理】2022年，银川海关支持企业打造外贸“金字招牌”。聚焦“专精特新”“中小微”“新行业新业态”企业信用培育，将4家企业列入高级认证企业重点培育名单，“一企一策”“一企一课”，实施“量体裁衣”式精准培育。年内，共组织开展海关信用管理教育培训5次，近60家企业、100人次参加培训；开展企业认证1家，通过率100%。

年内，银川海关加强高级认证企业合规判别。及时开展高级认证企业守法规范情况年度复核，对企业财务指标要素、外部信用状况、海关行政处罚信息全面抽核，分析排查风险企业，有效甄别企业守法合规情况；强化退出管理，动态监控高级认证企业持续性符合合规管理要求情况，及时启动下调程序，确保信用等级管理“应调尽调”。2022年，实现高级认证企业年度复核全覆盖，未发现需要下调信用等级情事。

年内，银川海关强化部门间联系配合。完善与缉私办案部门联系配合机制，新增和完善信用管理人员案件系统授权，全面拓展行政处罚案件信息收集渠道；健全与地方发展和改革、商务、工信等部门联系配合机制，摸清关区产业重点，实时更新信用培育企业名单，做到“一个不漏、该培尽培”。

年内，银川海关协同地方部门实施联合激励。联合商务部门开展申报立项，推动地方政府为企业申请海关高级认证给予资金支持。

年内，银川海关首次在关区组织开展初级资质认定工作。积极组织关区8名关员参加海关总署初级资质人员线上培训、线下面试。最终，8名参训人员以笔试平均分95分以上、面试全员通过的成绩获得了企业认证人员初级资质。

年内，银川海关成立关区信用管理条线专家型人才队伍。按照民主推荐、初筛、打分评定、廉政审查、推荐选用等程序，选拔、推荐、上报关区高级信用管理专家型人才1名、中级信用管理专家型人才1名，初级信用管理专家型人才2名，关区企业认证人员力量不断加强。

年内，银川海关首次承担海关总署委托的AEO互认磋商工作。积极参与海关总署AEO互认磋商推进工作，统筹关区人力资源力量成立工作专班，明确职责分工，确定推进计划，有计划有步骤推进互认工作取得新进展；落实外事工作无小事的原则，加强向海关总署请示汇报，严格按照海关总署要求开展与卡塔尔海关、约旦海关AEO互认磋商准备工作。

年内，银川海关深入推进报关单位备案“多证合一”改革。与自治区市场监管部门建立工作机制，优化信息采集共享技术方案及系统业务流程，定期核对备案数据传递及时性和有效性。年内，通过“多证合一”渠道申请报关单位备案534个。

年内，银川海关进一步加强报关单位注销工作。3月，根据《企业管理和稽查司关于进一步加强海关报关单位注销工作的通知》要求，对报关单位注销工作进行了统一和规范，进一步畅通报关单位退出机制，提升报关单位注销便利化水平。

年内，银川海关进一步精简出口食品生产企业备案随附资料、压缩办理时限。5月，根据《企业管理和稽查司关于进一步压缩出口食品生产企业备案办理时限的通知》要求，进一步压缩食品备案办理时限，精简随附单证，优化备案流程，及时更新办事指南。对出口食品原料种植（养殖）场、供港澳蔬菜基地等备案开展“上门服务”，视频审核，各类备案办理时长整体压缩三分之一。年内，共办理各类进出口食品备案90个，同比增长23.29%。

年内，银川海关持续做好报关单位营业执照注销、吊销状态管理工作。与市场监管部门建立信息联动、资源共享机制，积极对关区内市场监管部门已注销、吊销并在海关备案的企业状态进行核实及处置，共及时清理海关备案“僵尸企业”168家。

【保税监管】2022年，银川海关加强加工贸易及保税监管工作。组织开展关区加工贸易保税监管专项整治行动；组织各隶属海关对保税监管场所、海关特殊监管区域保税业务进行专项检查。圆满完成企业管理和稽查司保税仓库专项检查迎检工作。

年内，银川海关开展海关特殊监管区域、保税监管场所安全生产检查及隶属海关安全生产督导检查。按照《银川海关安全生产大检查工作方案》要求，对保税仓库执法安全、属地查检业务领域疫情防控和安全生产工作落实情况进行检查，实地对银川综合保税区、石嘴山保税物流中心（B型）、宁夏华夏物流有限公司公用型保税仓库疫情防控和安全生产“硬措施”开展穿行测试，排查发现并化解安全风险隐患。

年内，银川海关首次参与海关总署加工贸易提档升级调研课题。严格按照海关总署推动加工贸易提档升级相关要求，围绕关区加工贸易“新业态、新模式、新诉求”及监管模式改革等方面做好前期调研和课题研究。

【稽查核查】2022年，银川海关持续开展打击“洋垃圾”走私专项稽查。以进口再生金属企业、进口再生塑料企业、新增进口再生资源企业为重点，对近3年进口商品进行筛查，深入研判最新的走私手法、渠道和漂移路径，严厉打击伪瞒报走私入境

“洋垃圾”等行为。加强部门间联系配合，发挥联防联控机制优势，举一反三，未发现再生金属进口风险。

年内，银川海关落实好海关总署稽查改革各项措施。以查发问题为导向，依托“云擎”数据与风险部门开展联合研判，发挥贸易调查及核查先导作用，建立稽查人才库和智囊团，强化实训练兵，以干带训，培养稽查人才梯队，提升稽查工作效能，稽查查发率和稽查补税额显著提高。

年内，银川海关稽查工作取得历史性突破。共开立稽查作业9起，办结6起，稽查查发率100%，其中移交缉私2起，实现关区涉检案件“零”的突破。

年内，银川海关首次通过主动披露方式追征税款。通过宣介海关监管政策和主动披露的容错机制，引导关区某加工贸易企业申请主动披露。指导兴庆海关严格按照主动披露程序开展工作，银川海关主动披露业务取得了“零”的突破。

年内，银川海关推进完成检验检疫行政处罚职能移交工作。按照检验检疫行政处罚工作视频会议要求，于8月组织专题会议，确定职能移交事宜并形成会议纪要。组织人员参加全国海关“海关涉检行政处罚案件处置系统”网上专题培训班，并在涉检行政案件处置系统为各隶属关人员授权。9月底与银川河东机场海关办结首起检验检疫行政处罚快速办理案件，涉及货值10.46万元。此案为检验检疫行政处罚案件职能调整以来，银川海关成功办结的首起检验检疫行政处罚快速办理案件。

年内，银川海关受海关总署企业管理和稽查司委托开展全国海关稽核查作业执法监控工作。8—12月对厦门、南宁、长沙、昆明关区开展远程执法监控，对4个海关338起稽查作业、主动披露作业、核查作业的合法性、合规性开展检查，发现32个问题并通过月报形式向海关总署企业管理和稽查司汇总。

年内，银川海关有效落实核查分类改革相关措施。梳理完善核查指令下发、作业实施、结果反馈等相关工作机制，组织关区“核查业务”培训，对关区上半年核查工作执法监督情况进行了检查和通报，进一步提高核查业务规范化水平。

年内，银川海关核查工作成效显著提高。自主开展企业信息核对，出口食品生产企业、羊绒保税加工等专项核查。联合综合业务三处研究制订定期管理类核查计划，提出管理类核查需求167条，并积极指导各隶属海关赴现场进行技术指导。年内，共下达各类核查指令219个，办结218个（含部门间联合抽查10起），查发141个，查发率64.68%，核查转稽查4起，实现了核查转稽查“零”的突破。

年内，银川海关进一步优化完善核查作业表单相关检查内容。3月，根据《企业管理和稽查司关于优化完善核查作业表单相关检查内容的通知》要求，在7个业务领域的64个核查作业表单中，增加了“企业内部控制合规检查事项表”有关内容，进一步规范企业经营，促进企业完善管理。

年内，银川海关统筹运用核查、稽查两种执法手段，提升后续监管整体效能。4月，根据《企业管理和稽查司关于做好核查与稽查衔接转换相关工作的通知》要求，建立核查、稽查的衔接、转换机制，形成核查、稽查错位互补的后续监管链条。

【属地查检】2022年，银川海关厘清属地查检业务职能部门的职责边界。建立《银川海关属地查检工作部门联系配合运行机制》，明确涉及属地查检工作各部门职能分工，划清属地查检职能边界，确保属地查检各项工作有序衔接。

年内，银川海关积极落实出境鲜活易腐农食产品绿色通道要求。指导隶属海关设立绿色通道，采取“5+2”预约通关受理、提前申报、随报随检、合格即放惠企政策，助力企业快速通关。

年内，银川海关开展隶属海关属地查检执法规范性检查。结合审计自查、执法监督等方式，不定期开展督导检查，通过实地检查、电话、追溯系统作业记录等方式，及时纠正执法的随意性。年内，共向隶属海关属地查检部门制发监控单5条。

年内，银川海关建立关区属地查检专家人才队伍。经民主推荐、择优录取方式，组建、成立以卫检、商检、动检、植检专家为成员的银川海关属地查检专业人才库，并择优向海关总署属地查检处推荐6名署级人才库候选人。

撰稿人

王　冠　吴　晖　曹江宁

查缉走私

【概况】2022 年，银川海关缉私局深入开展“国门利剑 2022”联合行动。研究制订《银川海关“国门利剑 2022”联合行动方案》，明确目标任务，突出打击重点。年内共立案侦办刑事案件 3 起，案件数量与上年持平。

【打击涉税走私和非涉税走私】2022 年 4 月，银川海关缉私局破获一起通过国际邮件渠道走私雪茄烟入境案。

年内，银川海关缉私局紧密围绕党的二十大安保维稳中心任务，深入推进夏季治安打击整治“百日行动”，持续推进对涉枪违法犯罪的深挖扩线和滚动打击。配合厦门海关缉私局、青岛海关缉私局、乌鲁木齐海关缉私局开展涉枪线索研判分析，6 月 20 日，查获疑似走私美国 SCAR 制式步枪 1 支，疑似制式子弹 7 发。

▲2022 年 2 月 8 日，银川海关召开缉私工作会议　（银川海关缉私局　供图）

2022 年 9 月 2 日，银川海关缉私局联合自治区公安厅禁毒总队在银川市内抓获一名涉嫌走私伽马羟基丁酸入境的犯罪嫌疑人，在对犯罪嫌疑人家中进行搜查时，

▲2022 年 6 月 20 日，银川海关缉私局查获疑似走私美国 SCAR 制式步枪 1 支，疑似制式子弹 7 发　（银川海关缉私局　供图）

除查获案件线索掌握的伽马羟基丁酸外，还发现并查获各类新型精神类致幻药物10余种，高压气枪散件5件，气枪铅弹537发，钢珠弹2853发，军用弩2支，弩用钢箭386支，遥控骰子、透视扑克、透视麻将、电码、透视隐形眼镜等一整套赌博用具。

【智慧缉私】 2022年，银川海关缉私局聚焦“三年大提升”目标，深化实战练兵，提升警务技能，打造兼职教官队伍。强化法治培训，提高民警运用法治思维和法治方式打击犯罪、维护稳定的能力，落实“少捕慎诉慎押”的要求，准确把握宽严相济的刑事司法政策，做到法律效果、政治效果、社会效果相统一。采用“走出去”的方式学习借鉴先进经验，组织民警参加地方公安组织的各类业务培训班，受邀派员向地方公安民警讲授情报研判、毒品查缉等课程，着力提升履职能力和实战本领。注重总结推广经验特色，参加宁夏公安厅科技创新大赛，参赛的“互联网涉枪研判技战法”被评为公安厅科技创新应用大赛优秀奖。

【刑事法制建设】 2022年，银川海关缉私局发挥案管系统监督规范作用，防范执法风险，提高办案质效，强化制度建设，对教育整顿以来印发的制度进行“回头看”，全面评估现有制度，结合工作实际，进一步予以修订完善，狠抓制度执行落实，切实推进执法规范化建设。

年内，银川海关缉私局共审查移送刑事案件2起。

【行政处罚】 2022年，银川海关缉私局办理行政处罚3起，包括银川某公司保税货物数量短少案、某公司涉嫌擅自串换保税料件案和宁夏某公司逃避出口商品检验违规案。

【反走私综合治理】 2022年，银川海关缉私局巩固完善宁夏反走私综合治理组织体系，积极推动地方人民政府落实主体责任，正式成立宁夏回族自治区打击走私综合治理领导小组。牢固树立“打私工作一盘棋”意识，建立联络员制度，组织召开自治区反走私工作联络员会议，修改完善《银川海关全员打私工作联系配合办法》，强化缉私、风险、关税、监管、稽查等部门协作配合；联合公安、国税、外汇等部门开展打击骗取出口退税、骗取留抵退税违法犯罪及洗钱关联犯罪，与银川市烟草专卖局共建涉烟案件数据分析中心，与银川市公安局森林分局签订警务协作机制，不断健全完善联合打击联系配合机制，形成反走私工作合力。聚焦关键环节，发挥综合治理优

▲2022年9月15日，银川海关缉私局与自治区公安厅森林公安局签订警务协作机制　（银川海关缉私局　供图）

▲2022 年 4 月 14 日，银川海关缉私局与银川市烟草专卖局开展座谈　（银川海关缉私局　供图）

▲2022 年 9 月 6 日，国家林业和草原局会同最高人民法院等单位前往银川海关缉私局指挥中心和电子取证室进行参观　（银川海关缉私局　供图）

势，交通运输厅落实“双随机、一公开”制度，加强对道路客运、货运企业及道路货运个体运输户的监督管理。聚焦联合打击，发挥协作配合作用。深化宣传教育，推进群防群治，组织开展 2022 年“全民禁毒宣传月”、“反走私进社区、进市场、进企业”主题普法宣传、“反走私你知多少”系列有奖答题等活动，不断强化舆论正面引导，提升社会各界反走私意识。

2022 年 4 月 14 日，银川海关缉私局与银川市烟草专卖局开展座谈，就走私烟草制品数据共享、案件经营、线索移交、合成作战等问题进行了深入探讨并达成共识，为进一步开展交流合作打下基础。

2022 年 9 月 6 日，国家林业和草原局会同最高人民法院等单位前往银川海关缉私局指挥中心和电子取证室进行参观，对濒危动植物价值评估、检验鉴定、移交、保管处置等问题展开调研。银川海关缉私局对前期侦办的走私猎隼、彩条蜗牛、象牙等案进行了介绍，并就涉濒危动植物走私追上线和联合森林公安全链条打击的工作思路进行了深入交流。

撰稿人

水雅妮

第六篇

综合保障

政务管理

【概况】2022年，银川海关政务管理工作围绕中心工作发挥参谋助手作用狠抓落实，增强信息宣传力度，展现关区工作实效，夯实基础工作，不断提升综合管理水平，更加自觉地把做到“两个维护”体现在行动上、落实到工作中。

年内，银川海关办公室综合科深入学习宣传贯彻党的二十大精神，认真落实关区工作规划和办公室工作任务目标，立足关区重大工作部署、业务创新亮点，加强新闻宣传舆论引导，优化政务服务，不断提高“三服务”的能力和水平，科室管理成效进一步增强，各项业务工作持续稳定发展。

【政务信息】2022年，银川海关在政务信息报送方面完善关区信息工作方式方法，优化建立信息会商研判机制、定期约稿机制，组织开展政务信息能力提升培训，持续推动关区信息工作整体上台阶。年内，海关总署共采编银川海关信息34条，采用信息数量同比增长50%。向自治区报送的信息和专报被自治区主要领导同志批示肯定9次，发文通报表扬2次，信息计分排名在全区200余家报送单位中位列前10名，在中央驻宁单位始终位列前3名。银川海关综合业务一处获评全区信息工作先进单位，办公室马龙获评全区信息工作先进个人。加强关区日常信息维护，年内，共编发银川海关相关刊物245期、部门工作交流相关刊物80篇、研究与交流相关刊物15期、外贸保稳提质相关工作简报6期，及时展现和反映关区工作成效。

【公文处理】2022年，银川海关着重指导帮助关区4个隶属海关加强公文、保密、机要室档案室建设等工作，通过实地调研、现场指导、专人对接、定期会商等方式，督促隶属海关在基础管理上下功夫，推动关区基础管理水平整体提高。修订《银川海关公文处理工作办法》，从公文种类、格式、行文规则、拟制、办理、管理等方面提出58条举措，并首次设立“保障措施”一章，明确了公文管理、培训、监督检查、通报等保障措施，着力提升公文管理水平。加强日常教育培训，建立公文处理学习资料包和《公文写作实操手册》，并根据最新公文处理规定及时更新，方便关区干部职工及时掌握最新公文处理资料。严格进行公文审核校对，落实退文通报和双人唱校制度，年内公文报送实现零差错，以公文质量提升带动关区政务工作质量整体提升。

【督查督办】2022年，银川海关以坚决贯彻习近平总书记重要指示批示精神为总牵引，坚持把“第一议题”制度组织落实到位，筹备保障关区工作会议、月度例会、指挥部会议20余次。完善传达学习、研究部署、贯彻落实、跟踪督办工作闭环，实行清单式督办、台账式推动，时时跟进、每月通报、及时反馈，向关党委提出各类建议68条。发挥牵头抓总作用，制定银川海关贯彻落实海关总署年度工作会议和年中工作会议等重点任务分工，确保责任精准落实到位。修订《党委议事清单》《银川海关督促检查工作管理实施细则》《银川海关信访工作实施细则》等制度，完善党委决策和督办制度保障。强化上对下的反应，加强下对上的监督，印发《银川海关职能部门对基层单位反映请示问题推诿扯皮情况记录报告实施办法（试行）》，进一步推动职能部门担当作为、转变作风。年内开展重点任务督办505项，及时跟踪督促，确保了习近平总书记重要指示批示精神和党中央国务院重大决策部署、海关总署重点任务、关区重点工作、属地重点需求等逐项落实到位。

【保密管理】2022年，银川海关坚持强化组织领导，压紧压实各级领导干部保密工作责任制，制定《银川海关保密工作职责清单》《银川海关工作秘密事项清单》，确定9类、88项工作职责，确保关区工作人员正确认识自身保密工作责任，知晓本岗位保密工作职责、需防范主要风险点，以“管人”促“管密”；夯实保密防线，印发《银川海关防范化解保密管理风险措施》，组织梳理各部门保密风险点，制定保密风险内控台账，防范化解保密风险隐患；拧紧保密链条，以查促管，定期开展保密自查检查，开展保密自查自评和党的二十大保密专项检查，细化13项、43条检查内容；认真组织召开保密委员会会议、邀请保密局专家开展保密培训、开展保密宣传教育月和保密教育轮训暨“共铸保密之盾”主题党日活动、开展保密公开承诺活动和工勤人员保密教育培训、拍摄保密微视频等工作，通过强化安全保密风险意识和防泄密、反窃密形势教育，有效推进保密工作落实，不断夯实银川海关保密管理基础，把保密工作抓细、抓实、抓常，做到保密教育管理常态长效。

【基层减负】2022年，银川海关认真学习贯彻中央八项规定及其实施细则精神，组织形式主义、官僚主义新表现新动向调研，确定形式主义、官僚主义纠治重点，持续推动职能部门担当作为、转变作风。进一步规范基层周期性数据表格文字材料报送，建立清单事项准入退出机制，严格增列数据材料的审核流程。定期对关区发文发函情况进行统计通报，加强整体统筹，超预期完成了计划目标。严控会议召开次数、人数等，关区会议数量持续压减。严格落实发文量化管理制度，定期通报精简情况，年内发文发函持续压减，发文同比下降12.4%，发函同比下降15.7%。拓展基层报送数据表格文字材料监测范围，由原来5个业务职能部门拓展到11个职能部门，建立《银川海关2022年基层周期性报送数据表格材料正面清单》，基层报送数据材料缩减11.6%。强化上对下反应机制构建，认真做好职能部门对基层单位反映请示问题推诿扯皮情况受理。精简议事协调机构，对各议事协调机构持续进行统筹，对新增的议事协调机构加强审核，对于能够合并的予以合并，不再保留的及时予以清理。

【**档案管理**】2022年，银川海关扎实做好档案管理工作，加强关区档案工作组织领导和内控管理，建立分管关领导定期督导检查、办公室定期督查巡查、档案室定期自检自查三级组织管理体系。强化档案管理岗位人员配备，在关区建立专、兼职档案管理队伍。整理2022年文书档案145盒、2042件，文书档案电子归档2042件，整理2022年文件资料121盒，接收各类档案182盒。开展以“喜迎二十大·档案颂辉煌”为主题的宣传活动，制作《喜迎二十大·档案颂辉煌——银川海关以史为鉴，开创未来》微信图文，普及档案知识，组织开展档案知识答题。加强档案工作台账管理，建立完善《银川海关电子档案信息安全检查台账》《银川海关档案工作统计台账》《银川海关档案出入库登记簿》《银川海关门类档案检查情况台账》《银川海关档案借阅利用统计台账》等6类台账。规范管理和查阅服务，为业务核查、稽查、缉私和海关审计等工作提供了有力支持，有效发挥职能作用，年内，查询利用各门类档案近两万份，接待人次达300人次。

【**新闻宣传工作**】2022年，银川海关新闻舆论工作围绕迎接党的二十大这条主线，深刻把握新形势下海关工作和新闻舆论规律，适应移动互联网时代对宣传工作的要求，坚持传统媒体和新兴媒体并重，网络舆情引导平稳有序。年内，共在各类新闻媒体发表稿件265篇，同比增长65%，中央级媒体发稿占比34%，自治区级媒体占比50%，海关系统媒体占比14%。“银川海关12360”微信公众号共推送稿件94篇、微博推送130条。其中，在《人民日报》头版刊发稿件1篇。

年内，银川海关聚焦核心、紧扣主题，做好学习贯彻党的二十大、习近平总书记重要讲话精神等重大主题宣传报道。提高政治站位，紧跟中央媒体宣传节奏，先后开展了“沿着总书记的足迹”“非凡十年”“喜迎党的二十大”“奋进新征程·建功新时代”等专题宣传，突出思想引领、突出人物叙事，集中采写了一批反映了银川海关以实际行动捍卫“两个确立”、做到“两个维护”的生动实践，被“学习强国”App、“海关发布”微信公众号、《宁夏日报》等发布。

年内，银川海关围绕大局、主动发声，积极稳妥做好海关业务领域宣传。讲好银川海关强监管、优服务，保稳提质促发展，保障产业链供应链循环畅通，为企业纾困解难的生动故事。着力宣传银川海关积极支持跨境电商等开放平台建设、助力企业享受RCEP政策红利、支持自治区重点特色产业发展等稿件被央视新闻客户端、中国新闻社、《中国日报》、《经济日报》等多层级新闻媒体转发报道。

年内，银川海关重视安全、加强监测，努力防范化解舆情失控风险。加强舆情监测处置机制落实力度，强化舆情网评员队伍管理，防范化解突发舆情失控风险。持续开展舆情监测，动态调整关区网评员队伍。年内共参与海关总署发布的舆情监测任务200余人次。

【政务公开工作】2022年，银川海关以基层海关政务公开标准化规范化工作为抓手，不断健全体制机制、创新公开形式、提升公开质量，着力提升工作透明度和公众参与度，积极营造公开透明的政务服务环境。关区政务公开领导小组组长、关长、党委书记主持召开政务公开领导小组（扩大）会议，专题安排部署2022年关区政务公开标准化规范化建设工作。在关区4个隶属海关同步推进，完成《海关领域基层政务公开标准指引》阶段性对标任务。

年内，银川海关健全机制促规范。完善制度机制。制发《银川海关关于推进落实〈海关领域基层政务公开标准指引〉实施方案》，细化政务公开标准化规范化具体要求和时间节点，强化激励问责。优化目录流程。组织各隶属海关共同编制完成《银川海关基层政务公开标准事项目录》并对外公开。严格督查考核。制定《银川海关基层政务公开标准化规范化重点工作任务分解表》，对标对表分解任务，逐项按要求落实，定期对隶属海关政务公开工作开展考核评估和抽查通报。

年内，银川海关突出重点强基础。提站位，增强主动性。指导各隶属海关办公室积极履行公开工作牵头职能，实行主动公开“日日清”、网站更新“季季查”，完成好各项规定目标任务。盯重点，抓实主渠道。规范依申请公开办理，畅通申请渠道，健全办理流程，年内办理完成网站业务咨询10件、依申请公开2件，确保件件有落实、事事有回音。强能力，锤炼主力军。将政务公开工作纳入干部教育培训计划，及时更新优化业务知识结构。建立政务公开队伍人员档案，实行实时动态化培训。

年内，银川海关拓宽渠道增实效。统筹用好传统媒体和新媒体，不断创新信息公开推送形式，通过门户网站、即时通信群、“银川海关12360”微信公众号、微博、现场公示栏、咨询窗口等方式，及时传递海关总署和银川海关政策文件，主动宣传和讲解关区具体贯彻执行措施。规范设置业务大厅政务公开专区，推进政务公开与政务服务深度融合，实现公开平台叠加效应，办事主体获得感和满意度不断提升。

【12360海关热线工作】2022年，银川海关12360海关热线受理话务咨询2932次，答复质量进一步提升。海关总署“12360服务订阅号”微信公众号推送银川海关稿件7篇，上报知识库条目24条，同比分别提高17%和20%，向海关总署报送工作月报12份，向自治区报送情况综述11份。

年内，银川海关坚持开展岗位练兵。在组织集中学习的基础上，积极参加自治区12345热线“喜迎二十大·热线大练兵”培训、海关总署动植物检疫政策及业务知识专题培训，提高话务员业务能力和服务水平。

年内，银川海关以文明创建推动队伍建设。作为服务企业群众的窗口部门，

12360 海关热线以创建宁夏“青年文明号”为抓手，将行风建设放在首位，严格按照准军事化纪律部队的要求开展队伍管理与考核，锤炼热线服务水平。

年内，银川海关抓好科技保障。按照疫情防控和海关总署要求，谋划部署 12360 海关热线远程办公系统，提高热线应对突发情况的处置能力。

年内，银川海关加强海关政策宣讲。12360 海关热线为相关部门服务外贸发展提供依据和参考，进一步畅通进出口企业和群众反映问题的渠道，及时解决困难和问题，帮助企业实现黑果花楸等宁夏特色产品首次出口。

【应急值守工作】2022 年，银川海关综合科以贯彻落实《全国政府系统值班工作规范（试行）》《全区政府系统值班工作规范（试行）》为基本遵循，树牢安全意识，压实值班责任，以“时时放心不下”的责任感，维护关区安全稳定。自治区政府办公厅发文对银川海关建立完善多维协同的值班工作体系表示肯定。

年内，银川海关扎实开展值班应急工作规范化建设。一是对《银川海关值班管理规定》进一步优化，梳理相关应急预案，组织开展应急演练工作。按规定向海关总署，自治区党委、政府总值班室报备节假日带班、值班表。常态化开展值班工作检查通报，共检查总关行政值班 54 次，隶属海关业务值班 16 次，发现各类问题 9 个，通报值班情况 12 次。

年内，银川海关加强值班人员队伍建设。定期编制、下发总关值班安排，明确带班领导及干部。加强值班人员培训，分批次组织值班人员前往值班室学习值班系统使用，并就日常值班问题、业务问题、应急预案、保密规定等进行学习。

年内，银川海关强化值班信息报送工作。认真实行值班信息报告制度，提高值班信息报送质量，注重值班信息报送时效，重点把好内容关、数字关、文字关，从严控制信息篇幅。年内共上报各类值班信息 24 条。

年内，银川海关切实做好值班保障工作。对值班室电脑、打印机、传真机、复印机、扫描仪、话机等设备加强维护保养，保障应急车辆需求，完善值班记录簿与通讯录。加强值班生活保障，优化住宿条件，丰富值班人员餐食。

【疫情内部防控工作】2022 年，银川海关优化疫情内部防控指挥体系。建立了横向到边、纵向到底的全链条负责制，关长负责抓总落实，分管关领导负主管责任，各职能部门、隶属海关明确任务、各司其职，确保疫情内部防控各环节程序规范无缝衔接。

年内，银川海关拓展疫情内部防控宣传广度。通过新闻媒体、微信公众号、通知公告、张贴宣传、工作纪实专题片等形式进行疫情防控宣传教育。年内，在中央媒体与宁夏主流媒体发布相关宣传稿件共 124 篇；在“银川海关 12360”微信公众号发布 111 篇。进一步提升关区工作人员及进出口从业人员疫情防控责任意识。

年内，银川海关内部防控精准到位。应用通知、文件、自查、督查、回头看等方式形成闭环流程，确保海关总署规定动作不打折扣。针对疑点、难点，召开专题会议进行研究讨论，听取专业人士意见建议，结合地方疫情防控工作特点，精细化操作，确保疫情内部防控精准到位。截至2022年12月17日，关区共发布疫情内部防控通知96条，落实文件2497件（含地方疫情防控指挥部文件）。

年内，银川海关信息报送快速准确。对“日报告、周报告”“核酸检测情况”等数据进行电子化，优化协同数据种类、品目等，确保疫情内部防控数据全覆盖。年内，共开展疫情内部防控排查293次，紧急排查20次，排查人员130521人次，向海关总署报送关联信息54条；向卫生检疫司报送封闭管理周报49条；核对内部核酸检测数据365份，共23833人次；收集各单位各部门“日报告、周报告”9936份；向关领导发布值班和疫情防控报告88条。

【政务服务保障工作】2022年，银川海关办公室综合科共完成保障会议室使用285次，信息平台发送信息274条，接待室使用6次，收发传真687次。做好部门及全关各会议室固定资产登记、清点工作。

撰稿人

王　楠　孙　芳　李国浩

财务管理

【概况】2022年，银川海关坚持党建引领，牢记海关首先是政治机关的属性，把对党绝对忠诚作为财务工作的首要政治原则，作为财务队伍的首要政治本色，作为财务人员的首要政治品质，旗帜鲜明推进政治机关建设，确保党史学习教育常态化长效化，牢牢把握财务工作的政治方向、政治原则、政治要求，对照“没有离开政治的业务，也没有离开业务的政治”，全面梳理各项工作政治要求，推动党建与业务深度融合，强化支部政治功能和组织力，深入开展“学查改”专项工作，结合“海关重点项目和财物管理以权谋私”专项整治工作，牢固树立自觉接受监督意识，坚决落实党中央决策部署，认真落实各项安全生产管理要求，全力保障疫情防控各项需要，牢固树立“过紧日子”思想，统筹保障关区各项事业发展，进一步提高财务管理水平。全面落实从严治党责任，强化党风廉政建设，开展警示教育，结合党章党规党纪分析财务领域典型案例，锻造忠诚干净担当奉献的财务干部队伍；年内财务处人员无不廉洁、醉驾酒驾现象发生。

【落实中央八项规定】2022年，银川海关深入贯彻习近平总书记关于加强作风建设的重要指示精神，持之以恒落实中央八项规定及其实施细则精神，坚持严的主基调不放松，严格执行银川海关各项内控制度，执行各项财经纪律，不断强化经费支出、摄影器材采购及借出、固定资产处置、会议及公务接待、公务用车、办公用房等重点领域管理，一体推进不敢腐、不能腐、不想腐，建设新时代清廉海关，有效预防违法违纪违规行为的发生。

【“海关重点项目和财物管理以权谋私”专项整治】2022年，银川海关按照驻署纪检监察组和关党委纪检组要求，深刻领会开展专项整治工作的重要意义，牢固树立自觉接受监督意识，全员参与专项整治工作。统筹开展政治教育、纪法教育和警示教育，认真撰写剖析材料，提高思想认识，持续释放“严”的信号，强化“不敢”的震慑，扎紧“不能”的笼子，用身边事教育身边人，筑牢“不想”的自觉；准确把握专项整治工作总体目标、基本原则和总体安排，制订《财务处关于专项整治其他财物管理方面的风险和问题全面自查工作方案》，对标重点方面，分成4个排查小组综合运用数据分析、调阅资料

（签报、会议记录等）、核查财务报表档案（财务账册、会计凭证）、开展集体研究讨论等多种方式，对照清单内容对银川海关2017年以来除重点项目以外的其他财物管理方面的风险和问题进行逐项排查，共发现问题23个。做好问题整改工作，其中立行立改6项，主责整改17项，协办整改12项。制定《银川海关采购档案管理规程（试行）》，进一步加强银川海关采购管理，统一归档要素，加强采购全流程、重点环节监督，从资料归档入手，由执行部门形成自查倒查工作方法，规范采购执行，防范各类风险。对招标代理公司进行监督和定期评估，实行动态管理，提高招标代理的竞争性。严肃招投标工作纪律，明确各方保密责任，防止标底泄露。着力发挥招投标代理机构市场信息优势，进行广泛市场调研，科学设置拦标价，提高招投标工作的竞争性。

年内，银川海关制定《银川海关基本建设管理办法》，加强基本建设项目、大项维修类项目的监督管理。规范项目审批、基建经费、基本建设投资概算、竣工财务决算等工作管理。严格执行《中华人民共和国政府采购法》，杜绝拆分项目规避政府采购。不断强化基建工程监督管理，加强基建项目立项的科学性、统筹性。

【税费财务管理】2022年，银川海关规范税费管理工作，提高综合治税管理水平，完善税款核销、报表统计编报工作机制，开展税款入库时效性检查，提高税收入库环节管理效率，为海关综合治税工作提供有效的决策参考。税款及时核销入库，按规定做好保证金收、转、退和清理工作，各项非税收入及时、足额缴库。关区全年税收入库38744.76万元，同比增长68.84%。

【预算管理】2022年，银川海关强化预算管理，提升预算绩效质量。科学编制预算，积极从主渠道申请资金。合理合规争取地方财政支持。支持事业单位合法创收，加大资金筹措力度，确保全关重大项目及各项工作的资金需求。先后完成2022—2024年项目支出规划申报，从绩效目标、资金规模等方面，对申报项目的真实性、准确性和规范性进行全面审核，自评覆盖率100%。坚持问题导向、责任导向、绩效导向的原则，实行预算执行情况动态跟踪，有效形成工作合力，着力提高预算执行率，有力促进预算质量和执行率的双提升。紧盯预算执行考核指标，克服各方困难，迅速部署特殊时期预算执行方案，居家办公人员带病坚持远程跟踪督促项目实施进展情况，确保资金支出合理合规，充分应用网上报账、网银支付等操作平台确保资金符合审批流程，与银行迅速建立每日付款、对账临时机制，确保关区预算执行日报表数据实时更新，年内执行各类采购共计134项，执行采购预算资金合计467.73万元，全关区各类资金预算执行率均为100%。拓展绩效评价内涵，强化预算绩效评价考核，向财政政策、制度、管理要效益。优化预算绩效评价特别是项目支出绩效评价，对关区涉及财政拨款及其他资金的23个预算项目支出绩效开展评审，牢固树立“过紧日子”思想，实现全覆盖，大力压减非刚性、非急需、非必要、非重点项目支出，从严控制一般性支出，信息化支出节约25.88余万元，工程审计审减资金63.52余万元。确保预算绩效的有效性，切实提升资金使用效益。加快推进关区预算管理一体化建设工作，提高预算管理水平。全力做好缉私局经费保障工作，建立新的缉私局财务保障管理模式，确保保障水平不降，管理机制顺畅，持续优化对缉私局的财务服务。

【政府采购】2022年，银川海关结合关区政府采购工作实际修订完善了《银川海关采购管理实施细则（试行）》，进一步强化职责分工，规范采购流程，切实做到管采分离，提高政府采购工作效率和采购资金使用效益，严控非执法领域风险，对业务一线急需的防疫检测设备采取疫情防控采购便利化措施执行购买，年内政府采购工作无违规情事发生。通过采购计划信息系统全面统计所有采购项目的执行情况，完整编报了信息统计报表。年内，银川海关政府采购预算计划资金、执行资金较2021年下降。

【国库集中支付管理】2022年，银川海关圆满完成2022年度国库集中支付工作，按时编报分月用款计划，加强公务卡管理，规范资金支付流程，严格按照部门预算支出用款项目，完善国库集中支付管理相关制度，做好中央预算管理一体化系统2022年国库集中支付结余资金申报及核批工作。

【部门决算管理】2022年，银川海关落实党中央国务院关于深化预算管理制度改革要求，加强部门决算管理；依法依规编制部门决算，做到收支真实、数额准确、内容完整、报送及时；做好部门决算审核，确保编制范围完整。按照规定时限，做好部门决算信息公开。积极参加财务司各类专家组审核工作，以干代训，取长补短，不断提高业务水平。年内共有3人次参加海关总署预决算、固定资产、公务用车等专项工作审核。

【涉案财物管理】2022年，银川海关完善涉案财物管理，督导涉案财物仓储部门制定应急管理机制，完善仓储管理规程；不断加强与地方归口部门协作，建立濒危陆生动物及其制品移交处置机制。合规保管、处置涉案财物，年内共处置涉案财物3批次，其中拍卖1批，无害化处置滞库涉案财物1批、22件，协调鉴定移交涉案濒危动物制品巴西彩条蜗牛22只。截至2022年12月31日，银川海关无库存涉案财物。

【企事业财务管理】2022年，银川海关按照国有企业改革三年行动计划，稳步推进事业单位投资企业脱钩工作。完成所属企业国有资产产权登记，完成关区纳入国有资本经营预算范围的所属中央企业2022年国有资本收益申报25.29万元。稳步推进国企改革三年行动，督促事业单位所属国有企业建立现代企业制度。完成2022年中央企业国有资本收益申报工作。按照海关总署要求和时间节点，积极开展事业单位集中转让脱钩企业产权工作。

【机关财务管理】2022年，银川海关聚焦风险管控，强化底线思维。开展迎审工作，对照问题库，精准自查，力求做到全、深、细、准，确保自查自纠工作取得实效，及时堵塞漏洞和风险；及时向海关总署提供相关审计资料，根据海关总署审计重点，规范关区财务管理；开展审计整改、巡察整改工作，从政治上找差距，从思想上找症结，从工作中找问题，强化整改成效，努力推动整改再上台阶。对于已经完成整改的事项，适时组织开展“回头看”，持续巩固好巡察整改成果，确保真改实改、全面整改、持续整改，聚焦重点问题抓重点、抓长远。

【装备管理】2022年，银川海关做好制服选购工作，提高服务保障水平；按需求保障海关通用业务单证征订，强化海关通用业务单证管理；及时更换车辆装备，完成非执法执勤车辆重新确编申报工作，提高关区车辆配备管理水平。完成关员订制制装合同8项，完成订购各类单证20050份，核销票据80份。

【资产管理】2022年，银川海关全面加强和规范资产管理，提高资产使用效益，盘活闲置资产，挖掘存量潜力。通过制定资产管理制度、开展资产核查等，盘存量、清闲置，有力推进国有资产盘活，进一步优化了资产配置，提升了资产管理效能和资产配置使用效率。开展照摄像器材专项检查，规范照摄像器材管理；开展办公用房、办公设备清查，强化资产管理过程控制和事后监督；公示办公用房、公有住房、公务用车使用情况，接受群众监督，推进清廉海关建设，落实中央八项规定及其实施细则精神；根据固定资产的性能状况及使用年限，及时开展处置更新工作。通过试行银川海关固定资产增加、调拨单证电子化应用，实现固定资产增加、调拨办理全程电子化和查询便利化，有力提升了资产管理效率。

【节约型机关创建】2022年，银川海关全面贯彻落实党中央、国务院关于碳达峰、碳中和的重大战略决策，按照《“十四五”公共机构节约能源资源工作规划》，扎实开展机关节约能源资源各项工作，持续推进节约型机关单位建设，机关年内用水、用电、用油均低于2022年指标要求，做到了合理利用能源资源、统筹提高利用效率、降低机关运行成本，通过不断加强节能环保宣传，逐步形成崇尚绿色低碳的良好氛围。成功创建节约型机关，总关机关和兴庆海关成为全国海关系统第二批创建成功的单位。

【事业单位财务管理】2022年，银川海关按要求做好事业单位财务管理工作，严格执行事业单位监督管理委员会议事规则，充分发挥监委会对事业单位重大经济活动事项的监督管理作用，不断加强事业单位内控管理，推进事业单位财务管理制度建设，加大对事业单位监督检查力度，规范事业单位收费管理，促进事业单位不断提高自身财务管理水平。

【安全生产管理】2022年，银川海关严格落实房产安全责任制，有序推进房产安全管理。对现有存量房产（含自建房）进行全面摸底排查，落实房产安全管理责任，制定风险隐患专项整治责任清单和安全责任清单，年内未出现存量房产安全事故。严格执行国库集中支付资金动态监控相关规定，夯实资金支付安全管理责任，持续改进疑点问题，确保资金使用的安全性和规范性。严格排查涉案财物仓库安全，年内安全有效运行。按照“谁审批、谁负责，谁用车、谁负责”原则，全面开展公务用车安全使用自查，明确公务用车使用安全责任人和管理责任人，年内无重大交通事故。

【新冠疫情防控保障】2022年，银川海关积极筹措疫情防控资金，确保了银川河东机场海关和保健中心等疫情防控一线单位物资使用需求。加强与各部门联系配合，及时准确掌握防疫物资需求，开通疫情防控应急采购绿色通道，积极争取各方支持，通过自行采购、海关总署配发等多种形式筹措防疫物资28批次、208965余件。化“危”为“机”，全面加强应急保障能力，分级设立应急物资装备储备仓库，及时动态调配物资，实施严格入出库管理，精准做好防疫物资配发保障，确保物资科学分配、及时调拨、流向清晰、管理合规，年内累计调拨分发防护物资28批次、162824件。加强与业务部门配合，对防疫物资执行联合验收，重点检查物资包装情况、有效期、执行标准和数量，确保物资使用安全。年内无因物资保障不到位、质量不合格导致一线执法延误的情况。

【夯实财务基础】2022年，银川海关年内共制修订制度6项，提高制度的可操作性，增强各类财务管理事项的规范性。优化事业单位财务管理。发挥监委会对事业单位重大经济活动事项的监督管理作用，加大对事业单位监督检查力度，规范国库集中支付资金动态监控工作，规范收费管理，防范财务风险。推行银川海关固定资产增加、调拨单证电子化应用，实现固定资产增加、调拨办理全程电子化和查询便利化。严格规范采购管理工作。严格执行采购管理规定，切实做到应采尽采，通过增加电子卖场和电子竞价采购方式，提高采购的便利性。规范财务档案管理，夯实会计基础工作，年内共整理各类会计档案366盒。上线财务报销网上审批，优化流程，提高工作效率。加强业务培训，不断提高财务人员的综合素质和专业能力，积极参加财务司各类专家组审核工作，以干代训，取长补短，不断提高业务水平。

撰稿人

王　霞　文　东　白　阳　沈　洋　金　莎　黄小明

科技发展

【概况】2022年，银川海关科技处深入学习贯彻落实习近平新时代中国特色社会主义思想，推进科技兴关战略实施，完成各项目标任务，为关区业务发展和信息化建设提供有力的科技支撑。信息化建设更加高效稳定，网络安全屏障更加坚实牢固，实验室管理更加科学精准，科研管理更细更实。

【信息化建设】2022年，银川海关高质量完成网络安全保障。全力做好党的二十大期间海关网络安全保障，抓好网络安全关键点，全面整改安全隐患。年内关区信息系统运行稳定，未发生网络安全事件。

年内，银川海关高标准保障信息系统运行。加强运维管理、系统漏洞风险排查、应急演练、值班值守，确保信息系统安全可靠运行。年内共处理科技发展司各类快速通报393次，推送安全补丁6次，安装重要安全补丁及修复操作84余次。对在线运行的5类安全产品、64台安全设备做好安全产品应用和升级工作。

年内，银川海关高效率做好信息化运维。做好关区14余种信息化配件及耗材使用保障。快速支撑桌面终端、信息网络、移动单兵运维。保障关区各类视频会议1200余场次，更新视频会议终端，提升会议保障能力。

年内，银川海关高要求开展“跟班作业”活动。结合科技活动周、网络安全宣传周，通过“线上+线下”模式深入开展科技人员“跟班作业”活动，解决政务办公、业务系统、移动单兵应用等一线急难愁盼科技问题60余个。

年内，银川海关国产化替代按期推进。按期保质完成年度36台国产终端设备单轨上线运行计划。加快关区国产软硬件应用，完善国产操作系统、国产桌面云、国产浏览器的适配升级，进一步提升自主可控能力。

年内，银川海关机房安全更有保障。银川海关印发《银川海关机房管理办法（试行）》，严格机房管理，保障关区信息资产和数据安全。加强机房节能改造，完成总关涉密机房空调替换、兴庆海关机房UPS供电改造。开展机房安全应急演练。

年内，银川海关综合管理成效显著。落实“过紧日子”要求，严格预算执行，合理安排经费支出。2022年度海关信息系统运行维护专项资金已100%执行。开展综合评审选取线路运营商、择优选择采购模式、优化移动数据业务，已测算2022—2023年度可节约资金约24万元。

【实验室管理】2022年，银川海关实验室管理更为精细。推广实验室管理系统应用，制定《银川海关实验室仪器设备绩效考核实施细则》，促进银川海关实验室仪器设备绩效考核更加科学规范。持续加强实验室安全管理工作，开展关区实验室的安全检查，确保实验室生产安全、生物安全、检测质量、数据安全。

【科研管理】2022年，银川海关科研科普工作有序开展。关区1项科研项目获海关总署科技发展司批复立项，支持技术中心申报省部级项目2项，技术中心3项项目获批授权实用新型。开展线上科技知识讲座2次。技术中心贺生芳同志成功进入全国海关科普讲解比赛决赛，取得优异成绩。

撰稿人

吴　萍

督察内审

【概况】2022年，银川海关深入学习贯彻党的二十大精神，认真落实全国海关工作会议、全面从严治党工作会议、全国海关年中工作会议精神，围绕中心工作，全面履行督审监督职责，统筹推进督审各模块重点工作；积极发挥党建示范引领作用，督察内审处党支部被确定为2022年度全国海关党建培育品牌；加强督审队伍建设培养，建立关区兼职督审人员库；强化监督贯通协同，参与配合“海关重点项目和财物管理以权谋私”专项整治工作，以精准有力的监督成效服务关区事业健康发展。

【督察监督】2022年，银川海关聚焦重大决策部署落实，以“海关总署指定+关区自选”方式确定年度督察项目清单，科学制定督察指南，年内统筹完成署关两级督察项目6个。坚持问题导向，建立督察问题清单，通过部门自查和督审实地督察，发现并整改问题16个，推动建立完善关级制度2项、工作机制1项。深化督察成果应用，共享关区133家企业“支持外贸促稳提质措施落实情况专项督察”问卷调查成果，为优化外贸促稳提质措施、提升政策成效提供重要参考。

【内部审计】2022年，银川海关配合做好迎接国家审计自查自纠工作，深入开展全国海关督察审计自查整改。认真落实全过程跟踪审计要求，完成海关总署海关事业单位所属企业脱钩和转让产权专项审计工作。以审计监督促进权力规范运行，开展关级经济责任审计项目2个。年内审计（自查）发现问题71个，以审计整改推动建立完善制度机制9项、引入信息化管理系统1项。探索研究型审计新路径，完成海关总署大金额差错报关单和贸易管制措施落实情况等专项审计调研项目2个，排查重点问题2个、主要风险8个，并提出工作建议13条。

【内控建设】2022年，银川海关打造内控科室“样板间”，选取3个科室为“内控示范科室”首批创设科室，细化创设标准，持续跟进指导，注重交流总结，兴庆海关业务一科被评为执法领域署级“内控示范科室”。强化“科技控权”，年内应用HLS2017内控平台处置异常有效数据1257条，同比增长15.2倍；取得专项成果10项，平台应用成效显著提升。对13项关级制度开展常态化前置审核复核，提出并采纳意见 31 条。

【执法评估】2022 年，银川海关加强政策研究与风险评估，综合运用“数据+分析+指标+调研”模式，完成《银川海关出境检验检疫签证管理专题评估》和《银川海关出口食品生产企业备案管理专题评估》项目，提出签证和出口食品生产企业备案管理 11 个方面、22 个风险点，促进规范关区签证和出口食品生产企业备案管理工作。积极参与《海关跨境电商监管措施专题评估》署级项目，工作得到项目牵头部门广东分署的来函表扬。关级评估工作受到海关总署督察内审司肯定，关级执法评估报告被督察内审司评为优秀报告，在督察内审司网站公开交流。

撰稿人

朱玉香

第七篇

隶属海关

银川河东机场海关

【概况】银川河东机场海关于2018年12月底成立，由原银川海关机场办事处、原银川机场检验检疫局和原宁夏出入境检验检疫局综合保税区办事处组成，为综合偏口岸型海关。2019年10月16日正式揭牌，是隶属于银川海关的正处级下设机构。

银川河东机场海关内设办公室、综合业务科、旅检一科、旅检二科、旅检三科、监管科、快件科7个科室。核定人员编制39名，处级领导职数3名，正科级领导职数7名，副科级领导职数8名。2022年，实有在编人员35人，其中党员29人，占比82%。

▲2022年11月18日，银川海关党委书记、关长邹峰（中）赴银川河东机场海关宣讲党的二十大精神　（银川河东机场海关　供图）

【党的建设】2022年，银川河东机场海关党委坚持以习近平新时代中国特色社会主义思想为指导，把习近平总书记重要指示批示精神尤其是对海关工作重要指示批示作为行动号令，始终在政治立场、政治方向、政治原则、政治道路上同党中央保持高度一致，确保关区各项工作始终沿着正确的政治方向前进。结合学习宣传贯彻党的二十大精神、习近平总书记视察宁夏重要讲话和重要指示批示精神、自治区第十三次党代会精神，紧密结合关区实际，深入学习研讨俞署长提出的“12个必”的重大课题，深入思考谋划推动关区工作高质量发展的思路和措施。

【思想建设】2022年，银川河东机场海关将习近平新时代中国特色社会主义思想作为党委理论学习中心组学习、支部“三会一课”、干部教育培训、个人自学的必修课。建立完善以中心组为龙头、

▲2022 年 12 月 8 日，银川海关副关长张大平（右二）检查指导银川河东机场海关学习宣传贯彻党的二十大精神情况　（银川河东机场海关　供图）

党支部为基础，以集中学习、集体研讨、专题调研多种方式相结合的学习机制，做到学思践悟、知行合一。持续推进党史学习教育成果转化，党委理论学习中心组充分发挥带头示范作用，把党史学习作为常态化内容纳入其中，经常性地开展专题学习、专题研讨。通过用好“钉钉”App“海关全员培训网络学习课堂”平台、海关 e 课堂等多种载体，组织党员干部前往闽宁镇开展联合主题党日活动。深入践行以人民为中心的发展思想，巩固拓展脱贫攻坚成果，立足海关实际，选派干部职工开展驻村扶贫工作。

【作风建设】2022 年，银川河东机场海关始终坚持“严”的主基调，强化纪律作风养成，一以贯之推进党风廉政建设。认真贯彻落实全国海关全面从严治党工作会议精神和银川海关全面从严治党会议精神，制发《2022 年银川河东机场海关全面从严治党重点任务分工方案》，明确 59 项任务责任，坚持半年通报一次全面从严治党暨党风廉政建设工作情况。加强意识形态工作，定期开展思想动态分析，加强舆论阵地管控，党委书记向全体党员干部讲授专题党课。深化纠治“四风”，扣好干部廉洁从政“第一粒扣子”，综合运用“四种形态”，推进作风建设常态化长效化。

【组织建设】2022 年，银川河东机场海关以“四强”党支部建设为引领，将对标对表政治要求、查摆问题、整改落实作为提升党员意识、履

▲2022 年 8 月 31 日，银川海关纪检组组长王远光（中）讲授“自觉把好廉政关，坚决不做风险人”警示教育专题党课　（银川河东机场海关　供图）

▲2022 年 3 月 10—11 日，银川海关关长刘世远（左三）赴银川河东机场海关基层联系点开展调研指导　（银川河东机场海关　供图）

行党员责任主线常抓不懈。完善党支部党建述职评议考核机制。形成书记抓、抓书记，一级抓一级、层层抓落实的党建工作格局。指导各支部结合工作实际，提炼拓展品牌内涵，打造战役先锋、空港先锋、创新先锋、实干先锋等 7 个支部品牌，形成了一体创建、特色鲜明、各有侧重的“先锋”系列党建品牌。加强党员教育管理。严把发展党员关，将在工作中表现突出、符合条件的 1 名同志吸收为预备党员。开展“廉政警示教育周”、党员公诺、过“政治生日”等活动，引导党员增强意识。严管厚爱带好队伍。在选人用人中突出隶属关党委的推荐和把头道关作用，注重对干部的日常监督和平时考察，对用好、管好、当好一线科长等方面进行有益探索。

【队伍建设】2022 年，银川河东机场海关持续传承弘扬海关队伍优良作风，内外兼修树好形象。以学习内务规范为小切口，深入开展内务规范强化月活动，按时组织开展队列训练和关容风纪检查，每月进行不少于 1 次的内务督查并形成督查通报。发挥青年理论学习小组作用，年内，共确立党委对重大业务工作把关工作机制、深化“四强”党支部建设、推进基层党建与业务融合等 13 个课题研究项目，打造青年理论学习品牌，激发青年干部学习研究的内生动力。加强对干部的关心关爱，举办庆祝“三八”国际劳动妇女节活动，持续聚焦干部职工所需所盼，定期了解干部职工生

▲2022 年 4 月 24 日，银川河东机场海关开展 2022 年内务规范强化月系列活动　（银川河东机场海关　供图）

活和工作情况。

【“两个专项”工作】2022年，银川河东机场海关持续做好政治机关专项教育和“学查改”专项工作。依据关区重点工作与各业务条线指标，分领域细化岗位配置，梳理基层科室岗位35个、政治要求228条，系统排查风险点54个，制定针对性整改措施100条。党委梳理加强自身建设、落实主体责任方面的政治要求102条，查摆问题12个，整改措施15条，动态更新政治要求和整改台账，坚持边学习、边查摆、边教育、边整改、边巩固、边提升，全面提高银川河东机场海关内部管理能力。立足主责主业，突出科室特点，编写《银川河东机场海关专项教育活动典型整改案例》，着力破解“查摆度不深”的问题。将立行立改与长期坚持有效结合，把政治机关建设真正有效融入海关业务工作的全领域、全过程。

▲2022年3月8日，银川海关政治部主任王珀（前排左一）赴银川河东机场海关调研，检查银川河东机场海关基层党建和专项教育活动开展情况（银川河东机场海关　供图）

【巡察“回头看”工作】2022年，银川河东机场海关结合工作实际印发3项作业指引，扩大整改成效。银川海关党委巡察组于2022年8月15日—9月9日对银川河东机场海关党委开展了巡察“回头看”，11月14日反馈巡察“回头看”意见，指出了巡察发现的问题，并对整改工作提出明确要求。银川河东机场海关党委高度重视，第一时间组织学习巡察反馈意见和整改要求，统一思想认识，坚持立行立改，逐一明确分工，建立工作台账，印发《银川河东机场海关党委巡察“回头看”整改工作方案》，

▲2022年3月9日，银川海关副关长张大平（前排左一）赴银川河东机场海关基层联系科室调研专项教育活动推进情况　（银川河东机场海关　供图）

压实整改责任，堵塞制度漏洞，形成用制度管人管事管权的长效机制。

【党委班子建设】2022 年，银川河东机场海关强化党委班子自身政治能力建设，规范党委“三重一大”事项决策程序，建立绩效考核机制，引导干部想干事、能干事、干成事，担当作为、争先进位。自觉践行“求实、扎实、朴实”的海关文化，年内共有 12 人参加总关借调，累计 67 个月，2 人参加海关总署巡视和审计工作。建成档案室和机要室，完善隶属海关基础设施建设。

【口岸疫情防控】2022 年，银川河东机场海关建立常态化个人防护能力提升机制，采取“录视频、派专员、定标准、评分数”方式开展 9 次考核。认真研究口岸复航需要解决的问题，向属地反映人员支持、场地改造、设备购置等 26 项需求和工作建议。根据海关总署关于做好新冠疫情口岸防控工作各项要求，不断修订完善疫情防控工作方案，积极谋划开展口岸疫情防控应急处置演练 6 次，进一步增强口岸疫情防控应急处置能力。严格落实疫情内部防控各项措施，提升个人防护能力，认真落实防疫“三件套”，做好一线工作人员核酸检测、疫苗接种等工作。做好“百名科长百口督查”材料准备及配合工作，汇总形成《银川河东机场海关旅检工作制度手册》，包含各项工作制度共 35 项，结合“百名科长百日督查”督查组检查发现的问题，举一反三，立行立改，以此为契机进一步完善疫情防控各项制度措施。常态化疫情防控阶段，研究梳理需要内外部协调解决的任务 14 项，初步解决海关工作区域移交、入境人员自助抗原检测、卫生检疫流程调整、医疗废弃物处置、工作场所消毒、海关车辆通行等多个具体事项。采购和升级智能申报验核一体机 3 台，采购传染病快速检测试剂和各类耗材，调拨抗原检测试剂 1000 支，做好转段后口岸防控装备和物资保障。

▲2022 年 6 月 13 日，银川海关副关长张大平（右一）赴银川河东机场海关开展“关长走进口岸封管区”活动 （银川河东机场海关 供图）

【实际监管】2022 年，银川河东机场海关统筹全关人力资源，充实一线监管队伍，加大风险分析研判，狠抓危险品综合治理，查获夹藏锂离子电池组 798 个，首次在“口岸危险品综合治理”百日专项行动中立案。开展辖区首票即决式布控作业，办理关区首票涉检行政处罚案件。年内完成货物人工查验112票，实现查获7票，为历年来最多。对跨境电商进口报关单每月按3%比例对收件人进行电话核查。跨境电商渠道查发含濒危植物成分“人参提取物”商品6批次，正面清单外商品1批次（驱蚊手环）。严格落实后续监管要求，对辖区32家注册企业开展核查作业，对2家企业开展行政处罚。开展对美加征关税措施落实情况专项审计调研和贸易统计数据质量专项调研工作，对辖区12家重点企业开展不实贸易调研，开展风险类核查9票，形成调研报告3篇。

【国门生物安全】2022年，银川河东机场海关坚持防风险、守底线，积极开展查验技能岗位练兵，提升一线关员查发能力。充分利用CT机和智能审图等科技手段，不断提升监管效能。深入开展“国门利剑2022”联合专项行动，严厉打击“洋垃圾”、象牙等濒危物种及其制品、毒品走私。扎实做好“扫黄打非”工作，严查危害政治安全的非法出版物进出境。加强国门生物安全风险监测，落实“跨境电商寄递‘异宠’综合治理”专项行动和各项监管要求。开展辖区首票即决式布控作业，办理关区首票涉检行政处罚案件。积极开展国境生物安全监测、外来有害生物普查工作，完成外来有害生物信息报送系统授权6人次，“出入境生态安全保护管理系统”用户授权14人次，收集整理检验鉴定能力需求清单，涉及13类截获物，协助快件科报送2021年截获花粉有关情况；每月报送进出口商品质量安全信息，及时协商综合业务三处组织新入关及转岗人员进行考核。以“国门生物安全”宣传活动为抓手，策划开展国门生物安全进校园、进社区、进机关、进旅行社、进企业等一系列宣传活动，营造社会人人参与、协同守护国门生物安全的良好氛围。

【外贸保稳提质】2022年，银川河东机场海关成立“促进外贸保稳提质”工作专班，推行关长直通服务责任制，关领导带头下沉一线，面对面倾听企业诉求和实际困难，形成关领导负责、科长包抓、专人衔接的工作机制，向辖区重点企业发放“关企联系卡”，对辖区有实际业务的12家进出口企业实行“一对一”联系服务，逐个企业下厂调研，召开企业座谈会宣讲海关特殊监管区域相关政策，

▲2022年5月27日，银川海关副关长张大平（右二）带队调研银川综合保税区，实地查看园区企业生产经营情况　（银川河东机场海关　供图）

上门指导企业参与海关企业信用认证工作；针对企业反映的突出问题，建立工作台账，坚持“问题清零”，加强督查督办，研究细化具体措施 18 条，以实实在在的举措，帮助企业渡过难关。支持银川综合保税区开通面向欧亚大陆的国际卡车班列，解决国际物流通道受阻等问题。积极落实减税降费措施，完善与税务部门货物监管和税收征管的联系配合，推进增值税一般纳税人资格试点。持续推广落实“四自一简”监管制度，简化业务核准手续，强化企业市场主体地位。

【平台功能完善开放】2022 年，银川河东机场海关指导银川综合保税区利用现有场地改造，建设涵盖国际邮件、商业快件、跨境电商 3 种业务形态的集约化监管作业场区。指导企业根据属地疫情防控要求合理分区，制订细化人、物动线方案。对海关总署调拨的 2 台 CT 机及 2 台门式核辐射探测仪指导安装开展验收，并协调设备数据接入海关数据系统。银川综合保税区海关综合监管中心于 2022 年 3 月 25 日顺利通过海关监管作业场所实地验核，满足了辖区跨境电商企业进出口多元化需求，促进了资源的优化配置和效率提升。

【外贸产业发展壮大】2022 年，银川河东机场海关协调口岸海关完成亚麻籽调运，指导企业顺利完成粮食定点加工资质备案审核并开展加工业务。助力宁夏—欧洲（布达佩斯）中欧国际货运班列开通，服务国产汽车出口“一带一路”共建国家（地区），支持进口大型生产设备在银川综合保税区快速通关。年内，银川综合保税区进出口贸易总值 61.6 亿元，同比增长 37%，占银川市进出口贸易总值的 39.34%，占全区进出口贸易总值的 23.93%。

【新业务新业态发展】2022 年，银川河东机场海关支持跨境电商海外仓建设和发展，保障宁夏首家跨境电商 O2O 体验店顺利开业，复制推广跨境电子商务零售进口退货中心仓模式。主动与口岸海关开展协调沟通，拓展“陆转空”物流新通道。年内监管跨境电商保税进口 1210 单 3278 票，主要商品为化妆品、饮料、奶粉等，相关业务保持持续健康发展态势。探索运用场站管理系统赋能寄递渠道货物精准监管，借鉴兄弟海关经验以电子化和信息化手段，推动实现不同监管模式下跨境货物“全流程、可视化”精准管理，指导在

▲2022 年 12 月 9 日，宁夏首批自俄罗斯保税进口的亚麻籽抵达银川综合保税区　（银川河东机场海关　供图）

▲2022 年 6 月 24 日，宁夏首票跨境电商零售出口跨关区转关物品已在银川综合保税区综合监管查验中心顺利完成首发　（银川河东机场海关　供图）

建监管中心安装应用场站管理系统，包括建立场站数据与海关、电子口岸及卡口、分拣线等系统对接；围绕信息传递、信息反馈、状态跟踪、数据交互等重点环节，邀请项目工程师进行系统培训和 PDA 示范讲解；为实时可视化监管货物运抵、待查、查扣、异常、放行等状态提供平台支撑。

【能力提升】 2022 年，银川河东机场海关积极开展查验技能岗位练兵，大力倡导关员参加各类岗位资质学习考试，在行政执法、动植物检疫、危包检验、卫生检疫、卫生监督、企业认证、签证兽医、法律职业资格考试等 10 个领域，34 名在岗关员累计 112 人次获得相应岗位资质和证书，有力提升一线关员专业技能和监管查发能力。深入开展学习培训、练兵备战，按照无脚本、场景化、沉浸式、实战化的要求，组织开展卫生检疫岗位分解演练，提高疫情防控实战能力。优化实施“每天有人练、每周科室考、每月集中考”的防护服穿脱培训考核机制，切实提高个人防护能力。

【岗位实战培训】 2022 年 9 月，银川河东机场海关安排 9 名业务骨干到厦门海关一线跟班学习 20 天，采取理论学习、现场参观、实际操作及座谈交流等多种形式开展业务交流。工作队员进入封闭管理专班，在登临检疫、健康申明卡验核、体温监测、采样管理、行李监管等重点岗位开展实操学习，跟班作业期间检疫入境航班 76 架次、人员 5428 人，其中登临检疫航班 49 架次，开展终末消毒监督 7 架次。学习结束后撰写总结报告，梳理重点学习内容清单 93 项，组织开

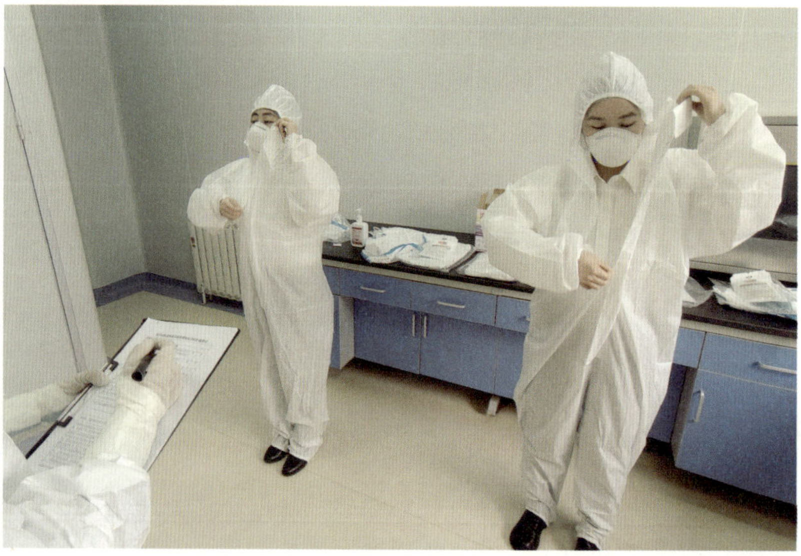

▲2022 年 3 月 2 日，银川河东机场海关组织开展入境航班登临检疫及消毒监督岗位演练　（银川河东机场海关　供图）

▲2022 年 10 月 3 日，银川海关首批赴厦门海关对口帮扶队员完成跟班学习任务 （银川河东机场海关 供图）

展学习经验交流，借鉴“网格化”管理经验，人员岗位安排由原来的 11 个优化为 5 个。

【政务公开】2022 年，银川河东机场海关全面落实《中华人民共和国政府信息公开条例》和海关总署制定的《海关领域基层政务公开标准指引》，以银川海关门户网站作为对外政务公开的重点，明确责任分工，夯实政府信息公开运行机制；建立公开机制，提高依申请公开办理水平；完善公开渠道，强化政府信息公开平台建设；加强培训交流，提升政府信息公开监督保障水平。围绕公开内容、公开重点、公开形式，推行行政权力公开透明运行，主动接受社会的广泛监督，不断提升信息公开工作规范化水平。

【专项整治工作】2022 年，银川河东机场海关强化监督制约，着力构建以制度监督为引领、以内部制约为根本、以外部监督为补充，深入开展“海关重点项目和财物管理以权谋私”专项整治。强化思想认识，着力做好安排部署。成立专项整治工作领导小组，组织全体关员及协管员全面检视自身对专项整治工作要求的认识情况，认真学习领会海关总署党委、驻署纪检监察组相关文件精神，全面深入掌握专项整治有关工作要求。强化问题导向，着力提升整治效果。结合银川海关“海关重点项目和财物管理以权谋私”参考提纲进行自查，共梳理出 1 个方面问题（疫情防控物资过期浪费风险），并结合问题已立行立改，同时按照专项整治综合组工作要求，配合银川海关专项整治工作领导小组开展个人违规事项申报 13 人

▲2022 年 3 月 4 日，银川海关纪检组组长王远光（左二）赴银川河东机场海关调研“海关重点项目与财物管理以权谋私”专项整治工作推进情况 （银川河东机场海关 供图）

次，已组织相关人员2人撰写“专项整治个人剖析材料”，根据总关要求13人参与谈心谈话。强化抓实抓细，突出警示教育。观看警示教育片，学习《“海关重点项目和财物管理以权谋私”专项整治工作领导小组关于10起违纪违法典型案例的通报》，进一步以案为鉴、以案示警、以案促改，教育引导党员干部筑牢拒腐防变思想和道德底线。组织应知应会闭卷考试2次，营造浓厚的学习氛围，切实提升学习效果，达到“以考促学、以学促用”的目的，推动廉洁从业入脑入心、走深走实。

【安全生产】2022年，银川河东机场海关始终牢固树立安全生产意识，认真学习贯彻习近平总书记“疫情要防住、经济要稳住、发展要安全”的重要指示要求，注重做深做细安全隐患排查化解，切实保障银川河东机场海关各项工作安全有序开展。加强口岸卫生检疫安全，做好口岸场所及设施设备的日常巡查维护，完善口岸安全事件应急处置能力。做好海关监管执法安全工作，立足海关监管执法职责，优化完善海关监管场所（场地）、保税监管场所海关作业区域安全管理，守牢海关自身监管执法作业安全底线。积极强化协作配合，加强与自治区口岸办公室、机场公司、综合保税区管委会等单位协作配合，建立安全生产监管协作机制，协同开展安全生产监督检查，形成各负其责、齐抓共管的安全生产工作合力。

【货运渠道实现2022年度首次查获】2022年2月21日，银川河东机场海关货运渠道实现本年度首次查获。在对某公司申报入区的货物开展现场查验时，查获未申报货物，已经综合处置部门处置，为本年度货运渠道首次查获。

【首批电动汽车出口业务】2022年3月5日，银川河东机场海关顺利完成首批电动汽车出口业务。银川综合保税区内某企业利用综合保税区保税物流、提前享受出口退税等政策优势，办理比亚迪、广汽、埃安等品牌电动汽车出口业务。该批出口汽车共计24辆，货值68.99万美元，将通过公路运输方式运抵乌兹别克斯坦。此次电动汽车出口是银川综合保税区设立以来首次办理车辆类货物出口业务，标志着银川综合保税区开放经济平台作用进一步拓宽，有助于下一步继续扩大进出口规模，推动外贸高质量发展。

【首次查获不合格化妆品】2022年6月10日，银川河东机场海关在跨境电商网购保税进口渠道首次查获不合格化妆品。银川河东机场海关在跨境电商网购保税进口渠道查验时，发现一瓶申报品名为帕尔马克罗尼亚纯粹的古龙香水外包装无易燃易爆标识。该化妆品不符合我国《化妆品监督管理条例》要求，使用安全性无法保障，存在风险隐患，经办人员已对该化妆品依法作暂扣处理。

【首次应用检查异常处置系统】2022年6月15日，银川河东机场海关首次应用检查异常处置系统完成查验异常处置。在对出口货物查验发现异常后，银川河东机场海关首次应用检查异常处置系统完成查验异常事件的审核处置工作，并与兴庆海关及时沟通，共同做好事件处置流转各环节的衔接配合，该票报关单已在兴庆海关完成删单重报。

【实现核查补税“零”的突破】 2022年7月8日，银川河东机场海关实现核查补税“零”的突破。根据核查指令，银川河东机场海关于2022年6月对银川综合保税区内某电商企业开展定期管理核查。通过企业自盘、海关下厂盘点核查、实际库存与账册比对，发现该企业存在实际货物库存数量与海关账册余数不符情况。针对上述情况，银川河东机场海关及时开展单独追补税，为银川海关首次在核查领域发生补税情形。

【首次集中销毁寄递及旅检渠道查获物品】 2022年8月30日，银川河东机场海关首次集中销毁寄递及旅检渠道查获物品232件。此次销毁物品主要包括无法提供处方的药品，超限额的化妆品、酒类、鞋包等日用品，总重量达260千克，是银川河东机场海关首次大批量集中处置查扣物品。此次销毁工作通过环保部门指定的固废管理系统申报并完成审批，由经办关员现场逐件清点封装后，监管运往银川市固体废物处置机构，现场进行销毁处理并全程音视频录证。

▲2022年9月29日，银川河东机场海关首次查获伪瞒报锂电池组798个（银川河东机场海关　供图）

【首次查获夹藏锂电池组】 2022年9月29日，银川河东机场海关在对一批申报品名为餐具、拖鞋、画册、六边形壁灯等货物进行查验时，一次性查发夹藏锂电池组798个，且未提供出境危险货物运输包装使用鉴定结果单。经鉴定，其正式运输名称为锂离子电池组，属于第9类危险货物。企业对该批货物未实施出口危险货物包装检验，涉嫌通过伪瞒报逃避海关检验监管，该批货物已移交后续部门处置。此次查获夹藏锂电池组为银川海关首次查获。

撰稿人

陈邦杰　盛子洋

石嘴山海关

【概况】2022年，石嘴山海关有干部职工23人，其中，行政编制人员13人（1人驻村扶贫，1人借调至海关总署），协管及工勤人员10人（司机2人、厨师2人，协管员6人），设立科级机构2个，分别为办公室（党委组织宣传部）和综合业务科。有1个联合党支部，党员7人；1个团支部，团员5人。硕士研究生（含在读）4人，占总人数的30%，干部队伍平均年龄31岁，青年干部占比77%。

2022年，石嘴山海关按照属地管理原则，贯彻落实海关总署、银川海关各项海关业务改革事项，承担石嘴山保税物流中心（B型）海关业务，石嘴山市进出口海关监管货物、物品的监督管理和检验检疫，核查、统计、原产地签证、备案、调研等其他工作。石嘴山海关辖区经常开展业务的企业有83家，主要出口商品为双氰氨、钽及其制品、铁合金等；主要进口商品为钴湿法冶炼中间产品，铌、钽、钒矿砂及其精矿，热轧含硼合金钢非卷材等。

【党的建设】2022年，石嘴山海关认真落实“第一议题”制度。党委始终把习近平总书记重要指示批示作为行动号令，常态化开展14次党委会、14次党委理论中心组学习，围绕海关总署党委提出的“12个必’的重大课题开展研讨交流10次，常态化组织青年理论学习小组学习活动，部分优秀青年同步参与研讨。“请进来”，邀请石嘴山市理论宣讲团实地宣讲党的二十大精神，“走出去”，实地观摩总体国家安全观主题展览，坚定不移做“两个确立”的捍卫者和践行者，扎实推进全面从严治党42项工作要点和72项关区重点工作，把“两个维护”体现在履行职责的实效上，体现在对党忠诚的担当上，彰显政治机关本色。

年内，石嘴山海关深入开展“学查改”专项工作和专项教育活动。围绕习近平总书记系列重要讲话和专项教育活动指定学习资料，党委班子以身作则、示范引领，以党委理论学习中心组为“龙头”，学讲话、谈体会、提要求、列目标。把学习融入日常、抓在经常，制订详细计划表，将学习安排具体到每周、阅读内容细化到章节、任务分配明确到个人，党员干部坚持每天自学1小时，每周集中学习1次。大力提高全员政治判断力、政治领悟力、政治执行力，确保政治信念更坚定。开展“两个专项”工作“每周学”39期，应知应会测试2次，专题研讨4次，形成心得体会22份。梳理出140项政治要求，完成18条整改措施，使“没有离开业务的政治，更没有离开政治的业务”的理念入脑入心。

【巡视巡察“回头看”】 2022年，石嘴山海关开展海关总署巡视整改“回头看”。深入贯彻落实习近平总书记关于巡视整改“四个融入”的新要求，把巡视整改作为一项严肃的政治任务和一份必须履行的政治责任，切实履行好“一级抓一级、层层抓落实”的工作格局，扎实开展巡视整改“回头看”。以“三个不放过”大力推动问题全部整改，对照银川海关整改方案中4个方面、24个主要问题、93项整改措施，照单全收涉及银川海关的5项主要问题及13项整改措施，其中主办9项，协办4项，立行立改10项，长期坚持3项，截至2022年5月底已全部销号。

年内，石嘴山海关开展危险化学品专项巡察整改“回头看”。针对巡察组反馈的巡察意见，石嘴山海关党委照单全收，明确4类问题，制定10项整改措施。年内已全部整改完成，其中立行立改9项，长期坚持1项（问题为监管优化服务意识有待加强）。结合巡视巡察共4项长期坚持的整改项目，认真总结评估各项整改措施的落实情况、取得的实际效果，形成相关台账，坚决杜绝整改问题反弹。充分结合“学查改”专项工作、专项教育活动和专项整治工作，继续修订因地制宜的内部运行制度，切实把巡视巡察整改工作成果转化为推动石嘴山海关发展的动力。

【党风廉政建设】 2022年，石嘴山海关强化政治统领，全力抓责任。牢牢把握海关政治机关的本质属性，坚持以党的政治建设为统领，压紧压实党委书记全面从严治党“第一责任人”职责，分层级签订党风廉政责任书。召开13次党委会，专题研究全面从严治党、党风廉政建设和反腐败工作3次，向银川海关党委书面报告相关情况2次，坚持全员参与、全员覆盖，充分落实全面从严治党主体责任清单，做到守责、负责、尽责。

年内，石嘴山海关扎实开展“海关重点项目和财物管理以权谋私”专项整治工作。成立领导小组、工作专班，完成4个阶段工作任务，开展个人违规事项申报4人，提交“两个清单”、撰写“个人剖析材料”2人，参与谈心谈话4人。深入开展专项整治工作学习教育，结合专项教育活动和“学查改”专项工作，组织各类政治教育学习31次，警示教育学习7次，党课2次，“以考促学”开展应知应会、纪法教育等测试3次，自上而下保障关区拒腐防变。

年内，石嘴山海关打造良好政治生态。牢牢把握意识形态主动权，签订意识形态目标责任书，党委专题研究意识形态工作4次。结合强化纪律作风建设、严密防范风险隐患的工作要求，组织进行网络行为排查，强化互联网思想阵地建设和舆论引导，严格落实保密要求，坚决守好舆论宣传主阵地。开展常态化提醒谈话，实时掌握干部职工岗位调动、职级晋升等情况的思想动态，关区内部评优评先公开透明，确保财务资产、保密档案、值班值守、请销假及重大事项报告等制度落实到位，全力提升工作质效，全面净化政治生态。

【基层组织和队伍建设】2022年，石嘴山海关持续培育支部品牌。以党建总揽全局、盘活阵地、打好基础，培养吸收1名新党员，2名预备党员如期转正，大力提升党支部标准化规范化水平，分党委、支部两个层级开展“书记项目”，激发团支部和青年理论学习小组活力，青年干部提交3篇研究与交流，支部被晋升为四星级党支部。扎实推进“青年文明号”“学雷锋活动示范点”等称号争创工作，号召青年干部连续3年每周参与“文明城市创建”志愿服务，全员在“贺兰山分片包植增绿”活动中完成约400平方米、种植700颗树苗的绿化任务，身体力行建设美丽宁夏。

年内，石嘴山海关结合巡视整改开展“内务规范专项整治”，定期开展内务规范督察。坚持内务规范“背对背”互查模式，办公室和综合业务科对办公区域、个人内务等进行“背对背”互查，对现场检查发现的问题内部通报，锤炼闻令而动、遵令而行的过硬作风，以“石关铁营”为抓手，培养忠诚干净担当的政治品格。

▲2022年4月12日，石嘴山海关关员及工勤人员前往贺兰山碳梁坡植树增绿　（石嘴山海关　供图）

年内，石嘴山海关派员参加海关总署重点攻坚工作3次，得到海关总署书面点名2次，2名干部脱产参加乡村振兴工作，派出6人次参加海关总署党委巡视、署级疫情防控督导检查、署级系统开发运维、海关总署“钉钉”App授课工作。搭建“小教员”“小课堂”讲授平台，将学习教育与工作实操结合起来，引导年轻干部不断提升履职尽责必备的政治素质、知识积累和实践能力。加强检验岗位资质、签证官资质、认证资质的获取水平，执法一线科长被评为海关企业认证专业高级资质并被聘为关区企业认证初级资质考官，有效发挥“传帮带”作用。

年内，石嘴山海关在落实疫情防控要求、减少人员聚集的前提下，组织关区干部职工开展形式多样、内涵丰富的文化文艺活动，如端午节“粽心向党”“我们的节日”，真心真情关心关爱疫情防控一线党员干部的身心健康，不断增强基层一线党员干部职工的获得感。9—12月，自治区疫情防控进入应急阶段，石嘴山海关全体干部职工驻守一线，坚守岗位80余天，充分做到了队伍不散、业务不断、秩序不乱、质量不减。

【业务建设】2022年，石嘴山市进出口总值55.60亿元，同比增长14.40%，位居全区第2，占全区进出口总值的21.60%。其中出口47.93亿元，同比增长15.69%；进口7.67亿元，同比增长12.66%。主要进口产品为钽铌矿、热轧含硼合金钢、催化剂、焊接链、锰矿砂；主要出口产品为双氰胺，氧化镍，有机磷衍生物，其他含附加含氧基的酸、锂镍钴锰氧化物。

【业务改革与发展】2022年，石嘴山海关持续优化口岸营商环境。持续深入"放管服"改革，加大助企力度，推广应用"一单制"铁海联运和"铁路快速通关"监管模式，主动融入西部陆海新通道建设。力推地方政府用好保税交易平台功能，在提高"质"、突破"量"上取得更大成效。鼓励企业探索跨境电商B2C模式，引导企业运用"提前申报""抵港直装"等便利化措施。

▲2022年12月8日，石嘴山海关办事大厅关员向报关员宣介海关政策（石嘴山海关　供图）

年内，石嘴山海关利用RCEP政策助企纾困。结合辖区企业产品特点和属地海关职能，形成"一企一策"服务机制，帮助企业抢抓RCEP实施机遇，年内，开展线上线下培训20余次。在原产地签证岗位积极落实石嘴山海关党委部署，通过线上指导和自助打印一体化信息服务手段，帮助企业用好原产地这张"纸黄金"。签发原产地证书1038份，签证金额13187.4万美元，涉及RCEP、亚太贸易协定、中韩自贸协定等9类原产地证书。帮助4家企业实现异地领取检验检疫证书，年内原产地证书自助打印份数率达到95%，较上年度提高约40个百分点，其中RCEP原产地证书100%实现自助打印。

年内，石嘴山海关成功推广2家企业运用"两段准入"通关模式，"两段准入"改革效果显著。问题"清零"机制扎实有效，收集解决61个企业反映的问题，形成13期外贸专班工作简报，解答了燃料乙醇、羊肉制品、棕榈酸盐等产品首次进出口的业务难题。持续引导企业采取"两段准入+提前申报+两步申报"政策组合拳加快通关效率，主动宣介铁路舱单归并和铁路快速通关利好政策，吸引企业通过西部陆海新通道扩大辖区传统优势产品出口。

年内，石嘴山海关设立咨询反馈热线，搭建海关通关服务微信群，开设危险品、鲜活易腐产品、高级认证企业办事窗口，畅通企业沟通反映渠道。建立亲清政商关系，在未有摄像覆盖区域安装意见箱，在海关办公大厅公开监督电话，聘请政府部门、新闻媒体、企业担任石嘴山海关特约监督员，抓实监督实效，为助推石嘴山市保市场主体、保市场份额、保产业链供应链稳定贡献海关力量。

年内，石嘴山海关通过“一对一”专人指导、线上培训、线下利用外勤执法时间向企业宣传海关总署和银川海关外贸保稳提质措施，推广海关便利化政策，服务外贸保稳提质落实首问负责制，扎实推进支持外贸发展工作。分别与银川海关和市级政府建立联系机制，及时向银川海关和市级政府部门报送外贸工作开展情况，共同促进石嘴山市外贸发展。

【石嘴山保税物流中心（B型）发展】2022年，石嘴山海关严格石嘴山保税物流中心（B型）管理。帮助石嘴山保税物流中心运营企业解决车辆过卡异常、视频监控故障等问题，指导企业提高管理能力。运用风险管理模式开展保税物流中心进出口货物监管，年内，保税物流中心未被风险指令布控查验进口货物，实现“秒”通关，已布控查验货物均在当天接单，当天完成查验或取样送检工作，提升了通关效率，保障了中心内进出口货物流通稳定。

年内，石嘴山海关支持企业进口牧草饲料，促进苜蓿草交易。帮助保税物流中心运营企业结合自治区畜牧重点产业规划，以保税物流中心为平台打造区域性饲草料交易平台，年内监管进口苜蓿草5920.72吨，货值2243.24万元，确保保税物流中心政策优势在内陆地区发挥到更优。

【商品检验】2022年，石嘴山海关有效助力危险品企业发展。严格对照国务院安全生产委员会对海关系统的4项安全生产工作职责，在关区无危险品送样经验先例、兄弟海关无成熟做法、政治要求紧急的情况下，自行探索出新的危险品送样检验渠道，填补了关区空白，位于全国海关前列。一线人员克服人力紧张、冬寒暑热、企业点多线长面广等困难，将企业自申报、现场查检到出证放行的时间压缩至4个工作日内，年内关员外勤次数300余次，检查里程达2.6万余千米，人均查检400余批次，用“5+2”“白+黑”奔跑在执法服务一线。

年内，石嘴山海关严守危险化学品监管底线，抓住口岸

▲2022年6月24日，石嘴山海关关员在某危险品企业现场查验　（石嘴山海关　供图）

危险品专项整治工作机会，设立危险品咨询专用窗口，做好进口危险品改革试点应用，重新梳理辖区100家出口危险品企业和近80种危险品特性。成功解决工作中出现的核辐射检测、化肥抽样新问题，有力保证了海关总署指令执行。年内，检验监管出口危险化学品1038批次、出口危险货物包装使用鉴定1382批次，主要出口货物为戊二醛、反式-1,2-二氯乙烯等。年内危险品检验不合格14批，危险货物包装使用鉴定检验不合格21批，检出量和检出率均居关区首位。

年内，石嘴山海关持续加强出口商品质量安全风险监测，向风险较高的15家危险品生产企业和4个园区管委会宣介海关总署和银川海关落实安全生产的工作部署，与出口危险品对应口岸一线科室建立联系机制，提高企业和地方对海关工作的参与度和获得感。坚持危险品双人批批有资质的属地查检模式。逐一实地核实100余家企业、100余种危险品危险类别，形成一品一单、一企一策的作业流程。

【首次检验出口乙烯基三甲氧基硅烷】2022年3月，石嘴山海关首次监管出口乙烯基三甲氧基硅烷，前期实地指导企业按照海关总署公告2020年第129号及相关规定准备材料，就危险特性类别等问题逐一指导。该企业首次申报乙烯基三甲氧基硅烷3批，总重45.6吨，货值28.42万美元，经石嘴山海关检验合格后出具相关证单，由上海口岸分别输往印度、阿联酋。

【首次检验出口2,6-二氯苯并噁唑】2022年11月10日，石嘴山海关首次检验出口2,6-二氯苯并噁唑。该批货物共20吨，货值约155万元，由宁夏蓝田农业开发有限公司生产，经石嘴山海关检验合格，由上海口岸输往韩国。

【动植物检疫】2022年，石嘴山海关严把出口种子检验标准关。针对不同国家不同检疫要求，帮助企业建立“一国一台账”，收集梳理各进口国的检疫要求，通过每年的田间监测，指导完善田间管理制度，从源头上强化出口种子质量安全，防范出口种子检疫风险，有效提升了辖区优质种子资源出口水平。年内共接受出境种子申报23批次，货值96.22万美元，出口种子有番茄种子、辣椒种子、豌豆种子、菜豆种子、西葫芦种子、南瓜种子等20余种。开展出口食品备案种植场核查5次，出口食品备案养殖场核查1次。

年内，石嘴山海关坚决筑牢国门生物安全防线，严防植物疫情传入传出。对石嘴山市沙漠蝗、检疫性实蝇共7种病虫害实施监测，在保税物流中心、出口产品种植基地及周边设置17个监测点，对外来有害生物进行采集，组织专业人员开展不定期监测，填报口岸监测普查记录表，利用海关系统大数据优势，确保重点区域进出口产品质量安全。借助海关稽核查工作平台，加大出口种子监管力度，严格落实进出境植物检疫相关规定。帮助企业梳理我国及输入国（地区）约定检疫项目，进一步规避境外退货风险。年内，未发生境外通报石嘴山市出口产品存在病虫害的事件。

【食品检验检疫】2022年，石嘴山海关“一对一”指导，答疑解惑。着眼于企业发展需求，针对辖区企业贸易新业务，提前介入，积极宣讲最新政策法规，专人对接，

“一对一”解答企业出口疑难问题，确保企业咨询事事有回应。同时结合日常监管、定期管理类核查等，指导企业规范管理，从源头加强食品生产安全监管，提高自检自控能力，现场指导企业加强质量管理体系建设，提升产品质量安全水平。

【金盈十二谷米伴侣首次输港】 2022年7月15日，石嘴山海关助力金盈十二谷米伴侣首次输港，中粮米业（宁夏）有限公司生产加工的334个纸箱、货值为1.5万美元的金盈十二谷米伴侣经石嘴山海关检验监管后放行。

【冷冻羊肉首次供澳】 2022年9月22日，按照海关总署要求，设立进出口鲜活易腐农食产品属地查检绿色通道，使得辖区相关企业得以享受优先检查和“5+2”查检，保障进出口农食产品等商品有效供给，确保辖区农食产品扩宽销路。经石嘴山海关查验放行，宁夏宁羊农牧发展有限公司生产加工的宁夏冷冻小羊羔、羊杂、羊肉串等10类羊肉制品经拱北口岸发往澳门，这是石嘴山冷冻羊肉产品首次出口澳门，也是石嘴山辖区首次出口肉类产品。

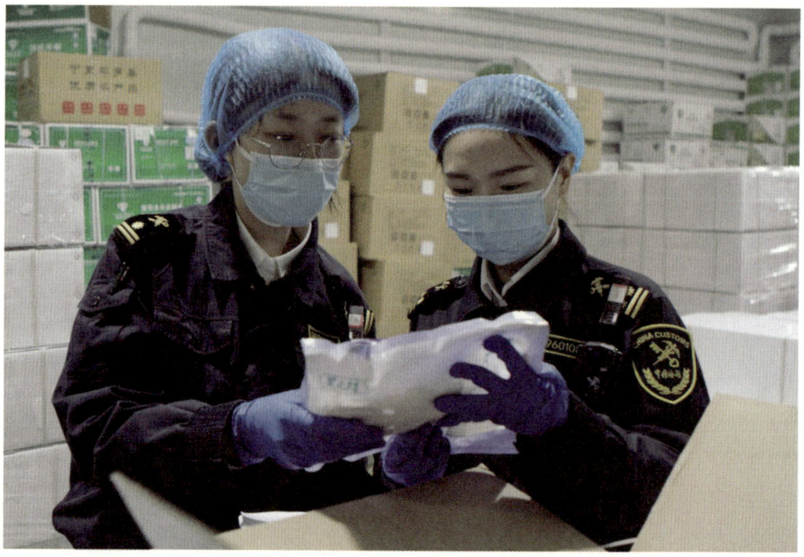

▲2022年9月22日，石嘴山海关检验监管羊肉制品 （石嘴山海关供图）

年内，石嘴山海关面对出口壁垒限制，加强对出口食品的统计、分析，加强预警信息通报，针对辖区企业，开展行业调研，加大宣传力度，加强对国外标准、通知公告的收集，为关区出口企业提供最新信息。年内，辖区有出口食品企业12家，6月有输美业务的企业6家，占企业总数的50%。自2022年7月24日起输美食品企业需提供邓白氏编码，未提供邓白氏编码的相关企业食品美国海关将拒绝入境。石嘴山海关在辖区企业对美方公告内容一无所知的情况下及时通知，确保每一家企业都了解外方要求，及时采取应对措施，助力外贸发展。

【创新服务举措】 2022年，石嘴山海关演化出的“海关+园区+企业”石嘴山海关版枫桥模式已具雏形。加强外勤频次，延长外勤时间，提升检验效率，每个关员承包一个园区作为海关业务“片儿长”，企业有问题可直接联系关员，让基层的问题在基层解决。以海关AEO企业培育为抓手，开展海关AEO企业培育10余次，调研30余家企业，与属地部门联合实地办公10余次，持续加大促外贸保稳提质各项措施的宣传落细。

年内，石嘴山海关实施“三结合”创新统计工作方法。按照“月快报、季分析”模式及时向关领导、地方党政报告数据及贸易运行情况。年内，向地方商务部门报送月报9篇，向银川海关报送简报12期，形成外贸分析报告3篇，石嘴山市委书记批示1篇，为市委决策提供了进出口贸易数据支持。响应市政府号召，参加市级领导小组、工作专班13个。积极配合“国家食品安全示范城市”“优化营商环境”“打击侵犯知识产权和制售假冒伪劣商品”等地方考核工作。

【新闻宣传和政务公开】2022年，石嘴山海关在新闻宣传中做到人员、制度、方法“三到位”。石嘴山海关在银川海关公开网站发布信息30余篇，《石嘴山海关“干学思查”齐发力 推动专项教育活动在基层一线深下去实起来》简报被海关总署政工办刊发。持续聚焦“六新六特六优”产业，助力冷冻小羊羔等10类肉制品和金盈十二谷米伴侣首次出口，相关消息被“中国新闻网”、“学习强国”App等多家国家级媒体、平台报道转发。

年内，石嘴山海关巩固政府信息公开成果，健全主动公开机制，完善《石嘴山海关依申请公开指南》，持续维护石嘴山海关政务公开邮箱，为申请人依法获取海关政府信息提供便利。定期开展关区“关长接待日”活动，进一步畅通与社会各界的联系沟通渠道，及时高效地解决群众反映问题。结合关区出口危险品数量较多的实际情况，制定全新办事指南、业务流程等易拉宝3份。通过关企微信群、咨询电话等形式，及时传递海关最新政策法规，回应企业群众关心的重要政策和热点问题。年内在银川海关公开网站发布信息8条，公开行政检查信息2条，答复“关长信箱”问题1条。

【法治建设】2022年，石嘴山海关打好法治宣传“组合拳”。坚持普法工作与“学查改”专项工作、专项教育活动以及专项整治工作深度融合，以专项教育“每周学”活动、青年理论学习小组为载体，进一步强化学习，在加大法律法规知识普及力度的同时，注重讲深说透其中蕴含的政治方向、政治要求和立法宗旨。与宁夏唯一的全国人大国家立法基层联系点——平罗县人大常委会共同开展联学联建，联学联建研讨提出《中华人民共和国黄河保护法》中“推动黄河流域沿线海关联合执法”的建议引起全国人大关注。同时常态化开展党史学习教育，强化学习党章党规党纪，做到法律面前不为私心所扰、不为人情所困、不为关系所累、不为利益所惑，自觉做党规党纪和国家法律的自觉尊崇者、模范遵守者、坚定捍卫者。

年内，石嘴山海关党委理论学习中心组开展3次法律有关知识的学习，结合学习习近平总书记重要讲话精神、习近平总书记关于法治工作的重要论述、《习近平法治思想学习纲要》，围绕“如何践行习近平法治思想”等课题交流研讨，并开展宪法专题学习研讨，扎实做好带头学习和贯彻落实工作。组织全员通过“钉钉”平台，自行学习“习近平法治思想网上专题班”的网络课程，实现人员全覆盖、内容全渗透，推进学习深入化，促进关员一线执法能力进一步提高。

年内，石嘴山海关开展“宪法宣传周”“美好生活·

民法典相伴”主题活动，提炼普法创新案例，结合廉政警示教育活动，组织干部职工学习违反中央八项规定精神等违法违纪典型案例、参观自治区级廉洁家风基地，定期开展廉政警示教育、廉政谈话和酒驾醉驾提醒，教育引导党员干部时刻树牢纪律意识。精心收集各类宪法宣传视频、海报电子版等宣传贴图，通过石嘴山海关报关大厅大屏幕滚动播放，并发至企业微信群，营造尊法学法守法用法的浓厚社会氛围。

撰稿人

李　蕾

兴庆海关

【概况】兴庆海关是隶属于银川海关的正处级下设机构。2022年被海关总署授予“全国海关系统先进集体”称号。兴庆海关内设科级机构4个，分别为办公室（党委组织宣传部）、业务一科、业务二科、稽查科。核定人员编制25名，处级领导职数3名，科级领导职数9名。2022年在职在岗人员24人，驻村扶贫1人。在职在岗干部中，党员22人，占比87%。

【党的建设】2022年，兴庆海关党委坚持以习近平新时代中国特色社会主义思想为指导，认真落实海关总署、银川海关党委各项工作要求。党委理论学习中心组率先垂范、身体力行，把“第一议题”制度作为抓学习、促工作重要抓手，年内共组织开展党委理论学习中心组集体学习14次；结合习近平总书记视察宁夏重要讲话和重要指示批示精神、自治区第十三次党代会精神，立足海关实际开展交流研讨5次；牢牢把握“三个全面”要求，深刻领悟“两个确立”的决定性意义，增强“四个意识”，坚定“四个自信”，做到“两个维护”，以点带面整改提升，在党建与业务深度融合、保稳提质、助企纾困等方面取得积极成效。

年内，兴庆海关深入学习贯彻《中国共产党党和国家机关基层组织工作条例》，严格履行党委班子抓党建工作的领导责任，定期召开会议听取基层党支部党建工作汇报，分析党建工作形势。以“强基提质工程”为载体，以建设“四强”党支部为目标，持续开展“一支部一品牌”创建活动，业务一科党支部被海关总署复核认定为2022年度全国海关基层党建培育品牌，并成功晋级区直机关工委四星级党支部。在落实好党内政治生活制度的同时，着力在推进党建工作提质增效上下功夫，发挥党建示范引领作用，在对企服务中擦亮党建品牌，形成了“报关大厅党员示范岗”“下场查验组至少有一名党员”等做法，在面向企业、社区中认真落实党员干部到社区报到机制、在疫情防控中党员干部要求主动下沉社区参与志愿服务工作，努力形成“用党内生活的方式解决工作作风问题、以业务工作成效检验党员管理教育成效”的机制。积极推进党建与业务互融互促，实现从“物理反应”到深度融合的“化学反应”转变。把“求实、扎实、朴实”融入队伍建设，每月开展不少于1次的内务督查并形成督查通报，持之以恒推进准军事化纪律部队建设，努力营造风清气正的生态环境，塑造积极向上的团队精神风貌。

【作风建设】2022 年，兴庆海关把全面从严治党作为党委班子、党委书记重点工作来抓，严格落实每半年分析研判全面从严治党制度，半年通报一次全面从严治党暨党风廉政建设工作情况，对本关政治生态开展全面分析。用好监督执纪“四种形态”特别是“第一种形态”，年内，运用“第一种形态”批评教育、提醒谈话 7 人次。严格落实意识形态责任制管理，每半年对意识形态工作进行专题分析，加强意识形态教育和舆情保密教育，实现意识形态领域零事故。严格执行办公用房、住房、用车、请休假等制度规定，严格遵守中央八项规定精神，围绕专项整治深入开展固定资产清查盘点工作，对办公用房进行整合使用，有效杜绝办公面积超标隐患，持之以恒纠正“四风”，力戒形式主义和官僚主义。

【队伍建设】2022 年，兴庆海关加强执法一线科长队伍建设。在抓党建、带队伍、强业务等综合能力的培养上下真功夫，吸收一线科长参加每月党委中心组学习，并有针对性地安排一线科长进行研讨发言，提高一线科长的政治站位。指导执法一线科长结合各自业务条线实际，实施“三单”对账，年初制定责任清单，定期检查形成问题清单，实现对执法一线科长德才表现和工作实绩的客观真实评价。结合党务干部能力提升行动，鼓励执法一线科长在全关范围内讲授党课，着力打造一支讲政治、顾大局、敢担当、能奉献的高素质科长队伍。在银川海关党委和政治部的关心、培养下，银川海关业务二科科长张爱琛被选树为“海关系统百名优秀执法一线科长”。

年内，兴庆海关强化管理教育。深入开展内务规范强化月活动，从日常着装、关容风纪、办公室摆放等细小处入手，解决举止不端、作风疲沓等问题。组织开展队列训练和关容风纪检查，每月开展不少于 1 次的内务督查并形成督查通报。着眼干部长远发展，有针对性、有计划地组织关员轮岗锻炼，鼓励关员考取各类海关执法资质，截至 2022 年年底，兴庆海关关员中有进出口危险货物及其包装检验监管资质 20 人，动物检疫现场查验资质 2 人，植物检疫现场查验资质 2 人，高级植物检疫签证官资质 1 人，高级签证兽医官资质 1 人，食品包装检疫资质 2 人。

年内，兴庆海关加强思想工作建设。认真做好针对性、经常性的思想工作，严格落实“五必谈”制度，针对全关出现的倾向性问题和个性问题，及时掌握发现倾向性、苗头性问题，主动靠上去做实思想工作。落实人员思想定期分析制度，在干部调职调级、家庭发生重大变故、干部本人生病住院等时机，适时分析人员思想形势，切实化解思想疙瘩，消除思想隔阂。加强对干部的关心关爱，与长期出差在外干部职工的家属建立互通互助机制，定期了解家庭生活情况，确保干部家庭遇事有人问、出事有人管、困难有人帮。

【专项教育活动】2022 年，兴庆海关制订银川海关印发工作方案，对照聚焦“四个是否”，坚持问题导向，多渠道多层次深刻检视自身问题，深入剖析思想根源，结合兴庆海关实际，对17个岗位梳理出具体政治要求60项，累计查找问题和风险隐患18个，制定并完成整改措施25项，坚决担起专项教育活动查摆问题整改的政治责任，推动党委班子、各党支部和党员干部树牢政治机关意识，不断提高政治判断力、政治领悟力、政治执行力。

【专项整治】2022年，兴庆海关扎实推进“现场监管与外勤执法权力寻租”专项整治工作。做好组织部署。第一时间组织学习海关总署和银川海关相关文件精神，并结合本关实际制订工作方案，召开8次形势分析暨工作督查例会研究分析专项整治工作，不断推进专项整治工作。强化教育引导。通过支部“三会一课”、主题党日、科室专题学习会等形式，集中学习领会专项整治工作相关文件，开展研讨交流，提升廉政意识。深入开展纪法和警示教育，认真学习海关总署下发的典型案例，教育引导党员汲取教训、引以为戒，组织干部对照自身岗位职责，查摆自身廉政风险，把职责、工作摆进去，高质量撰写心得体会。融合党史学习教育、“廉政警示教育周”、“内务规范强化月”等，做到一并推进、积极参与。认真全面自查。依据海关总署专项整治重点问题参考提纲，结合工作实际，先后3次修改完善重点问题清单和廉政风险清单，查摆重点问题10条，廉政风险8条。组织全体关员、现场监管与执法一线协管员认真填报个人申报表25份。

【专项工作】2022年，兴庆海关按照海关总署、银川海关工作要求，做好“六对照六看六查”，推动全体干部讲政治、见行动、抓落实。建立重点学习内容清单，明确党委理论学习中心组和各党支部学习方向和重点，围绕“没有离开政治的业务，也没有离开业务的政治”开展交流研讨共5次。关党委通过召开党委会、形势政策分析及工作督查例会，对“学查改”专项工作和专项教育工作统筹推进，确保责任落实到位。围绕海关总署专项教育活动方案明确的“四个是否”，在专项教育活动梳理出的39条岗位政治要求和13项整改措施的基础上，对照“六对照六看六查”，对查摆问题进行再对标，对整改情况进行再梳理，共查摆出16条具体问题，形成整改措施18条，定责到岗到人，推动问题见底清零。制订调研计划，深入开展企业座谈和实地调研，详细了解企业“急难愁盼”问题，及时搜集企业诉求和建议，靶向施力、精准施策，不断优化营商环境。探索建立科室“错题本”，对照历年海关总署巡视、离任审计、银川海关巡察和专项整治等发现问题逐一开展自查，强化风险防控意识，进一步夯实业务基础，规范行政执法。共查找16条具体问题，制定并完成整改措施30项。

【优化营商环境】2022年，兴庆海关把优化营商环境、促进外贸保稳提质作为专项教育和“学查改”重点整改项目，严格落实好海关总署“十项措施”和银川海关“15条举措”，以优化营商环境和助企纾困的实际行动检验专项教育成效。年内，落实“问题清零”机制解决相关问题25个，解决各类加工贸易、减免税、公自用业务难题38个。累计开展各类税收优惠政策及通关便利化措施上门宣讲10余次，年内共签发各类原产地证书3917份，签证金额6.68亿美元，其中优惠贸易协定原产地证书2000份，签证金额1.88亿美元，以平均3%的关税优惠计算，预计可为企业获得目标国（地区）关税优惠约564万美元。年内监管服务进口科研院所及高等院校、鼓励项目、集成电路等各类减免税审核确认业务266份，涉及进口货物货值8818.83万美元，审批减免关税3082.68万元，审批减免增值税1559.8万元。严格落实“7×24小时”预约通关制度，疫情期间采用应急值守和居家办公相结合方式保证业务不断档、服务不间断。年内利用节假日办理预约通关报关单2477份，疫情期间开展线上查验156批次，为贺兰、宁东等主要化工能源生产基地办理查验放行132批，放行蔬菜等鲜活农产品76批。针对中国石化长城能源化工（宁夏）有限公司提出的乙酸乙烯酯包装和运载方式这一堵点问题，为企业量身打造出口运载和监管方案，在最短时间内实现乙酸乙烯酯产地检验全流程打通。此举不仅能给企业带来实际的外汇收入，同时对调节国内同类产品市场价格，促进国内国际双循环具有积极影响。作为配合责任部门，兴庆海关在银川市深化“放管服”改革优化营商环境以奖代补考核中，收到银川市发文通报表扬并奖补4万元。

▲2022年9月14日，兴庆海关对辖区首列装载大宗散装化学品班列实施查验　（兴庆海关　供图）

【监管工作】2022年，兴庆海关深入开展综合治税，紧盯重点税源企业，设立属地纳税企业管理台账21家（进出口收发货人17家，报关企业4家），“双特”台账3家，并进行底账动态维护；强化税收风险分析，保证银川海关税收100%及时入库，税款担保100%及时处理，处置率与及时率均为100%，年内税款入库3.86亿元。进一步优化核查作业模式和核查结果运用，对“定期管理类”和“风险类”核查事项实施差别化的作业模式，发挥联合执法优势，积极推进与银川、吴忠市场监管部门联合监管；优化核查结果应用，健全异常反馈机制，既做到选、查、处各环节分离，又保障各环节紧密衔接，确保核查作业实施、反馈、处置全过程流转；优化核查作业实施，整合叠加核查事项、属地查检、稽查等外勤执法任务，实现

▲2022年11月21日，1066吨小麦顺利抵达银川，宁夏粮食进口渐返正轨（兴庆海关 供图）

监管资源效能叠加。年内共完成出口货物查验4113批，其中累计查验放行出口蔬菜、水果、冻羊肉等鲜活易腐农产品375批，货值7242.07万元；查验进口种牛冻精8批，货值60万元；开展出口危险货物包装使用鉴定1324批、性能鉴定289批次。年内，办结稽查案件6宗，均实现案件查发，查发率100%；办结主动披露作业1起，涉及金额80余万元；办结稽查部门自主办理快办案件1起，为全关区首次开展该项工作；办结核查作业132件，其中风险类核查21件，管理类核查111件，查发79起，查发率60.31%，核查案件办理数量和查发数量均为各隶属关之首。开展贸易调查4起，涉及10家相关企业，着重对虚假贸易企业开展合规性审查，为海关总署相关工作顺利开展提供力量支持。强化风险防控，发挥属地查检与稽查为同一部门优势，提升对出口危险化学品检验全链条监管能力和出口种子备案基地田间疫情监测、出口食品风险监控。加强对海关监管场所的监管力度，对辖区现有的2个海关监管作业场所，坚持每月进行“双随机”巡查，并按照要求将巡查结果进行主动公开。积极协调地方政府支持海关工作，弥补海关人员、公用经费不足。

【宁夏首家出口西甜瓜果园与包装厂备案】2022年7月28日，兴庆海关完成宁夏首家出口西甜瓜果园与包装厂备案现场考核工作，审核组在申报材料审核合格的情况下，赴企业果园生产基地及包装厂进行符合性评审。对企业生产过程中的疫情疫病防治、质量管理体系运行、溯源管理，农用化学品使用管理等情况进行合规性检查。检查结果显示，该企业硬件设施齐全、卫生环境良好、质量管理制度完善、有害生物控制措施有力，符合出口果园及包装厂资质要求。为助力企业顺利出口，兴庆海关将申请受理、实地核查、专家评审、督促整改、做出行政许可决定等流程通过“文件审核+实地考察”模式，仅用8个工作日即完成了果园和加工厂“随报随审”，该企业是自治区首个备案的出口西甜瓜生产基地及包装厂。

【首次出口乙酸乙烯酯】2022年7月21日，兴庆海关检验由中国石化长城能源化工（宁夏）有限公司生产的3坦克罐、66吨乙酸乙烯酯，经过检验合格后，顺利发车前往口岸，即将出口至泰国和越南，这是宁夏首次出口此类产品。乙酸乙烯酯为无色透明易燃液体，属于危险化学品。作为国内化工行业的龙头企业，乙酸乙烯酯的出口，不仅能给企业带来实际的外汇收入，同时对调节国内同类型产品的市场价格，促进国内国际双循环具有积极影响。此次出口乙酸乙烯酯的监管模式不同于一般危险化学品，监管风险较大，兴庆海关统筹发展和安全，自接到企业申请后，依据产品特性和文件要求，制订切实可行的监管方案，多次赴企业开展业务指导，始终强调安全才是企业生产的最大效益，督促企业落实产品生产、灌装、运输等方面的生产安全要求，积极宣传各项安全生产法律法规，确保危险化学品监管万无一失。本批次乙酸乙烯酯出口是中国石化长城能源化工（宁夏）有限公司进一步拓展海外市场的一次尝试，后续每年外贸销量将持续扩大，运输方式也将拓展为铁路运输，届时将成为宁夏地区又一出口强劲的外贸产品。

【首次出口西甜瓜】2022 年 8 月 26 日，经兴庆海关现场检验检疫合格，由宁夏夏能生物科技有限公司生产的 8.088 吨、货值 11.1 万元的西甜瓜启运，经深圳口岸发往泰国，这是宁夏西甜瓜首次出口，标志着宁夏又一特色农产品获得进军国际市场的“入场券”。该批次西甜瓜产于毛乌素沙漠边缘的灵武市郝家桥镇，产地海拔 1200 多米，占地 1000 余亩，采用 100% 有机标准化生产。为确保出口产品符合外贸标准，兴庆海关积极发挥职能优势，加大有害生物监测检疫力度，督促企业按双边议定书要求完善质量管理体系、疫情疫病监测制度及出口食品农产品可追溯体系。同时，通过进出口鲜活易腐农食产品属地查检绿色通道，对该批次出口西甜瓜给予优先查检和“5+2”查检待遇，第一时间安排查检，提前审核包装标识信息，现场按查验要求抽取样品进行剖果检查，在完成查验的第一时间进行系统验放，出具通关证书，助推宁夏优质农产品顺利出口。

【首次出口拉丝蛋白】2022 年 11 月 9 日，一批由宁夏伊众源食品有限公司生产的 1.75 吨拉丝蛋白，经兴庆海关现场查验后出口至马来西亚，标志着宁夏地区又一特色产品打入国际市场。宁夏伊众源食品有限公司是一家植物蛋白食品研发和深加工的科

▲2022 年 11 月 9 日，兴庆海关助力拉丝蛋白实现首次出口　（兴庆海关供图）

技型食品企业，主要经营大豆蛋白类清真食品，年产量3000吨。在了解到企业的出口需求后，兴庆海关组织相关人员收集拟出口国家和地区的相关法律法规要求，制订有针对性的监管方案，优化检验检疫流程，提前做好出口前的各项工作。为保障疫情期间企业货物通关便利化，兴庆海关指导企业进行“无纸化”网上申报。采用“云措施”开展属地查验业务，线上进行货物信息核对和企业质量管理体系验核，引导企业加强对食品生产全过程的质量管控，保障出口食品质量安全。同时，为降低企业通关时间，开辟查验绿色通道，在查验合格的同时即出具电子底单和相关证书。

【首起出境伴侣动物检疫业务】2022年9月13日，兴庆海关办结首起出境伴侣动物检疫业务，全程指导货主进行规范申报，现场核实宠物犬电子芯片、狂犬病接种证明，并由高级兽医查验资质关员对出境动物的身体状况进行临床诊断，现场检疫合格情况下出具动物卫生证书，确保出境宠物及时通关。为银川海关办理的首起出境伴侣动物检疫业务。

【首次出口魔芋胶】2022年12月5日，兴庆海关助力自治区魔芋胶实现首次出口，该批货物共计20吨，货值2万多美元，由宁夏上方生物科技有限公司生产。兴庆海关发挥技术与信息优势，自接到企业生产以来，全程指导企业了解出口相关法规、标准要求，督促企业强化产品生产过程中的质量管控，确保出口产品质量安全。为保证疫情期间产品顺利出口，采用信息化模式，远程开展出口货物线上查验，在查验合格的第一时间办理通关放行手续，为企业赢得出口先机。

【知识产权海关保护工作】2022年，兴庆海关扎实开展好知识产权海关保护相关工作，认真组织开展好知识产权宣传周活动，组织辖区60余家进出口企业及报关行开展2次知识产权海关保护工作宣传培训，撰写2022年度知识产权趋势分析报告，通过“银川海关12360”微信公众号推送知识产权相关文章2篇。

【安全生产】2022年，兴庆海关深入学习贯彻习近平总书记关于安全生产工作的重要指示精神，召开党委会议、关务会议研究部署安全生产工作，组织开展安全生产检查，重大节假日前重点开展安全生产自查。围绕“实战”需要，不断加强专业知识培训和实操演练。进一步完善安全管理制度，落实安全管理责任，健全应急处置机制，加强对各类库房、办公场所、附属设施的用电、用气、用火等安全工作的检查巡查力度，增强底线思维和忧患意识。与驻地消防及消防维保单位、电力维保单位、电梯维保单位等建立常态化联系制度，每月定期对办公场所消防、电力、电梯安全进行巡查检查，定期开展消防疏散演练。与楼内办公单位中检宁夏分公司、数据分中心建立安全通报机制，对安全检查或日常发现的安全问题及时相互通报、抓好整改，确保内部安全稳定。统筹抓好疫情防控和安全生产工作，进一步完善内部疫情防控制度、更新疫情防控应急预案，增强底线思维和忧患意识，做好内部应急值守和应急梯队安排，确保内部安全稳定。

【疫情防控】2022年，兴庆海关严格防控有序运转。面对属地突发疫情，兴庆海关迅速启动应急机制，最大限度保证管理不乱、工作不断。与社区建立联系联防机制，协调社区工作人员上门为留守人员进行核酸采样，采取保安和社区志愿者双值班的方式，严格控制内部人员出入，严密防止外来人员进入，确保人员安全。积极主动向银川海关分管领导和相关处室报告兴庆区疫情防控情况和地方政府采取的防控措施，请示相关事项，做好应对工作。合理区分社区管控情况，结合人员家庭实际，最大限度保证人员在位率，按照业务条线和应急保障要求，确定24小时值守关员4名，应急保障人员3名，采取留守值班与居家办公相结合，通过电话沟通、线上指导、视频查验等形式，保证各项工作顺利开展。静默值守期间，通过线上方式解决企业问题60余次，办理各项海关业务共计70余份，开展线上查验156批次，为贺兰、宁东等主要化工能源生产地区办理查验放行132批，放行蔬菜类鲜活农产品76批。

撰稿人

肖媛霞

中卫海关

【概况】中卫海关是宁夏首个揭牌运行的隶属海关，受银川海关直接领导。中卫海关依法承办中卫市、固原市、吴忠市同心县及红寺堡区的进出境货物及物品监管、检验检疫、企业管理、海关统计、保税仓监管、海关核查等海关业务。

中卫海关设立科级机构2个，分别为办公室（党委组织宣传部）和综合业务科。2022年共有干部职工18人，其中：关员10人，平均年龄35岁，学历均为大学及以上，党员占比90%，少数民族干部占比10%，男女比例为7∶3。聘用人员8人，其中协管员5人、厨师2人、驾驶员1人。

【党的建设】2022年，中卫海关党委班子加强自身建设，发挥带头作用，结合实际修订党委工作规则、贯彻落实“三重一大”决策制度实施办法等制度，进一步规范重大事项决策程序。坚持“第一议题”制度，年内召开党委会议13次，开展理论学习中心组学习12次，示范带动基层党支部和全体党员干部强化理论武装、严肃组织生活、筑牢忠诚信念，切实把“两个确立”的政治共识转化为“两个维护”的自觉行动。巩固拓展党史学习教育成果，扎实开展“学查改”专项工作，不断加强政治机关建设。严格落实意识形态工作责任制，定期开展思想动态调查分析，做好思想政治工作。抓实强基提质，以高质量开展“三会一课”、主题党日等活动为抓手，大力推进基层党组织标准化、规范化建设。

【促进外贸产业发展】2022年，中卫海关全力促进外贸产业发展。指导企业用好政策红利。帮助企业抢抓RCEP机遇，采取“线上+线下”方式向辖区企业宣传解读最优协定选择、原产地规则运用、进出口规范申报等关键事项。大力推广智能审核、自助打印等“不见面”业务办理模式，服务指导企业用好用足通关便利措施，有效拓展海外市场。年内共审核签发原产地证书397份，货值1.79亿美元，其中RCEP原产地证书96份，货值5450.4万美元，企业获得税收优惠超130万美元。助力地方发挥特色产业优势。聚焦自治区“六新六特六优”产业，积极发挥海关职能作用，设立绿色通道，实施预约查验，保障出口食品农产品快速通关。年内共检验检疫出口新鲜蔬菜出口1.6万吨，货值1.37亿元，同比增长171.62%，支持革命老区固原市首次出口冷冻薯条。向企业提供风险预警、实验室检测、隔离检疫场所建设等方面专业指导，年内共检验检疫供港活牛36头，指导2家企业及时合规办理进境动物隔离检疫场使用证。提升联合监管效能。深化“双随机、一公开”监管，积极开展跨部门联合执法，切实减少企业负担，营造监管有力、便捷高效的营商环境。年内联合中卫市、固原市市场监督管理部门开展联合执法3次。

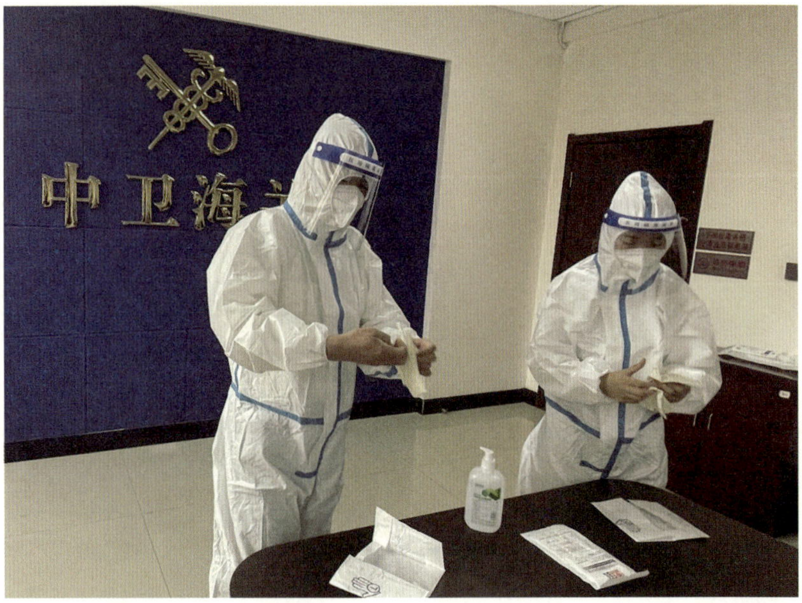

▲2022年10月29日，中卫海关组织一线执法人员开展防护服穿脱演练（中卫海关　供图）

【强化监管　筑牢防线】2022年，中卫海关牢筑检验检疫防线。抓好疫情防控。坚持业务工作与安全防护工作“同研究、同部署、同督促”，做好安全防护“每月自查”，定期开展理论培训、实操演练和知识问答，不断强化一线关员对安全防护知识的学习理解，全面提升一线执法关员安全防护和应急处置能力，确保严格规范做好进出口货物查验工作。筑牢检疫防线。年内共查验抽检出口种子31批次，其中11批次检出有害生物，签发出境货物不合格通知单，不予出口；抽检出口蔬菜4批次，签发出境货物不合格通知单3批次。认真落实陆生动物检疫风险监控计划，积极协调地方动物防疫部门开展调查，年内检出二类动物疫病1次，涉疫动物3头。守牢监管红线。严格落实全国海关“口岸危险品综合治理”百日专项行动相关要求，不折不扣做好辖区危险货物及其包装检验监管工作，年内共查检入境危险化学品和危险货物2批次；开展出口危险化学品检验检疫323批次；受理出境危险货物运输包装使用鉴定申请747批、39.48万件，出具出境危险货物运输包装使用鉴定结果单1017份；受理出入境货物包装性能检验申请49批次、23.13万件；出具不合格通知7份，总结撰写不合格案例5篇。

【抓实队伍建设】2022年，中卫海关强化党委示范带头作用。党委班子成员带头加强调查研究，深入分析关区业务发展和队伍建设形势，厘清工作重点、明确努力方向，制定务实措施，狠抓工作落实，带动干部队伍营造有目标、有志气、齐担当、齐奋斗的积极向上氛围。擦亮基层支部品牌。两个党支部通过精心谋划独具特色的支部党建品牌，创建富有内涵、贴合实际的支部工作法，打造亮点鲜明的支部文化墙、党员活动室，为支部建设打下坚实基础。夯实关区基础

▲2022 年 5 月 8 日，中卫海关组织开展 2022 年度内务规范强化月队列训练（中卫海关　供图）

建设。广泛征求干部职工意见建议，建成青年理论研学室，优化体能训练室、活动室，提升办公场所、干部宿舍、职工食堂服务水平，为关员在基层安心工作生活提供有力保障。抓实党风廉政建设。以开展“海关重点项目和财物管理以权谋私”专项整治工作为契机，全面加强政治教育、纪法教育和警示教育。认真组织落实“廉政警示教育月”活动，常态化开展谈心谈话和廉政提醒，强化与派驻纪检组协同配合，全力营造风清气正的良好政治生态。

【全面从严治党工作】 2022 年，中卫海关严格落实“第一议题”制度，召开党委会议 13 次、中心组学习 12 次。认真组织开展“学查改”专项工作和强化政治机关建设专项教育活动，加强学习交流研讨，系统梳理 19 个岗位、79 项政治要求；查摆问题 16 项，研究制定整改措施 26 条。把意识形态工作作为加强党的领导和党的建设的重要内容，纳入重要议事日程。深入学习习近平总书记关于意识形态工作的重要论述，坚持每半年研究 1 次意识形态工作。严格执行民主集中制，着力规范权力运行，结合实际修订《中共中卫海关委员会工作规则》《中卫海关贯彻落实“三重一大”决策制度实施办法》《中卫海关党委理论学习中心组学习实施办法》。党委及班子成员严格落实《中卫海关党委全面从严治党主体责任清单》，坚持每半年至少召开 1 次党委会议专题研究关区全面从严治党工作。认真落实《银川海关关于加强对“一把手”和领导班子监督的任务清单》，自觉接受派驻纪检组监督。积极加强与党委派驻纪检组沟通配合，每半年共同召开 1 次全面从严治党暨政治生态形势分析会议，及时总结全面从严治党主体责任落实情况。在“中卫是我家”上下功夫，通过打造青年理论研学室，优化体能训练室、活动室，提升办公场所、干部宿舍、职工食堂服务水平，为关员在基层安心工作生活提供有力保障，促使关员自觉树立“扎根中卫、以关为家”的思想。着重强化干部队伍组织纪律意识、请示报告意识、自我监督意识，用好“全周期管理”方式，强化“八小时以外”监督，做到真管真严、敢管敢严、长管长严。扎实开展“海关重点项目和财物管理以权谋私”专项整治工作，全面梳理重点岗位易被利用谋私的管理薄弱环节、廉政高风险点，查找风险隐患4条。严格落实党内谈话制度，用好日常谈话、提醒谈话等方式，开展批评和自我批评，经常敲响警钟，抓早抓小、防微杜渐。党委班子带头落实中央八项规定及其实施细则精神，紧盯关键人、关键事、关键点，严防“四风”反弹。

【优化营商环境工作做法及成效】2022年，中卫海关全力推广进口“两步申报”模式，“一对一”向辖区进口企业宣传“两步申报”流程及优势，鼓励企业采用“两步申报”模式申报进口货物。为辖区进口企业做好“全流程”服务，做好政策宣讲、业务指导等工作，待有企业实际开展“两步申报”时，务求企业申报一次通过、一次解决。

年内，中卫海关推行内部核批“一步作业”。在做好疫情防控的同时，积极支持企业复工复产，在企业办理注册备案、检验检疫证书及原产地证书申领等业务方面积极推广网上预约、“不见面”办理等便利化措施，简化流程，提高效率，便利企业。

年内，中卫海关完善“提前申报”制度。进一步优化进出口“提前申报”功能，明确容错机制：“提前申报”模式下修改进口日期，以及由于装运、配载等原因造成货物变更运输工具的，不予记录报关差错。如，关区重点企业采用“提前申报”模式申报进口锰矿石，在舱单传输后、货物抵达港区前，企业可直接向口岸海关办理进口申报手续，进一步压缩货物通关时间，降低企业通关成本。

年内，中卫海关实行快速分类验放。优化供港活牛、新鲜苹果、进口种鸡等鲜活时效性产品检验检疫流程。企业申报后，对未抽中安全风险重点监控的产品立即放行，对抽中查验或监控的产品，第一时间查验送检，符合要求的及时出具检验检疫证书，快速放行。

年内，中卫海关优化关税征管全流程服务。积极向辖区企业宣传推广关税保证保险、属地纳税相关政策措施，引导企业开展关税保证保险业务，鼓励一般信用及以上企业与保险公司签订关税保证保险投保单、投保人承诺函，以关税保险担保方式实现货物“先放行后缴税”，缓解企业资金压力。全力推广和指导企业自助打印出口原产地证书，方便企业享受优惠协定税率，年内已有17种原产地证书可实现自助打印。

年内，中卫海关提高政策措施透明度。积极发挥职能作用，深入了解企业需求，组织开展专题、专项培训，将“大水漫灌”改为“精准滴灌”。充分利用各类媒体，广泛开展政策宣传，提高企业对各项改革措施的熟悉和认知程度，使进出口企业最大化享受相关政策和改革红利。

【动植物检疫】2022年，中卫海关共查验抽检出口种子31批次，其中11批次检出有害生物，签发出境货物不合格通知单，不予出口；抽检出口蔬菜4批次，签发出境货物不合格通知单3批次。认真落实陆生动物检疫风险监控计划，积极协调地方动物防疫部门开展调查，检出二类动物疫病1次，涉疫动物3头。

【危险货物安全监管】2022年，中卫海关共查检入境危险化学品和危险货物2批次；开展出口危险化学品检验检

▲2022 年 7 月 1 日，中卫海关关员赴辖区出口危险化学品生产企业开展属地查检业务　（中卫海关　供图）

疫 323 批次；受理出境危险货物运输包装使用鉴定申请 747 批、39.48 万件，出具出境危险货物运输包装使用鉴定结果单 1017 份；受理出入境货物包装性能检验申请 49 批次、23.13 万件；出具不合格通知 7 份，总结撰写不合格案例 5 篇。

【原产地签证管理】 2022 年，中卫海关共审核签发原产地证书 397 份，货值 1.79 亿美元，其中 RCEP 原产地证书 96 份，货值 5450.4 万美元，企业获得税收优惠超 130 万美元。

【“双随机、一公开”监管】 2022 年，中卫海关深化“双随机、一公开”监管，积极开展跨部门联合执法，切实减少企业负担，营造监管有力、便捷高效的营商环境。年内联合中卫市、固原市市场监督管理部门开展联合执法 3 次。

【统计分析】 2022 年，中卫海关积极发挥海关统计分析指导作用，动态做好进出口指标监测，及时对重点行业重点商品开展分析研判，每月开展贸易统计分析并形成工作专报，为地方党委政府科学决策提供科学有力依据，年内所报各类报告得到地方党委政府主要领导批示 5 次。

【首次出口黑果花楸浓缩汁】 2022 年 12 月 29 日，经中卫海关检验合格后，宁夏富康源黑果花楸科技有限公司生产的 0.25 吨黑果花楸浓缩汁，顺利发往台湾地区，实现了该产品在大陆地区的首次出

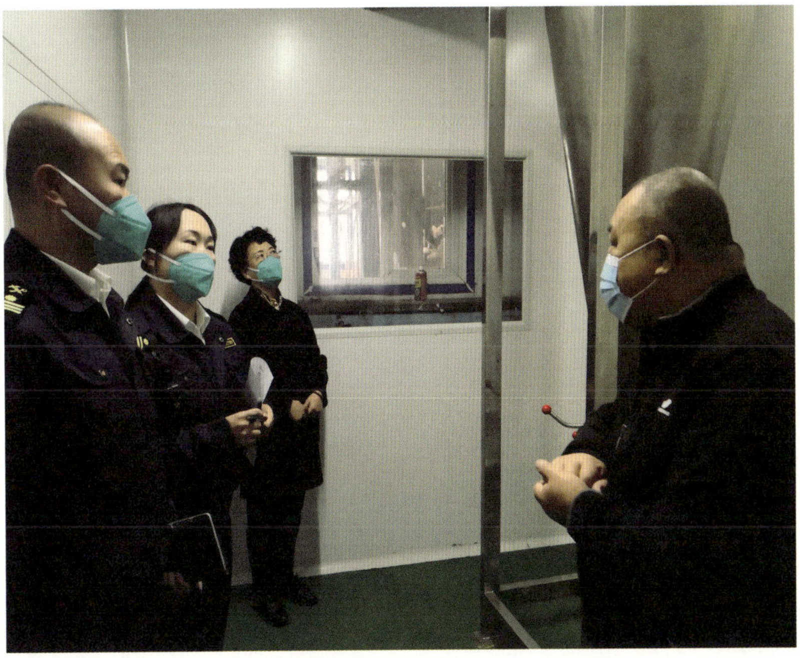

▲2022 年 11 月 2 日，中卫海关与中卫市市场监管局开展联合执法行动（中卫海关　供图）

口。同时，该产品也是继10月底宁夏固原地区首次出口冷冻薯条之后的又一出口特色农产品。

【首次出口冷冻薯条】 2022年，中卫海关通过积极指导辖区新企业熟悉出口和检验监管流程，快速办理相关企业资质备案，做好线上预约查验，充分发挥农食产品“绿色通道”优势，支持企业顺利开展进出口业务。10月24日，宁夏固原市雪川六盘山食品（宁夏）有限公司生产的85.8吨、货值74.24万元的冷冻薯条由中卫海关监管合格后首次出口泰国，为宁夏固原地区特色产业进一步拓展海外市场和促进该地区外贸发展打下良好基础。

【首次出口“四水硝酸钙”产品】 2022年10月19日，经中卫海关检验放行后，宁夏润安微肥科技有限公司生产的“四水硝酸钙”出口至墨西哥，该批货物价值近30万美元、共1080吨，是宁夏地区首次出口该产品。为帮助企业顺利实现产品出口，中卫海关努力克服疫情期间数据传输不便、沟通困难等影响因素，积极通过电话、视频、微信等方式，帮助企业

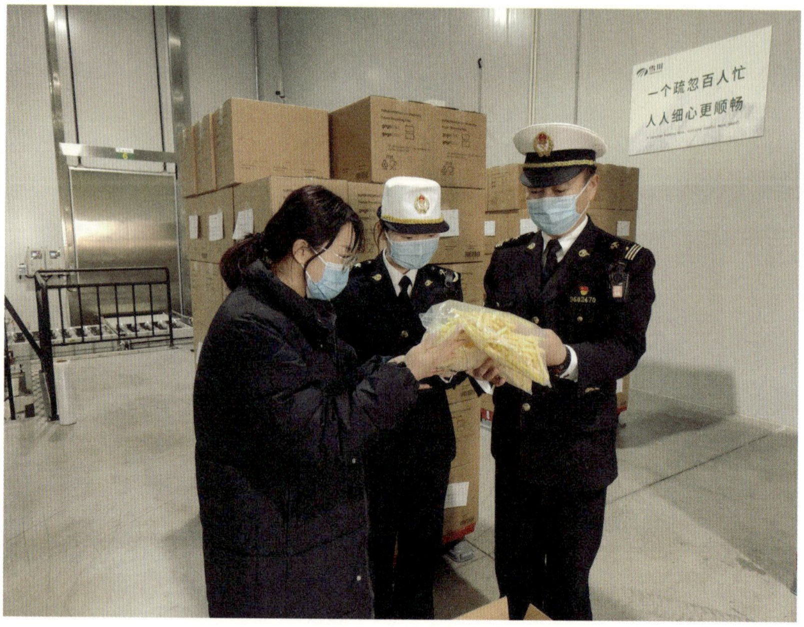

▲2022年10月24日，中卫海关助力固原市冷冻薯条首次出口泰国　（中卫海关　供图）

联系检测机构、口岸海关等，为企业做好检验鉴定、运输鉴定铺平道路。指派专人负责，为企业逐一讲解各项出口流程和申报监管条件，为企业顺利出口做好做足前期准备工作。该批货物顺利通关后，不仅帮助企业保住首票近300万美元的海外订单，也为企业后期拓展海外市场，打通国内国际双循环奠定了坚实基础。

【首起核查转稽查补税业务】 2022年，中卫海关按照海关总署税收征管局相关风险提示，12月22日联合稽查处对辖区某企业申报进口的3台设备进行了一般贸易（归类）核查，通过核查认定该企业进口的3台设备存在归类错误情况。在开展实地核查的过程中，向企业宣传海关稽核查补税相关政策规定，并指导企业对其进口的其他产品开展了归类自查。企业在自查中发现1台设备可能存在归类不准确的情况，经稽查处与中卫海关联合认定，该设备存在归类错误，按照海关主动披露相关规定，同意企业开展主动披露。截至2022年12月31日，此项工作已按规定移交后续稽查。

【首票出口报关单顺利放行】 2022年7月7日，宁夏紫光天化蛋氨酸有限责任公司出口的25吨蛋氨酸申报出口，这是中卫海关挂牌运行以来

用 9607 关区为辖区天元锰业集团办理首代码申报的首票出口报关单。为支持辖区企业充分利用好海关通关便利化措施，进一步降低企业通关费用和时间成本，6 月以来，中卫海关主动邀请兴庆海关通关业务关员对辖区重点出口企业开展调研走访，为企业开展海关通关便利化措施宣传解读，“一对一”指导企业做好出口报关各项准备工作。同时建立微信工作群，及时掌握回应企业在报关出口过程中遇到的困难和问题，确保企业顺利报关出口。

【签发首票 RCEP 原产地证书】2022 年，中卫海关顺利票 RCEP 原产地证书，该票证书货值 690 万美元，输往目的国为日本，产品为电解锰，相较之前税率降低 0.2 个百分点。据中卫海关了解，天元锰业集团年内输往日本的已经签订合同的订单约 1 亿美元，采用 RCEP 原产地证书出口，年内能为企业节约百万元以上。

▲2022 年，中卫海关顺利为天元锰业集团签发首票 RCEP 原产地证书（中卫海关　供图）

撰稿人

谈　康

第八篇

直属事业单位

宁夏国际旅行卫生保健中心（银川海关口岸门诊部）

【概况】宁夏国际旅行卫生保健中心（银川海关口岸门诊部）（简称“保健中心”）是隶属于银川海关的事业单位，是具有独立法人资格的医疗机构。保健中心始终坚持贯彻总体国家安全观，落实习近平总书记“筑牢口岸检疫防线”重要指示精神，严把“境外、口岸、境内”三道防线。依据《国际卫生条例（2005）》《中华人民共和国国境卫生检疫法》《中华人民共和国传染病防治法》等有关法律法规及其实施细则，承担宁夏地区入出境人员健康检查、传染病监测、预防性接种、国际旅行卫生咨询等法定职责，负责签发国际旅行健康检查证明书、疫苗接种或预防措施国际证书、艾滋病检验报告单等执法证书的医疗卫生机构，为宁夏口岸卫生检疫行政执法提供有力的技术支撑。保健中心于2005年5月20日获批成立，位于银川市金凤区雪绒巷71号，建筑面积1500余平方米，内设2个科室，分别为综合科和医学体检部，设有13个临床检查科室和1个医学实验室，人员42人，在编人员8人，聘用人员34人，其中高级职称4人，中级职称4人，初级职称28人。

【党的建设】2022年，保健中心坚持以习近平新时代中国特色社会主义思想为指导，坚决贯彻习近平总书记重要指示批示精神，筑牢口岸检疫防线，认真落实海关总署党委工作要求，强化政治机关建设，落实口岸疫情防控海关必坚守，不断增强“四个意识”、坚定“四个自信”、做到“两个维护”，立足保健中心工作实际，充分发挥口岸卫生检疫技术支撑作用，坚决筑牢“境外、口岸、境内”三道防线，坚决维护国门安全和社会稳定。

年内，保健中心围绕“没有离开政治的业务，也没有离开业务的政治”，严格落实“第一议题”制度，重点事项一事一议、一事一策，深入开展政治机关专项教育活动和“学查改”专项工作，梳理各类岗位政治要求165条。牢记“三个务必”，压紧压实全面从严治党主体责任，贯彻落实“三重一大”决策制度，履行好“一岗双责”，一体推进“三不腐”。年内通过党支部工作会议、“三会一课”、主题党日活动等深入学习研讨 5 场次；通过集中研讨、线上学习、组织测试等方式，营造良好学习氛围；引导全体党员干部以党的二十大精神为指引，联系海关工作实际，把职责摆进去，把自己摆进去，研究新思路，落实新举措，撰写心得体会 9 篇。健全完善“我为群众办实事”长效机制，延长核酸检测采样时间，降低检测费用，全力保障广大群众疫情常态化期间日常生活，不断提升群众满意度。坚持以案示警廉政警示教育贯穿年内每次主题党日活动，抓好节日期间廉政纠风工作。以“海关重点项目和财物管理以权谋私”专项整治工作为抓手，进一步健全各项财物管理制度，最大限度用好整改红利。

【疫情防控】2022 年，保健中心坚决贯彻落实党中央重大决策部署，坚持“外防输入、内防反弹”总策略不放松，优化调整内部疫情防控措施和预案，不断调整完善防控策略、防控措施，提高重大疫情早发现能力和多病同防检测能力，做好银川河东机场口岸国际航班复航后口岸卫生检疫技术支撑保障，以扎实的专业技术实力助力口岸，使口岸疫情防控更加科学精准高效。

年内，保健中心共开展人员新冠病毒核酸采样 108742 管，其中单采 95578 管，混采 13164 管；环境混采 6907 管；完成新冠病毒核酸检测 115649 管；圆满完成入境包机重要卫生检疫任务。高度重视新冠核酸检测室内质控工作，每日进行新冠核酸 S1、S2 双水平质控工作并及时向自治区临床检验中心新冠核酸室内质控室间化平台报送。

年内，随着新冠病毒传播能力增强，疫情形势日渐严峻，保健中心在完成好关区新冠病毒核酸“应检尽检”任务的同时，勇担社会责任，面向社会年内无休提供新冠病毒核酸检测服务，为群众提供便捷服务的同时也分担了地方疫情防控部门“愿检尽检”的任务压力。承担西部机场集团宁夏分公司全部“应检尽检”任务，为银川河东机场的正常运营提供了有力的技术保障，推动和保证了宁夏地区对外经济发展。宁夏疫情期间，派遣 2 名专业人员应急支援金凤区卫生健康局，协助地方完成全部轮次（累计 43 次）全员核酸采样任务，响应区直机关工委号召，共派遣 7 人下沉社区防控一线。2022 年年底被自治区政协列为两会保障单位，承担自治区政协机关工作人员和 400 余名参会委员的核酸保障任务。受到地方党政部门的好评。

【健康检查及预防性接种】2022 年，保健中心年内共检测出入境人员 1336 人，传染病阳性率 2.77%，其中乙肝 24 人，丙肝 2 人，梅毒 10 人，HIV 抗体阳性 1 人。预防接种 5100 人次，年内未发生不良反应。年内，成为自治区新冠疫苗接种点，并与自治区疾控中心建立落实境外输入新冠病毒基因测序合作机制。

【队伍建设】2022 年，保健中心定期开展临床业务培训 12 次，实验室技术培训 28 次，10 人参加金凤区卫生健康局预防接种人员资质培训，均通过考核并取得上岗证。开展生物安全感染控制培训4次，核酸采样培训2次，个人防护培训考核12次，职业暴露应急演练4次，预防接种不良反应应急处置演练1次。年内完成2次相关岗位工作人员传染病健康监测工作。

年内，保健中心通过加强内部管理，做到各项工作分工明确，责任到人，由专人负责日常监督与管理，抓实抓细疫情内部防控各项工作，落实各项疫情防控措施。进行岗位练兵，调动和发挥聘用人员的积极性、主动性和创造性。

【自我管理】2022年，保健中心严格执行属地卫生行政部门的各项管理规定，积极接受地方各级卫生主管部门督查检查，顺利通过医疗机构执业许可证、放射诊疗许可证年度校验和现场检查工作。积极参加国家卫生健康委员会临床检验中心和自治区临床检验中心组织的室间质量评价活动，完成2022年国家卫生健康委员会临床检验中心临检、生化、免疫、微生物、分子生物学5大类共92项室间质量评价，参加国家卫生健康委员会临床检验中心2022年组织的2次新冠病毒核酸检测室间质量评价和12次新冠隔离点室间质量评价，参加自治区临床检验中心组织的2次新冠核酸检测室间质量评价，结果均合格。完善并完成质量管理体系相关文件的修订换版工作。同时，保健中心坚持科技兴关，深入推进智慧海关建设，主动作为，经过试运行于2022年下半年正式运行存货管理系统。

【业务发展】2022年，保健中心业务流程进一步完善，增加业务收费核对机制，杜绝体检上的“跑冒滴漏”。对设备管理体系进行完善，将每台设备按科室和使用人重新造册登记，提升设备使用效率。建立健康管理部，提升检中、检后服务能力，提供现场和电话报告解读等免费服务。采用微信公众号等形式积极开展入出境健康知识宣传，重点对劳务、留学、商务人员开展健康指导，提供旅行健康咨询等个性化服务，使保健中心微信公众号关注人数稳步增长，截至2022年底已达3万余人。年内共完成45个单位的社会体检工作；承接银川河东机场海关病媒生物检测业务，年内完成556只成蚊的种属鉴定及其携带病毒的检测工作；年内完成2只子午沙鼠可能携带鼠疫等4种病毒的检测，1只蜱虫所携带的病毒检测。

【口岸检验检疫能力建设】2022年，保健中心聚焦口岸疫情防控海关必坚守，为保障出入境人员健康体检工作质量和口岸新冠病毒核酸检测质量，保健中心多措并举，完成了X线体层摄影（CT）、飞利浦彩色多普勒超声检测仪、生物安全柜、高压灭菌器、移液器、全自动生化分析仪、荧光定量PCR仪等仪器设备检定校准工作；落实各类设备设施的日常维护保养工作；完成了高压灭菌器SX-700-500特种设备使用登记备案工作，并完成了高压灭菌器SX-500的定期监督检验工作；推动负压隔离室的维护保养，为口岸复航后入境人员的到达做好硬件准备。同时完成2022年ISO/IEC

17025 实验室复评审工作，本次评审工作完成了新冠病毒核酸检测技术标准变更，血常规 8 项检测参数和尿液干化学分析 10 项共计 18 个检测项目扩项，出入境人员健康体检所需的实验室检测项目均通过了 CNAS 实验室认可。进一步提升了实验室检测技术能力，为口岸卫生检疫工作提供了有力的技术支撑保障。

撰稿人

王嘉蓉

银川海关后勤管理中心

【概况】2022 年，银川海关后勤管理中心（简称“后勤管理中心”）在银川海关党委的领导下，深入学习中国共产党第二十次全国代表大会精神和中国共产党宁夏回族自治区第十三次代表大会精神，保质保量完成了银川海关办公楼幕墙局部维修改造工程项目、全关消防安全知识培训，关区安全保卫等各项服务保障任务；以海关总署“海关重点项目和财物管理以权谋私”专项整治为契机，梳理后勤管理中心各项规章制度，重新制修订《银川海关后勤管理中心财务管理办法》《银川海关后勤管理中心采购实施细则》和《银川海关后勤管理中心公车使用管理办法》，并提交事业单位监督委员会通过。制修订《银川海关后勤管理中心采购规程》等 5 项制度。

【党的建设】2022 年，后勤管理中心按照关党委的部署，在后勤管理中心党支部会议以及后勤管理中心会议中积极宣传贯彻中央精神，疫情期间，多次组织线上党支部会议对党的二十大精神和自治区十三大精神进行学习，就如何学、为什么学、学到什么水平做了积极部署，要求后勤管理中心全体职工将“两个确立”和“两个维护”思想入脑入心，在实际工作中，表现为有大局观，能抓住主要矛盾；在言谈举止上，能够积极维护党中央的决策，海关总署党委的部署；在思想意识中，牢固树立“三个务必”“六个坚持”，扎实履行一切为了人民、一切依靠人民的思想，在思想和行动上同党中央保持高度一致。

【疫情值守】2022 年，后勤管理中心按照中央指示做好疫情防控工作。疫情发生后，后勤管理中心克服种种困难，总计 569 人次值守，保障关区值守人员的住宿、餐食以及环境安全。值守过程中，后勤管理中心人员仔细清查各种防疫措施存在的漏洞，紧急处置各种突发情况，确保关区正常运转。

【专项监督】2022 年，后勤管理中心以海关总署“海关重点项目和财物管理以权谋私”专项整治为契机，梳理后勤管理中心各项规章制度，重新制修订了《银川海关后勤管理中心财务管理办法》《银川海关后勤管理中心采购实施细则》和《银川海关后勤管理中心公车使用管理办法》，并提交事业单位监督委员会通过。制修订《银川海关后勤管理中心采购规程》等 5 项制度。通过制度的制定，全面审视后勤管理中心的工作方式，工作情况和工作状态，以制度的刚性约束减少执行人员的自由裁量权，切实做到有制度可依，明确执行人员的职责边界。组织后勤管理中心主任办公会，将相关的制度修订情况向工作人员进行宣传贯彻，按照制度的规定明确每位工作人员的职责权限范围、需汇报的事项，将制度规定的权责层层分解，做到每位工作人员对自己负责的工作如何执行、如何推进有明确的认知，对禁止做的事情做到心中有数。

【企业脱钩】2022年，后勤管理中心严格按照海关总署的要求完成中检宁夏公司股权脱钩转让事宜的可行性分析，形成审计报告、评估报告，完成股东会决议，党委会决议以及海关总署批复等一系列事宜。积极和中检宁夏公司商讨股权分红事宜，按照国有资产出租出借要求积极催缴房租。

【工程建设】2022年，后勤管理中心负责的银川海关办公楼幕墙局部维修改造工程项目于年初开始项目设计、造价、审图和招标等一系列工作，于6月30日完成项目招标，7月30日项目进场，施工过程中，由于设计图纸和施工作业面存在较大差距，后勤管理中心联系设计方、施工单位、监理单位，调整设计方案，克服新冠疫情的影响，于11月3日完成了工程验收。银川海关检验楼高低压配电柜工程改造专项于年初开始项目设计、造价、审图和招标一系列工作，于6月14日完成了项目招标，施工过程中，克服新冠疫情的影响，协调多个部门，于11月23日完成了工程验收。

【海关总署督查】2022年，后勤管理中心按照“百名科长百日督查”工作方案相关要求，积极配合银川海关疫情内部防控领导小组的要求，对制度规范制定、场所管理（包括外来人员、快递管理，食堂的秩序），以及办公楼等公共空间的消毒措施进行自查，就出现的问题及时整改，并严格配合“百名科长百日督查”和海关总署疫情防控督查的检查，就提出的问题进行立行立改，顺利通过两次疫情防控检查工作。

【后勤保障】2022年，后勤管理中心以安全、健康和节俭为宗旨，做好食堂保障工作。以制度化、精细化为原则，做好公务车辆保障工作。以准确、无损为目的，严格涉案财物仓库管理。按照要求进行标识分区、物品摆放，出入库流程清晰、记录完整，防火、防盗设施完备。以高效、透明为原则，严格执行采购制度，规范采购流程，提高采购效率。强化办公区水电暖以及电梯、监控保障意识。加强财务管理，确保核算真实准确。以干净、整洁、便利为目标，稳步开展保洁、绿化、收发工作。以宣传、管理为手段，强化节约意识，减少公共资源消耗。

【安全保卫】2022年，后勤管理中心深入贯彻总体国家安全观，将安全事宜落实到实际工作中。完成对全关消防安全知识培训，将安全意识全面灌输给全关人员。加强对保安工作的监督，严格执行每天定点定时巡逻制度和人员车辆出入登记，确保关区的安全工作。对全关强电系统进行预防性试验检测，保证双回路供电的可靠性；对办公楼大楼进行防雷检测；每月巡检消防设施及灭火器材并出具检查报告，及时处理各类故障，更换过期灭火器材；加强驾驶员职业教育，执行驾驶员守则、行车管理和奖惩制度、“不准酒驾”等规定；严格要求工程施工方，定期或不定期对施工方的作业现场进行检查，防止出现施工安全事故；严把食材进货关、生熟食分开加工关、餐具消毒关，年内无食物中毒情事发生；每周开展日常安全检查，通过人防和技防相结合、每日定点巡查和节假日全面检查相结合、临时抽查和专项检查相结合等方法，确保隐患排查无死角、全覆盖，全面落实安全责任制。

【疫情防控】2022年，后勤管理中心按照银川海关统筹口岸疫情防控和促进外贸稳增长工作指挥部的通知要求，严格管理外来人员的出入，执行“一扫三查”制度；对外来物品严格消毒；严格执行每天两次的定期消毒措施，就消毒液的配置、评价、配置环境等一系列措施严格监控，确保关区办公环境的安全；落实食堂取餐一米间隔，座位保持距离、错峰就餐等一系列措施，将制度落实落细，确保就餐安全；严格车辆消毒管理，做到每次出车均消毒，每周对车辆进行一次整体消毒；对工程工地进行封闭管理，要求施工人员吃住在关区工地，定期对其进行核酸检测；加强关区人员管理，坚持“日报告、周报告”制度，有疫情相关事宜发生时，及时请示。

撰稿人

宋奎奇

中国电子口岸数据中心银川分中心

【概况】中国电子口岸数据中心银川分中心（简称“银川数据分中心”）是海关总署委托银川海关管理的事业单位，2003 年 4 月正式成立。2022 年，设科室 1 个，核定编制 5 名，在编在岗干部 2 名，聘用人员 2 名，主要承担电子口岸专网分中心节点网络系统和信息安全保障等工作。

【党的建设】2022 年，银川数据分中心按照银川海关党委要求，深入学习研讨党的二十大精神，中心班子对报告进行深入研读，深刻领会过去五年（2018—2022 年）工作和新时代十年伟大变革的历史成就，更加深刻领悟“两个确立”的决定性意义，更加自觉做到“两个维护”。深刻领会中国式现代化的深刻内涵、本质要求和战略部署。对照海关总署党委提出的“12 个方面的工作重点”和银川关党委要求，瞄准坐标、找准定位、把准方向，结合工作实际情况，梳理工作任务，挖掘自身特点和优势。

年内，银川数据分中心积极参与基层党建“书记项目”申领工作，开展质量管理体系在小微型党支部中应用的研究。创造性地把党建工作融入管理体系运行机制中，根据《中国共产党章程》和《中国共产党支部工作条例（试行）》要求，结合后勤管理中心党支部自身实际工作建立质量手册和程序文件，明确流程各个环节责任主体、工作要求和工作标准，确保支部各项工作按照规定的程序运作。认真落实“做什么、为什么做，谁来做、何时做，怎么做、做到什么程度”的工作要求，实现党建工作全过程控制，为持续改进提供有利依据，保障党支部规范化运行。

【服务国际贸易“单一窗口”】2022 年，银川数据分中心为 261 家企业办理电子口岸新入网手续，制作共享盾 460 个，为企业解锁 38 次，延期更新电子口岸卡 19 张，变更企业信息 87 次，注销电子口岸卡 34 张，补换电子口岸卡 125 张。

【技术服务】2022 年，银川数据分中心充分发挥第二梯队的优势，全力为银川海关提供全天候的运维保障及技术支持，年内完成各类系统升级运维 36 次，终端运维 1452 次。保障视频会议安全高效，年内共完成 1200 余次视频会议运维保障工作。在银川海关管理网站增加“深入学习贯彻党的二十大精神”和“专项整治工作专栏”栏目。

在银川海关缉私局内网增设 4 个版块。

【网络安全】2022 年，银川数据分中心顺利完成党的二十大等重大敏感时期的网络安全保障工作，多措并举完成 2022 年网络攻防演习防护工作，实现了守得住、攻不破的预期目标，扎实做好日常网络安全防护工作，加大机房等重点场所的巡检力度，确保网络整体正常稳定运行。

【人员培养】2022 年，银川海关为提升银川数据分中心和银川东方物通公司员工学习的积极性，于 2022 年 1 月 11 日—4 月 17 日组织开展以“学习百日行”为主题的学习打卡活动，要求干部职工每日一学习，将学习体会发到微信群。

撰稿人

殷译菲

银川海关技术中心

▲2022年4月28日，技术中心被授予宁夏回族自治区五一“工人先锋号”称号　（银川海关技术中心　供图）

【概况】 2022年，银川海关技术中心（简称“技术中心”）以“铸忠诚、担使命、守国门、促发展、齐奋斗”的实际行动，立足政治建关，围绕改革强关，聚焦科技兴关，结合宁夏“六新六特六优”产业，主动服务枸杞和葡萄酒产业，获评2022年宁夏回族自治区五一“工人先锋号”称号。

【党的建设与风险管理】 2022年，技术中心党支部坚持以习近平新时代中国特色社会主义思想武装头脑，共召开支委会12次、党支部会议8次，讲党课5次，开展主题党日活动12次，专题研讨10次。建立“我为群众办实事”2项长效化制度化措施，并持续督促落实。技术中心坚持以“没有离开政治的业务，也没有离开业务的政治”为要求，梳理22个主要岗位的政治要求31条，查摆问题6个，制定整改措施6项，严格按照“时间表”对账销账，制定和完善管理办法，建立防惩并举、标准规范的长效工作机制。

【能力提升与精准优化】 2022年，技术中心坚持实验室检测和鉴定能力提升。年内技术中心检测能力新增CNAS认

▲2022 年 6 月 22 日，银川海关副关长祁云海（中）带队赴中宁县出席第五届枸杞产业博览会 （银川海关技术中心 供图）

可项目 536 项，扩项后检测能力达到 4597 项，覆盖动植物检疫、食品安全和商品鉴定等 42 个领域，全面覆盖 98% 以上的进出口检测业务。新增国家资质认定（CMA）项目 499 项，扩项后检测能力达到 4638 项，能够完全满足关区特色农产品、枸杞、葡萄酒等检测领域。新增宁夏资质认定（CMA）项目 603 项，扩项后检测能力达到 1935 项，主要涉及绿色食品、农药残留、兽药残留、感官指标和理化指标等，能够满足关区绿色食品营养指标，供港蔬菜农兽药残留，枸杞、葡萄酒、牛奶、牛羊肉的感官指标和理化指标的检测。继续派驻国家枸杞检测重点实验室的技术力量为中宁县提供检测服务，技术中心中卫实验室新增宁夏资质认定（CMA）项目 24 项，扩项后检测能力达到 888 项，主要涉及枸杞农药残留、重金属等项目，为企业和农户架起科技帮扶的“连心桥”，为地方枸杞产业发展提供技术保障。

【科研创新与技术攻关】2022 年，技术中心坚持前瞻性检测鉴定技术研究能力创新。组织技术团队撰写《枸杞国内外技术研究》等论著。承担 3 项科研项目研发工作，结合地方产业特色和企业需求，开展有针对性的科技创新和技术攻关，为自治区特色产业发展提供

▲2022 年 7 月 11 日，技术中心工作人员开展国门生物安全检疫性食蝇监测工作 （银川海关技术中心 供图）

海关力量。

【国门安全与风险防范】2022年，技术中心牢筑国门生物安全技术屏障。在机场、综合保税区、出口企业生产种植基地等区域开展国门生物安全监测普查等工作，根据实际情况完成重点领域监控样点布设和调查工作；供港活牛首次检测出布鲁氏菌，8批次种子中检出马铃薯纺锤块茎类病毒，入境口岸普查到外来有害生物19种，其中检疫性外来有害生物6种，首次检出苹果蠹蛾。

【地方保障与优化服务】2022年，技术中心牢筑地方食品安全保障屏障。作为地方食品安全检测权威机构，为公安机关、法院等提供权威仲裁鉴定服务，为维护地方食品安全贡献力量。首次在鱼糜中检出地西泮，首次在蔬菜中检出毒死蜱和氧化乐果。首次为宁夏气象局葡萄样品提供检测服务，首次为宁夏农林科学院科技重点研发项目提供检测服务，首次为西夏区法院提供鉴定服务，首次为银川市公安局提供动物源性成分检测鉴定服务。

撰稿人

李　婧

第九篇

荣誉·名录

2022 年度银川海关获评自治区先进名录

杜　玮　获评区直机关首届“最美党务工作者”

马　龙　获评 2022 年度全区政务信息工作先进个人

银川海关综合业务一处　获评 2022 年度全区政务信息工作先进集体

银川海关技术中心　获评自治区工人先锋号

2022年度银川海关获评海关总署先进名录

银川海关　被国家机关事务管理局、中共中央直属机关事务管理局、国家发展和改革委员会、财政部评定为节约型机关

兴庆海关　被国家机关事务管理局、中共中央直属机关事务管理局、国家发展和改革委员会、财政部评定为节约型机关

银川海关办公室党支部　被中共海关总署委员会评定为全国海关党建示范品牌

兴庆海关业务一科党支部　被中共海关总署委员会评定为全国海关党建示范品牌

银川河东机场海关旅检科党支部　被中共海关总署委员会评定为全国海关党建示范品牌

银川海关缉私局党支部　被海关总署缉私局评定为全国缉私部门先进基层党组织

沈永建　获评海关总署政治部海关系统“党务之星”

张爱琛　获评2021年全国海关“百名优秀执法一线科长”

魏舜群　获评全国缉私部门优秀党务工作者

王　潇　获评全国缉私部门优秀青年

高斯纯　获评全国缉私部门优秀共产党员

“中国海关史料丛书”
编委会

主 任 委 员 胡 伟 许大纯

副主任委员 黄冠胜 赵增连 杨振庆

编委会委员 翟小元 张 红 吴瑞祥 刘书臣 龙夫春 李海勇
田 壮 詹庆华 陈福升 孙霞云

执 行 主 编 谢 放 詹庆华 郭志华

编 辑 房 季 王 虎 解 飞 范嘉蕾 李 多 刘金玲
贺 红 邓玉栋